まえがき

　簿記を理解，習得するためには，「手を動かす」こと，つまり繰り返し問題を解くことが大変重要になります。

　そのため，大学での講義をはじめ，多くの簿記教育の現場では，授業時間の多くを問題を解く作業に充てています。

　本書は，各章（CHAPTER）の冒頭に問題を解くための要点を簡潔に記載し，紙幅の大半を問題と解答欄に割り当てました。これは，講義のはじめに基本的な説明を受け，その後すぐに問題を解くという形式の授業で使いやすいように配慮したものです。

　したがって，本書を独学で使用される場合は，市販されている簿記の解説書のなかから，ご自身に合うものを「テキスト」としてお選びいただき，本書については「問題集」としてご活用されることを推奨しています。

　合格に必要な実力を効率的に養うための問題を数多く収録し，解答欄は直接書き込むことができるようレイアウトされていますので，実際に手を動かして解く，苦手な問題は繰り返し解くということを実践してください。

　また，解答・解説編では，正解を導くための基礎知識・プロセスなども説明しています。解答がわからない，間違えたという場合は，解説を一読してから再挑戦してみるのも一つの方法です。

　本書をご活用いただくことが，簿記を習得する一助となれば幸いです。

編者

Contents

CHAPTER 01　財務諸表の基礎 ——————————————————————————————————————— 1

01　貸借対照表と資産・負債・純資産（資本） ··· 3

02　損益計算書と収益・費用 ·· 5

03　貸借対照表と損益計算書の関係 ·· 6

CHAPTER 02　財務諸表作成の基礎 ——————————————————————————————————— 7

01　財務諸表作成の基本的な流れ ··· 8

02　勘定への記入方法 ··· 9

CHAPTER 03　簿記一巡の基礎（仕訳・転記・試算表及び帳簿） ———————————————————— 12

01　転記 ·· 13

02　試算表 ·· 16

CHAPTER 04　取引と会計処理 ——————————————————————————————————————— 21

01　期中取引及び会計処理 ·· 23

CHAPTER 05　その他の債権・債務 ————————————————————————————————————— 31

01　貸付金・借入金 ··· 32

02　未収入金・未払金 ··· 33

03　立替金・預り金 ··· 34

04　仮払金・仮受金 ··· 36

05　総合問題 ··· 37

CHAPTER 06　商品売買 ——— 44

01　付随費用 ·· 47

02　前払金・前受金 ··· 48

03　返品 ·· 49

04	約束手形	50
05	受取商品券	51
06	クレジット売掛金	52
07	電子記録債権・電子記録債務	53
08	売掛金元帳と買掛金元帳	54
09	人名勘定	58
10	受取手形記入帳・支払手形記入帳	60
11	商品有高帳	62
12	分記法	69

CHAPTER 07 現金預金 — 71

01	現金	72
02	普通預金・当座預金	74
03	小口現金	76

CHAPTER 08 その他の期中取引 — 79

01	有形固定資産	80
02	不動産の賃借	82
03	手形貸付金・手形借入金	82
04	租税公課	83

CHAPTER 09 期中取引におけるその他の諸論点 — 85

01	訂正仕訳の取扱い	85
02	補助簿と取引の関係	87

CHAPTER 10 決算手続Ⅰ — 91

01	有形固定資産の減価償却	94
02	売上原価の算定	98
03	貸倒引当金の設定	102
04	費用・収益の前払い・前受けと未収・未払いの計上	110

CHAPTER 11 決算手続Ⅱ — 115

01	勘定の締め切り	117

2 ▌Contents

| 02 | 財務諸表の作成 | 121 |
| 03 | 月次決算 | 131 |

CHAPTER 12 決算手続Ⅲ — 133

01	現金過不足の整理	135
02	貯蔵品の整理	137
03	当座借越	138
04	精算表の作成	139

CHAPTER 13 株式会社会計 — 154

01	株式の発行	155
02	剰余金の配当	156
03	法人税等・消費税	157

CHAPTER 14 伝票会計 — 160

01	伝票会計	162
02	一部現金取引	163
03	総勘定元帳への転記	166

CHAPTER 15 試算表の作成問題 — 175

| 01 | 試算表の作成問題 | 175 |

解答・解説編

CHAPTER01　財務諸表の基礎

SECTION01　貸借対照表と資産・負債・純資産（資本）————————————— 192

SECTION02　損益計算書と収益・費用————————————————————— 192

SECTION03　貸借対照表と損益計算書の関係——————————————————— 193

CHAPTER02　財務諸表作成の基礎

SECTION01　財務諸表作成の基本的な流れ——————————————————— 194

SECTION02　勘定への記入方法————————————————————————— 194

CHAPTER03　簿記一巡の基礎（仕訳・転記・試算表及び帳簿）

SECTION01　転記——————————————————————————————— 196

SECTION02　試算表————————————————————————————— 197

CHAPTER04　取引と会計処理

SECTION01　期中取引及び会計処理—————————————————————— 200

CHAPTER05　その他の債権・債務

SECTION01　貸付金・借入金————————————————————————— 203

SECTION02　未収入金・未払金———————————————————————— 203

SECTION03　立替金・預り金————————————————————————— 203

SECTION04　仮払金・仮受金————————————————————————— 204

SECTION05　総合問題————————————————————————————— 204

CHAPTER06　商品売買

SECTION01　付随費用————————————————————————————— 207

SECTION02　前払金・前受金————————————————————————— 207

SECTION03　返品——————————————————————————————— 207

SECTION04　約束手形————————————————————————————— 208

SECTION05　受取商品券———————————————————————————— 208

SECTION06　クレジット売掛金———————————————————————— 208

SECTION07　電子記録債権・電子記録債務—————————————————— 208

SECTION08　売掛金元帳と買掛金元帳———————————————————— 209

4　┃Contents

SECTION09	人名勘定	210
SECTION10	受取手形記入帳・支払手形記入帳	211
SECTION11	商品有高帳	211
SECTION12	分記法	215

CHAPTER07　現金預金

SECTION01	現金	216
SECTION02	普通預金・当座預金	216
SECTION03	小口現金	217

CHAPTER08　その他の期中取引

SECTION01	有形固定資産	218
SECTION02	不動産の賃借	218
SECTION03	手形貸付金・手形借入金	218
SECTION04	租税公課	218

CHAPTER09　期中取引におけるその他の諸論点

| SECTION01 | 訂正仕訳の取扱い | 219 |
| SECTION02 | 補助簿と取引の関係 | 220 |

CHAPTER10　決算手続Ⅰ

SECTION01	有形固定資産の減価償却	222
SECTION02	売上原価の算定	223
SECTION03	貸倒引当金の設定	224
SECTION04	費用・収益の前払い・前受けと未収・未払いの計上	227

CHAPTER11　決算手続Ⅱ

SECTION01	勘定の締め切り	230
SECTION02	財務諸表の作成	232
SECTION03	月次決算	236

CHAPTER12　決算手続Ⅲ

SECTION01	現金過不足の整理	237
SECTION02	貯蔵品の整理	238
SECTION03	当座借越	238

SECTION04　精算表の作成 ——————————————————————————————————— 239

CHAPTER13　株式会社会計

SECTION01　株式の発行 ————————————————————————————————————— 254

SECTION02　剰余金の配当 ——————————————————————————————————— 254

SECTION03　法人税等・消費税 ————————————————————————————————— 254

CHAPTER14　伝票会計

SECTION01　伝票会計 ————————————————————————————————————— 256

SECTION02　一部現金取引 ——————————————————————————————————— 256

SECTION03　総勘定元帳への転記 ———————————————————————————————— 258

CHAPTER15　試算表の作成問題

SECTION01　試算表の作成問題 ————————————————————————————————— 262

CHAPTER 01 財務諸表の基礎

1 貸借対照表（B/S）

（1）貸借対照表の目的と資本等式及び貸借対照表等式

貸借対照表は，一定時点（決算日）における企業の財政状態を示すものである。

資　本　等　式：純資産（資本）＝ 資産 － 負債

貸借対照表等式：資産 ＝ 純資産（資本）＋ 負債

（2）貸借対照表の雛形

貸借対照表

日吉商事		×7年3月31日		（単位：円）
（資産の部）			**（負債の部）**	
現　　　　金	1,000,000	買　掛　金		2,200,000
売　掛　金	2,500,000	借　入　金		5,000,000
貸　付　金	3,000,000	負　債　合　計		7,200,000
建　　　　物	5,000,000		**（純資産の部）**	
車　　　　両	700,000	資　本　金		15,000,000
土　　　　地	20,000,000	繰越利益剰余金		10,000,000
		純資産合計		25,000,000
資　産　合　計	32,200,000	負債・純資産合計		32,200,000

※当該貸借対照表は×7年3月31日時点の財政状態を表している。

※純資産の金額は，以下のように計算できる。
　　32,200,000円（資産合計）
　　－7,200,000円（負債合計）
　　25,000,000円

※資産合計と負債・純資産合計の額は一致する。

（3）貸借対照表の3要素と主な勘定科目

資産：企業が所有する財産（現金・物・権利）

現金：紙幣や硬貨などの通貨

建物：商売のために保有する店舗・事務所・倉庫などの物品

車両：車などの物品

土地：店舗・事務所・倉庫などの敷地

貸付金：他人に金銭を貸している場合の金銭を回収する権利

売掛金：商品を販売したが代金を受け取っていない場合の代金を回収する権利

負債：支払義務（将来失う財産）

借入金：他人から金銭を借り入れた場合における，当該金銭の支払義務

買掛金：商品を購入したが代金を支払っていない場合における，当該代金の支払義務

1

純資産（資本）：資産と負債の差額（正味の財産額（元手・利益））

　資本金：株主が出資した額（元手）

　繰越利益剰余金：経営活動から稼ぎ出した額（利益）

2 損益計算書（P/L）

（1）損益計算書の目的と当期純利益の算定

　損益計算書は，一会計期間における企業の経営成績を示すものである。

　収益 － 費用 ＝ 当期純利益

（2）損益計算書の雛形

損益計算書

日吉商事　　　　×6年4月1日～×7年3月31日　　　　（単位：円）

（費用の部）		（収益の部）	
売上原価	47,000,000	売　　上	72,000,000
給　　料	8,500,000	受取利息	500,000
支払家賃	6,300,000		
支払利息	700,000		
当期純利益	10,000,000		
	72,500,000		72,500,000

※当該損益計算書は×6年4月1日から始まる1年間の儲けの状況を表している。

※当期純利益の金額は，以下のように計算できる。
　72,500,000円（収益合計）
　－62,500,000円（費用合計）
　　10,000,000円

（3）損益計算書の2要素と主な勘定科目

　収益：純資産の増加をもたらす場合のその要因

　　売上：商品を販売することによる収入

　　受取利息：金銭を貸すことによる利子収入

　　受取地代：土地を貸すことによる地代収入

　　受取家賃：事務所などを貸すことによる家賃収入

　費用：純資産の減少をもたらす場合のその要因

　　売上原価：商品を購入することによる支出

　　給料：従業員に対する給料の支払い

　　支払利息：金銭を借りることによる利子の支払い

　　支払地代：土地を借りることによる支出

　　支払家賃：事務所などを借りることによる支出

3 貸借対照表と損益計算書の関係

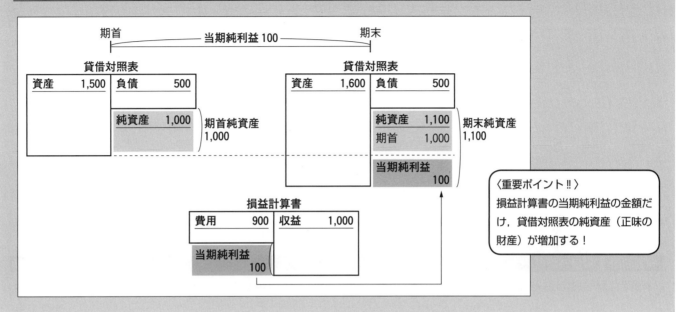

SECTION 01 貸借対照表と資産・負債・純資産（資本）

基礎問題

×年12月31日現在の代々木商事の財政状態は次のとおりである。そこで，下記の貸借対照表を作成しなさい。

(単位：円)

| 現　　　金 | 500,000 | 貸　付　金 | 700,000 | 土　　　地 | 7,000,000 | 借　入　金 | 800,000 | 繰越利益剰余金 | ? |
| 売　掛　金 | 1,200,000 | 建　　　物 | 4,000,000 | 買　掛　金 | 2,600,000 | 資　本　金 | 8,000,000 | | |

解答欄

貸借対照表

代々木商事　　　　　　　　　　　　　　　×年 12 月 31 日　　　　　　　　　　　　　　　（単位：円）

（資産の部）			（負債の部）		
現　　　　金		500,000	（　　　　　　）	（　　　　　　）	
（　　　　　）	（　　　　　）		借　入　金		800,000
（　　　　　）	（　　　　　）		負　債　合　計	（　　　　　）	
（　　　　　）	（　　　　　）		（純資産の部）		
土　　　　地		7,000,000	（　　　　　）	（　　　　　）	
			繰 越 利 益 剰 余 金	（　　　　　）	
			純 資 産 合 計	（　　　　　）	
資　産　合　計	（　　　　　）		負債・純資産合計	（　　　　　）	

練習問題　貸借対照表　　　　　／□　／□　／□

×年 3 月 31 日現在の代々木商事の財政状態は次のとおりである。そこで，下記の貸借対照表を作成しなさい。

（単位：円）

現　金 1,000,000	貸 付 金 400,000	車　　両 1,400,000	買 掛 金 5,200,000	資 本 金 15,000,000
売 掛 金 2,000,000	建　　物 8,000,000	土　　地 14,000,000	借 入 金 1,600,000	繰越利益剰余金　？

解答欄

貸借対照表

代々木商事　　　　　　　　　　　　　　　×年 3 月 31 日　　　　　　　　　　　　　　　（単位：円）

（資産の部）			（負債の部）		
現　　　　金		1,000,000	（　　　　　　）	（　　　　　　）	
（　　　　　）	（　　　　　）		借　入　金		1,600,000
（　　　　　）	（　　　　　）		負　債　合　計	（　　　　　）	
（　　　　　）	（　　　　　）		（純資産の部）		
（　　　　　）	（　　　　　）		資　本　金		15,000,000
土　　　　地		14,000,000	（　　　　　）	（　　　　　）	
			純 資 産 合 計	（　　　　　）	
資　産　合　計	（　　　　　）		負債・純資産合計	（　　　　　）	

4　CHAPTER 01　財務諸表の基礎

SECTION 02 | 損益計算書と収益・費用

基礎問題 　　　　　　　　　　　　　　　　　　　　　／□　／□　／□

新宿商事の×1年1月1日から×1年12月31日における収益・費用の額は次のとおりである。そこで，下記の損益計算書を作成しなさい。

（単位：円）

売　　　上	5,000,000	受取地代	700,000	売上原価	3,500,000	支払利息	100,000	受取家賃	600,000
受取利息	300,000	給　　料	1,200,000						

解答欄

損益計算書

新宿商事　　　　　　　　　　　×1年1月1日～×1年12月31日　　　　　　　　　（単位：円）

（費用の部）			（収益の部）		
売　上　原　価		3,500,000	売　　　　　上		5,000,000
（　　　　　）	（　　　　　）		受　取　家　賃		600,000
（　　　　　）	（　　　　　）		（　　　　　）	（　　　　　）	
当　期　純　利　益	（　　　　　）		（　　　　　）	（　　　　　）	
	（　　　　　）			（　　　　　）	

練習問題 ｜ 損益計算書 　　　　　　　　　　　　　　　　　／□　／□　／□

新宿商事の×1年1月1日から×1年12月31日における収益・費用の額は次のとおりである。下記の損益計算書を作成しなさい。

（単位：円）

売　　　上	7,000,000	受取地代	1,400,000	売上原価	5,000,000	支払利息	120,000	受取家賃	550,000
受取利息	400,000	給　　料	1,250,000						

解答欄

損益計算書

新宿商事　　　　　　　　　　　×1年1月1日～×1年12月31日　　　　　　　　　（単位：円）

（費用の部）			（収益の部）		
売　上　原　価		5,000,000	売　　　　　上		7,000,000
（　　　　　）	（　　　　　）		受　取　家　賃		550,000
（　　　　　）	（　　　　　）		（　　　　　）	（　　　　　）	
当　期　純　利　益	（　　　　　）		（　　　　　）	（　　　　　）	
	（　　　　　）			（　　　　　）	

SECTION 02　損益計算書と収益・費用　5

SECTION 03 | 貸借対照表と損益計算書の関係

練習問題 | 5要素の分類

以下に挙げられている科目を複式簿記の5要素に分類し，番号で答えなさい。

1	支払家賃	6	建　物	11	売掛金
2	貸付金	7	受取地代	12	借入金
3	給料	8	買掛金	13	売上
4	現金	9	土地	14	売上原価
5	受取利息	10	車両	15	資本金

解答欄

資　産	
負　債	
純資産（資本）	
収　益	
費　用	

練習問題 | 貸借対照表と損益計算書の関係

次の空欄の中に，あてはまる金額を推定し記入しなさい。なお，該当する金額がない場合には斜線を付すこと。

解答欄

	期首	期末			収益	費用	当期純利益	当期純損失
	純資産	資産	負債	純資産				
(1)	250,000	(　　　)	150,000	(　　　)	(　　　)	766,000	116,000	(　　　)
(2)	(　　　)	247,000	(　　　)	151,000	339,000	346,000	(　　　)	(　　　)
(3)	441,000	(　　　)	228,000	499,000	650,000	(　　　)	(　　　)	(　　　)
(4)	(　　　)	631,000	(　　　)	385,000	(　　　)	439,000	46,000	(　　　)

6 ┃CHAPTER 01　財務諸表の基礎

CHAPTER 02 財務諸表作成の基礎

1 財務諸表作成の基本的な流れ

財務諸表作成の基本的な流れ

(1) 活動（取引）
どのような取引を記録するか？

〈重要ポイント!!①〉
簿記上の取引を記録する

(2) 記録
どのように記録するか？

〈重要ポイント!!②〉
勘定を用いて増加と減少を左右に分けて記録する

(3) 報告
どのように財務諸表を作成するか？

〈重要ポイント!!③〉
各勘定の残高を写して財務諸表を作成する

2 勘定

(1) 勘定とは

簿記上の取引は「勘定」に記録・集計する。

勘定のイメージ

① 期首に会社を設立し，1,000万円を出資した。
② 会社設立と同時に銀行から500万円を借入れた。
③ 600万円の商品を現金で仕入れた。
④ 上記商品を1,000万円で販売し，現金を受け取った。
⑤ 従業員に給料300万円を現金で支払った。

現金
① ＋1,000万円
② ＋ 500万円
③ － 600万円
④ ＋1,000万円
⑤ － 300万円
＝1,600万円

現金

増加（＋）	減少（－）
① 1,000万円	③ 600万円
② 500万円	⑤ 300万円
④ 1,000万円	
	残高（＝）1,600万円
借方	貸方

上記のように計算すると加算と減算が混在するため計算が煩雑になる。

勘定を用いて，増加と減少を左右に対照表示し，差額を計算することで計算手続きが簡略化される。

各勘定の増加（発生）は，貸借対照表と損益計算書のホームポジション側に記入する。
取引を2面的に捉えて記録を行う。

（2）勘定の残高金額と財務諸表

勘定残高の金額は財務諸表の金額を表しているため，財務諸表は勘定残高をもとに作成できる。

SECTION 01 | 財務諸表作成の基本的な流れ

基礎問題　　　／□　／□　／□

　以下の各勘定の（1）〜（10）に，各勘定の増加（発生）が記入される場合は「＋」を，減少（取消）が記入される場合は「−」の符号を埋めなさい。

（借方）	資　産	（貸方）		（借方）	負　債	（貸方）
（1）		（2）			（3）	（4）

（借方）	純資産	（貸方）		（借方）	収　益	（貸方）
	（5）	（6）			（7）	（8）

（借方）	費　用	（貸方）
（9）		（10）

解答欄

（1）		（2）		（3）		（4）		（5）	
（6）		（7）		（8）		（9）		（10）	

練習問題　勘定記入の法則①　　　／□　／□　／□

　次の（1）〜（7）の取引要素について，勘定の借方に記入されるものに「借」を，貸方に記入されるものに「貸」と記入しなさい。

（1）資産の増加　　（2）費用の発生　　（3）純資産の増加　　（4）資産の減少

（5）収益の発生　　（6）負債の減少　　（7）負債の増加

（1）	（2）	（3）	（4）	（5）	（6）	（7）

練習問題　勘定記入の法則②　　　／□　／□　／□

　次の（1）〜（10）の勘定について，増加（発生）の際に借方に記入されるものに「借」を，貸方に記入されるものに「貸」を記入しなさい。

（1）売掛金　　（2）貸付金　　（3）現金　　（4）給料　　（5）受取利息

（6）支払利息　　（7）買掛金　　（8）土地　　（9）借入金　　（10）売上

8 ┃CHAPTER 02　財務諸表作成の基礎

(1)	(2)	(3)	(4)	(5)	(6)	(7)	(8)	(9)	(10)

SECTION 02 | 勘定への記入方法

基礎問題　　　　　　　　　　　／☐／☐／☐

以下の取引につき，勘定記入を行い，貸借対照表，損益計算書を作成しなさい。

(1) 当社は期首に株式を発行し，1,000,000 円の現金出資を受け設立された。

(2) 銀行から 500,000 円の現金を借り入れた。

(3) 商品 600,000 円を現金で仕入れた。

(4) 上記商品を 1,200,000 円で販売し，現金を受け入れた。

(5) 給料を 200,000 円現金で支払った。

なお，勘定科目は，現金，借入金，資本金，売上原価，売上，給料のいずれかを使用し，取引番号を付すこと。

解答欄

現　金

借　入　金

資　本　金

売上原価

売　　上

給　料

SECTION 02　勘定への記入方法　9

貸借対照表　　　　　　　　　　　　　　　　　（単位：円）

資　産	金　額	負債及び純資産	金　額
(　　　　)	(　　　　)	(　　　　)	(　　　　)
		(　　　　)	(　　　　)
		繰越利益剰余金	(　　　　)
	(　　　　)		(　　　　)

損益計算書　　　　　　　　　　　　　　　　　（単位：円）

費　用	金　額	収　益	金　額
(　　　　)	(　　　　)	(　　　　)	(　　　　)
(　　　　)	(　　　　)		
当期純利益	(　　　　)		
	(　　　　)		(　　　　)

練習問題　財務諸表の作成

以下の取引につき，勘定記入を行い，期末貸借対照表，損益計算書を作成しなさい。

(1) 期首に，2,000,000円を出資し，会社を設立して，銀行から1,000,000円を借り入れた。
(2) 商品800,000円を現金で仕入れた。
(3) 上記商品を1,600,000円で販売し，現金を受け入れた。
(4) 給料230,000円を現金で支払った。

なお，勘定科目は，現金，借入金，資本金，売上，売上原価，給料のいずれかを使用し，取引番号を付すこと。

解答欄

期末貸借対照表 (単位：円)

資　　産	金　　額	負債及び純資産	金　　額
(　　　　　　　　)	(　　　　　　　　)	(　　　　　　　)	(　　　　　　)
		(　　　　　　　)	(　　　　　　)
		繰越利益剰余金	(　　　　　　)
	(　　　　　　　　)		(　　　　　　)

損益計算書 (単位：円)

費　　用	金　　額	収　　益	金　　額
(　　　　　　　　)	(　　　　　　　　)	(　　　　　　　)	(　　　　　　)
(　　　　　　　　)	(　　　　　　　　)		
当 期 純 利 益	(　　　　　　　　)		
	(　　　　　　　　)		(　　　　　　)

SECTION 02　勘定への記入方法　11

CHAPTER 03 簿記一巡の基礎（仕訳・転記・試算表及び帳簿）

1 仕訳と転記

（1）仕訳とは

取引は，勘定に集計されるが，勘定への記入を正確に行うための手続きを，「仕訳」という。

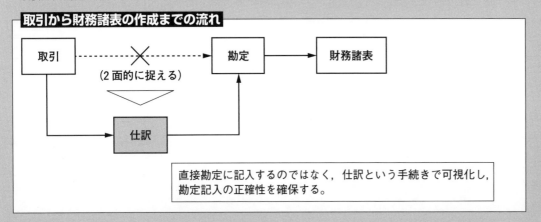

取引から財務諸表の作成までの流れ

直接勘定に記入するのではなく，仕訳という手続きで可視化し，勘定記入の正確性を確保する。

＜仕訳の形式＞

（借方）　○　○　○　　×××　　（貸方）　○　○　○　　×××　　※○○○は勘定科目，×××は金額を意味している。

（2）転記とは

転記とは，仕訳した取引を勘定に写すことをいう。なお，勘定には金額だけでなく，日付と相手科目（相手科目が複数の場合は諸口）も記入する。

2 試算表（T/B）とは

勘定記入の正確性を検証するために，各勘定の合計金額または残高金額を集計した一覧表のことを試算表という。その貸借の合計が一致するか否かにより転記の正確性を検証する。

合計試算表：各勘定の借方合計額と貸方合計額を集計して作成する試算表である。
残高試算表：各勘定の借方残高または貸方残高を集計して作成する試算表である。
合計残高試算表：合計試算表と残高試算表を結合させた試算表である。

SECTION 01 | 転記

基礎問題 1　　　　　　　　　　　　　　　　　　　　　　　/ □　/ □　/ □

次の取引について，仕訳・勘定記入を行いなさい。なお，取引番号を日付とすること。

(1) 会社の設立に際して，株主から現金 20,000 円の出資を受けた。

(2) 取引銀行から現金 10,000 円を借入れた。

(3) 取引銀行へ現金 3,000 円を返済した。

(4) 家賃 2,000 円を現金で受け取った。

(5) 支払利息 600 円を現金で支払った。

解答欄

＜仕訳＞

(1)	（借方）			（貸方）		
(2)	（借方）			（貸方）		
(3)	（借方）			（貸方）		
(4)	（借方）			（貸方）		
(5)	（借方）			（貸方）		

＜勘定への転記＞

（借方）	現　　金	（貸方）

（借方）	借　入　金	（貸方）

（借方）	資　本　金	（貸方）

（借方）	支　払　利　息	（貸方）

（借方）	受　取　家　賃	（貸方）

基礎問題 2　　　　　　　　　　　　　　　　　　　　　　　/ □　/ □　/ □

次の取引について，仕訳・勘定記入を行いなさい。

×年 1 月 15 日に商品 3,000 円を販売し，代金のうち 500 円は現金で受け取り，残額は掛けとした。

SECTION 01　転記　13

解答欄

＜仕訳＞

（借方）			（貸方）		

＜勘定への転記＞

（借方）	現　　　金	（貸方）		（借方）	売　　　上	（貸方）

（借方）	売　掛　金	（貸方）

練習問題　仕訳及び転記①　　　／□　／□　／□

次の取引について，仕訳・勘定記入を行いなさい。なお，取引番号を日付とすること。

(1) 株主から現金 100,000 円の出資を受け，会社を設立した。

(2) 取引銀行から現金 30,000 円を借入れた。

(3) 取引銀行へ現金 20,000 円を返済した。

(4) 家賃 5,000 円を現金で受け取った。

(5) 交通費 1,200 円を現金で支払った。

解答欄

＜仕訳＞

(1)	（借方）			（貸方）		
(2)	（借方）			（貸方）		
(3)	（借方）			（貸方）		
(4)	（借方）			（貸方）		
(5)	（借方）			（貸方）		

14 ┃ CHAPTER 03　簿記一巡の基礎（仕訳・転記・試算表及び帳簿）

＜勘定への転記＞

(借方)	現 金	(貸方)

(借方)	借 入 金	(貸方)

(借方)	資 本 金	(貸方)

(借方)	交 通 費	(貸方)

(借方)	受 取 家 賃	(貸方)

練習問題 仕訳及び転記② ／□ ／□ ／□

次の取引について，仕訳・勘定記入を行いなさい。

(1) ×年2月3日に取引銀行から現金 3,500 円を借入れた。

(2) ×年2月15日に商品 10,000 円を販売し，代金のうち 3,000 円は現金で受取り，残額は掛けとした。

解答欄

＜仕訳＞

(1)	(借方)			(貸方)		
(2)	(借方)			(貸方)		

＜勘定への転記＞

(借方)	現 金	(貸方)

(借方)	売 上	(貸方)

(借方)	売 掛 金	(貸方)

(借方)	借 入 金	(貸方)

SECTION 02 | 試算表

基礎問題　　　　　　　　　　　　　　　　　　　　　　　／ □　／ □　／ □

次の諸勘定に基づいて，[問1] 合計試算表，[問2] 残高試算表，[問3] 合計残高試算表を作成しなさい。

```
                現        金
4/ 1 資 本 金  3,000 | 4/10 売上原価  1,000
4/15 借 入 金  2,000 | 4/20 建    物  2,000
4/22 売    上  1,500 | 4/25 給    料    500
                     | 4/28 支払家賃    150
                     | 4/29 借 入 金    500

                売  掛  金
4/26 売    上    800 |

                建        物
4/20 現    金  2,000 |

              売 上 原 価
4/10 現    金  1,000 |
4/20 買 掛 金    500 |

                給        料
4/25 現    金    500 |
```

```
                買  掛  金
                     | 4/20 売上原価    500

                借  入  金
4/29 現    金    500 | 4/15 現    金  2,000

                資  本  金
                     | 4/ 1 現    金  3,000

                売        上
                     | 4/22 現    金  1,500
                     | 4/26 売 掛 金    800

              支 払 家 賃
4/28 現    金    150 |
```

16 ┃ CHAPTER 03　簿記一巡の基礎（仕訳・転記・試算表及び帳簿）

解答欄

[問 1]

合計試算表

借方	勘 定 科 目	貸方
	現　　　　金	
	売　掛　金	
	建　　　物	
	買　掛　金	
	借　入　金	
	資　本　金	
	売　　　上	
	売 上 原 価	
	給　　　料	
	支 払 家 賃	

[問 2]

残高試算表

借方	勘 定 科 目	貸方
	現　　　　金	
	売　掛　金	
	建　　　物	
	買　掛　金	
	借　入　金	
	資　本　金	
	売　　　上	
	売 上 原 価	
	給　　　料	
	支 払 家 賃	

SECTION 02　試算表　17

[問3]

合計残高試算表

借方		勘定科目	貸方	
残高	合計		合計	残高
		現　　　　金		
		売　掛　金		
		建　　　物		
		買　掛　金		
		借　入　金		
		資　本　金		
		売　　　上		
		売　上　原　価		
		給　　　料		
		支　払　家　賃		

練習問題　試算表の作成　　／□　／□　／□

次の勘定に基づいて，[問1] 合計試算表，[問2] 残高試算表，[問3] 合計残高試算表を作成しなさい。

現　　金

4/ 1	資 本 金	6,000	4/10	売上原価	2,000
4/15	借 入 金	4,000	4/21	建　物	4,000
4/22	売　上	3,000	4/25	給　料	1,000
			4/28	支払家賃	300
			4/29	借 入 金	1,000

売　掛　金

4/26	売　上	1,600			

建　　物

4/21	現　金	4,000			

売　上　原　価

4/10	現　金	2,000			
4/20	買 掛 金	1,000			

買　掛　金

			4/20	売上原価	1,000

借　入　金

4/29	現　金	1,000	4/15	現　金	4,000

資　本　金

			4/ 1	現　金	6,000

売　　上

			4/22	現　金	3,000
			4/26	売 掛 金	1,600

18　┃CHAPTER 03　簿記一巡の基礎（仕訳・転記・試算表及び帳簿）

	給　　料				支　払　家　賃	
4/25 現　金	1,000			4/ 2 現　金	300	

解答欄

[問1]

合計試算表

借方	勘　定　科　目	貸方
	現　　　　金	
	売　掛　金	
	建　　　物	
	買　掛　金	
	借　入　金	
	資　本　金	
	売　　　上	
	売　上　原　価	
	給　　　料	
	支　払　家　賃	

[問2]

残高試算表

借方	勘　定　科　目	貸方
	現　　　　金	
	売　掛　金	
	建　　　物	
	買　掛　金	
	借　入　金	
	資　本　金	
	売　　　上	
	売　上　原　価	
	給　　　料	
	支　払　家　賃	

SECTION 02　試算表

[問3]

合計残高試算表

借方		勘 定 科 目	貸方	
残高	合計		合計	残高
		現　　　　金		
		売　掛　金		
		建　　　　物		
		買　掛　金		
		借　入　金		
		資　本　金		
		売　　　　上		
		売　上　原　価		
		給　　　料		
		支　払　家　賃		

20 ┃CHAPTER 03　簿記一巡の基礎（仕訳・転記・試算表及び帳簿）

CHAPTER 04 取引と会計処理

1 勘定科目

勘定科目名	5要素	意味
現金	資産	通貨(紙幣や硬貨)及び通貨代用証券(他人振り出しの小切手等)
普通預金	資産	自由に預け入れ,払出しのできる普通の銀行預金
当座預金	資産	小切手や手形の決済に用いることができる決済用の銀行預金
仕入	費用	商品を購入するために支出した場合の費用勘定
買掛金	負債	商品を掛けで購入した場合の支払義務
売上	収益	商品を販売した場合の収益勘定
売掛金	資産	商品を掛けで販売した場合の代金を受け取る権利
建物	資産	商売のために保有する店舗・事務所・倉庫などの財産
土地	資産	敷地
車両	資産	乗用車,トラックなど
備品	資産	机,椅子,パソコンなど1年を超えて使用するその他の財産
通信費	費用	電話料金やインターネット料金などの支払いをした場合の費用勘定
水道光熱費	費用	水道・電気・ガス料金の支払いをした場合の費用勘定
発送費	費用	送料等の運送代の支払いをした場合の費用勘定
旅費交通費	費用	出張費や交通費の支払いをした場合の費用勘定
消耗品費	費用	事務用品などのすぐに消耗する物を購入した場合の費用勘定
支払保険料	費用	火災保険,損害保険等の保険料の支払いをした場合の費用勘定
資本金	純資産	会社に株主が出資をした場合に増加する純資産勘定

2 小切手

(1) 小切手を受け入れた場合

「現金」勘定の増加として扱う。

| (借方) 現 金(資産の増加) ×××　(貸方) ○ ○ ○ ××× |

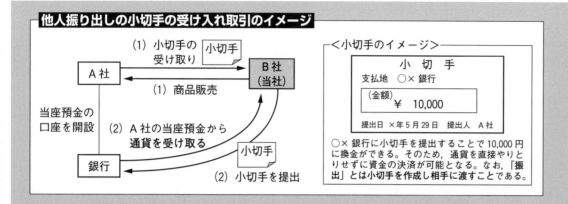

（2）小切手を振り出した場合

「当座預金」勘定の減少として扱う。

（借方）○ ○ ○　　×××　　（貸方）当座預金（資産の減少）　×××

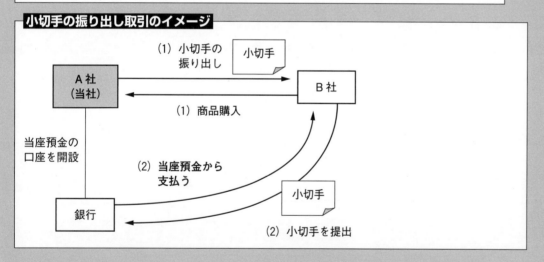

SECTION 01 | 期中取引及び会計処理

基礎問題　　　　　　　　　　　　　　　　　　　　　／ □　／ □　／ □

次の 12 月中の取引について，下記の問に答えなさい。

12/1　会社設立に際して，現金 3,000 円の出資を受けた。

12/2　仕入先 A 社から商品 900 円を購入し，代金は現金で支払った。

12/5　得意先 S 社へ商品を 600 円で販売し，代金は現金で受け取った。

12/7　仕入先 E 社から商品 1,200 円を購入し，代金は掛けとした。

12/10　備品（机）を 300 円で購入し，代金は現金で支払った。

12/13　得意先 Y 社へ商品を 2,100 円で販売し，代金は掛けとした。

12/15　仕入先 W 社から商品 1,500 円を購入し，代金の内 600 円は現金で支払い残額は掛けとした。

12/18　得意先 B 社へ商品を 1,800 円で販売し，代金の内 660 円は現金で受取り残額は掛けとした。

12/21　電話料 120 円を現金で支払った。

12/25　従業員に給料 240 円を現金で支払った。

12/26　仕入先 E 社の買掛代金全額を現金で支払った。

12/29　水道光熱費 60 円を現金で支払った。

12/30　得意先 B 社の売掛代金全額を現金で受け取った。

[問 1] 各取引について仕訳を示しなさい。

[問 2] 総勘定元帳の記入を行いなさい。

[問 3] 12 月 31 日における残高試算表を作成しなさい。

[問 4] 残高試算表をもとに財務諸表を作成しなさい。

解答欄

[問 1]

仕訳帳

12/1	（借方）			（貸方）		

[問2]

<u>総勘定元帳</u>

現　金

12/1

売　掛　金

備　品

買　掛　金

資　本　金

売　上

仕　入

給　料

通　信　費

水道光熱費

SECTION 01　期中取引及び会計処理┃25

[問3]

残高試算表
×年12月1日～×年12月31日

借方	勘定科目	貸方
	現　　金	
	売　掛　金	
	備　　品	
	買　掛　金	
	資　本　金	
	売　　上	
	仕　　入	
	給　　料	
	通　信　費	
	水道光熱費	

[問4]

貸借対照表
×年12月31日

現　　金 （　　　　　）	買　掛　金 （　　　　　）
売　掛　金 （　　　　　）	資　本　金 （　　　　　）
備　　品 （　　　　　）	繰越利益剰余金 （　　　　　）
合　　計 （　　　　　）	合　　計 （　　　　　）

損益計算書
×年12月1日～×年12月31日

仕　　入 （　　　　　）	売　　上 （　　　　　）
給　　料 （　　　　　）	
通　信　費 （　　　　　）	
水道光熱費 （　　　　　）	
当期純利益 （　　　　　）	
合　　計 （　　　　　）	合　　計 （　　　　　）

練習問題　総合問題　　／□　／□　／□

次の12月中の取引について，下記の問に答えなさい。

12/ 1　会社設立に際して現金5,000円の出資を受けた。

12/ 2　仕入先A商事から商品1,500円を購入し，代金は現金で支払った。

12/ 5　得意先S商事へ商品を1,000円で販売し，代金は現金で受け取った。

12/ 7　仕入先E商事から商品800円を購入し，代金は掛けとした。

12/10　車両を1,000円で購入し，代金は現金で支払った。

12/13　得意先Y商事へ商品を2,400円で販売し，代金は掛けとした。

12/15　仕入先W商事から商品2,000円を購入し，代金の内600円は現金で支払い残額は掛けとした。

12/18　得意先B商事へ商品を3,000円で販売し，代金の内800円は現金で受取り残額は掛けとした。

12/21　インターネットの回線料金500円を現金で支払った。

12/25　従業員に給料800円を現金で支払った。

12/26　仕入先E商事の買掛代金全額を現金で支払った。

12/29　水道料金200円を現金で支払った。

12/30　得意先B商事の売掛代金全額を現金で受取った。

[問1] 各取引について仕訳を示しなさい。

26 ▌CHAPTER 04　取引と会計処理

[問 2] 総勘定元帳の記入を行いなさい。

[問 3] 12 月 31 日における合計残高試算表を作成しなさい。

[問 4] 答案用紙に示した財務諸表を作成しなさい。

解答欄

[問 1]

仕訳帳

12/1	（借方）			（貸方）		

SECTION 01　期中取引及び会計処理　27

[問2]

総勘定元帳

現　金	売　掛　金

買　掛　金	車　両

	資　本　金

売　上	仕　入

給　料	通　信　費

	水道光熱費

28 ▌CHAPTER 04　取引と会計処理

[問3]

合計残高試算表
×1年12月1日～×1年12月31日　　　　　　　　　　　　　　　　（単位：円）

借　方		勘　定　科　目	貸　方	
残　　高	合　　計		合　　計	残　　高

[問4]

貸借対照表
×1年12月31日　　　　　　　　　　　　　　　　（単位：円）

（資産の部）			（負債の部）		
現　　　　　金	（　　　　　）		（　　　　　　　　　）	（　　　　　　　）	
（　　　　　）	（　　　　　）		負　債　合　計	（　　　　　　　）	
（　　　　　）	（　　　　　）		（純資産の部）		
			（　　　　　　　　　）	（　　　　　　　）	
			繰　越　利　益　剰　余　金	（　　　　　　　）	
			純　資　産　合　計	（　　　　　　　）	
資　産　合　計	（　　　　　）		負債・純資産合計	（　　　　　　　）	

SECTION 01　期中取引及び会計処理 29

損益計算書

×1年12月1日～×1年12月31日 　　　　　　　　　　　　　　　　　（単位：円）

（費用の部）			（収益の部）		
仕　　　　　入		（　　　　　）	（　　　　　　　）	（	）
（　　　　　）		（　　　　　）			
（　　　　　）		（　　　　　）			
（　　　　　）		（　　　　　）			
当 期 純 利 益		（　　　　　）			
		（　　　　　）		（	）

CHAPTER 05 その他の債権・債務

1 貸付金・借入金

勘定科目名	5要素	意味
貸付金	資産	貸し付けた資金を回収する権利
借入金	負債	借り入れた金銭を返済する義務
受取利息	収益	利息を受け取った場合の収益勘定
支払利息	費用	利息を支払った場合の費用勘定

※資金の貸し付けを行った場合，資金を回収できる権利が生じ，また，利息による収益を獲得できる。
※資金の借り入れを行った場合，資金を返済する義務が生じ，また，利息による費用が発生する。

2 未収入金・未払金

勘定科目名	5要素	意味
未収入金	資産	建物・備品・土地・有価証券など，商品以外の物品を売却し，代金を後日受け取る場合の当該代金を回収する権利
未払金	負債	商品以外の物品を購入し，代金を後日支払う場合の支払義務

※商品以外の物品の売買を掛けで行った場合，「売掛金」勘定・「買掛金」勘定に計上しない。

3 立替金・預り金

勘定科目名	5要素	意味
立替金	資産	従業員への給料の前貸しなど，従業員または取引先などが負担すべきものを一時的に立替え払いする場合の当該立替分を回収する権利
預り金	負債	所得税の源泉徴収など，従業員または取引先などから一時的に金銭を預かる場合の当該金銭を支払う義務
法定福利費	費用	社会保険料の内，企業負担分を支払った場合の費用勘定

4 仮払金・仮受金

勘定科目名	5要素	意味
仮払金	資産	支出を行ったが，その正確な金額が確定していない，または，何に使用するか決定していない場合に用いる勘定
仮受金	負債	内容不明な入金がされた場合に用いる勘定

※金額や内容が未確定の場合には，仮勘定として「仮払金」勘定や「仮受金」勘定に計上する。
※金額や内容が確定した場合には，「仮受金」勘定または「仮受金」勘定から正しい勘定に振り替える。

SECTION 01 貸付金・借入金

基礎問題

以下の取引について，仕訳を示しなさい。

(1) 新宿株式会社に現金 1,000,000 円を貸し付けた。
(2) 新宿株式会社に貸し付けた現金 1,000,000 円と利息 10,000 円を，同社振り出しの小切手で受け取った。
(3) 取引銀行から 1,000,000 円を借り入れ，利息 10,000 円を差し引いた残額を同社振り出しの小切手で受け取った。
(4) 取引銀行から借り入れていた 1,000,000 円を現金で返済した。

解答欄

日付	借方科目	金額	貸方科目	金額
(1)				
(2)				
(3)				
(4)				

練習問題 | 貸付金・借入金の処理

以下の取引について，仕訳を示しなさい。

(1) 新宿商事に現金 2,000,000 円を貸し付けた。
(2) 新宿商事に貸し付けた現金 2,000,000 円と利息 20,000 円を同社振り出しの小切手で受け取った。
(3) 信濃町商事から現金 2,000,000 円を借り入れ，利息 50,000 円を差し引いた残額を同社振り出しの小切手で受け取った。
(4) 信濃町商事から借り入れていた 2,000,000 円を現金で返済した。

解答欄

日付	借方科目	金額	貸方科目	金額
(1)				
(2)				
(3)				
(4)				

SECTION 02 | 未収入金・未払金

基礎問題　　　　　　　　／□　／□　／□

以下の取引について，仕訳を示しなさい。

(1) 備品 100,000 円を購入し，代金は掛けとした。

(2) 上記代金を現金で支払った。

(3) 土地を 150,000 円で売却し，代金は翌月受け取りとした。

(4) 上記代金を小切手で受け取った。

解答欄

日付	借方科目	金額	貸方科目	金額
(1)				
(2)				
(3)				
(4)				

練習問題 | 未収入金・未払金の処理　　　　／□　／□　／□

以下の取引について，仕訳を示しなさい。

(1) 建物 300,000 円を購入し，代金は翌月末払いとした。

(2) 上記代金を現金で支払った。

(3) 土地を 500,000 円で売却し，代金は翌月受け取りとした。

(4) 上記代金を小切手で受け取った。

解答欄

日付	借方科目	金額	貸方科目	金額
(1)				
(2)				
(3)				
(4)				

SECTION 03 | 立替金・預り金

基礎問題 1　　　　／ □　／ □　／ □

以下の取引について，仕訳を示しなさい。

(1) 従業員に給料 200,000 円を支給するに際して，源泉所得税徴収分 18,000 円を差し引いて，手取額を現金で支払った。

(2) 従業員の源泉所得税徴収分 18,000 円を現金で納付した。

解答欄

日付	借方科目	金額	貸方科目	金額
(1)				
(2)				

基礎問題 2　　　　／ □　／ □　／ □

以下の取引について，仕訳を示しなさい。

(1) 従業員に給料 200,000 円を支給するに際して，従業員負担分の健康保険料 9,000 円，厚生年金保険料 16,000 円を控除した残額を，当社の普通預金口座から支払った。

(2) 健康保険料及び厚生年金保険料について，(1) の従業員負担額に会社負担額（従業員負担額と同額）を加えて，普通預金口座から振り込んで納付した。

34 ┃ CHAPTER 05　その他の債権・債務

解答欄

日付	借方科目	金額	貸方科目	金額
(1)				
(2)				

練習問題　預り金の処理

以下の取引について，仕訳を示しなさい。

(1) 従業員に給料 300,000 円を支給するに際して，源泉所得税徴収分 36,000 円を差し引いて，手取額を現金で支払った。

(2) 従業員の源泉所得税徴収分 36,000 円を現金で納付した。

解答欄

日付	借方科目	金額	貸方科目	金額
(1)				
(2)				

練習問題　立替金の処理

以下の取引について，仕訳を示しなさい。なお，源泉所得税は考慮しなくてよい。

(1) 従業員 A に給料の前払い分 100,000 円を普通預金口座から支払った。

(2) 従業員 A の給料日となったため，上記 100,000 円を差し引いた 150,000 円を普通預金口座から支払った。

解答欄

日付	借方科目	金額	貸方科目	金額
(1)				
(2)				

SECTION 04 | 仮払金・仮受金

基礎問題 　　　　　　　　　　　　　　　　　／□　／□　／□

以下の取引について，仕訳を示しなさい。

(1) 従業員の出張に際し，概算旅費 120,000 円を現金で渡した。

(2) 出張先の従業員から当座預金口座に 800,000 円の振り込みが行われたが内容が不明であった。

(3) 従業員が出張から帰社し，上記（2）の入金は，売掛金の回収額であることが判明した。

(4) 出張の旅費を精算したところ，15,000 円不足していたので現金で支払った。

解答欄

日付	借方科目	金額	貸方科目	金額
(1)				
(2)				
(3)				
(4)				

練習問題 ｜ 仮払金・仮受金の処理　　　　　　　　　　　／□　／□　／□

以下の取引について，仕訳を示しなさい。

(1) 従業員の出張に際し，概算旅費 150,000 円を現金で渡した。

(2) 出張先の従業員から当座預金口座に 600,000 円の振り込みが行われたが内容が不明であった。

(3) 従業員が出張から帰社し，上記（2）の入金は，貸付金の回収額であることが判明した。

(4) 出張の旅費を精算したところ，12,000 円返金された。

解答欄

日付	借方科目	金額	貸方科目	金額
(1)				
(2)				
(3)				
(4)				

SECTION 05 | 総合問題

基礎問題　　　　　　　　　　　　　　　　　　　　　　　／□　／□　／□

　以下の取引について，仕訳を示し，総勘定元帳の記入を行いなさい。また，残高試算表を作成し，残高試算表をもとに財務諸表を作成しなさい。なお，取引番号を日付とすること。

(1) 会社設立に際し，現金 2,500,000 円の出資を受け株式を発行した。

(2) 当座預金口座を開設し，現金 1,000,000 円を預け入れた。

(3) 仕入先北九州商事より商品 500,000 円を購入し，現金 500,000 円を支払った。

(4) 仕入先北九州商事より商品 500,000 円を購入し，代金は掛けとした。

(5) 新宿商事に 700,000 円を貸し付けることになり，利息 10,000 円を差し引いた残額を当社振り出しの小切手で支払った。

(6) 机 200,000 円を購入し，代金は 1 ヵ月後に支払うことを約束した。

(7) 上記（6）の代金を現金により支払った。

(8) 従業員に給料 300,000 円を支払う際に，源泉所得税徴収分 30,000 円を差し引き現金で支払った。

(9) 得意先博多商事に対して商品 1,500,000 円を販売し，代金は掛けとした。

(10) 従業員の出張にあたり，出張旅費として，現金 10,000 円を仮払いした。

(11) 出張従業員より現金 3,000 円の送金を受けたが，内容が不明である。

(12) 出張従業員が帰社し，旅費の精算を行い現金 1,000 円の返金を受けた。また，（11）において送金を受けた 3,000 円は得意先博多商事からの売掛金の回収であることが判明した。

解答欄

<仕訳>

(単位：円)

日付	借方科目	金額	貸方科目	金額
(1)				
(2)				
(3)				
(4)				
(5)				
(6)				
(7)				
(8)				
(9)				
(10)				
(11)				
(12)				

<勘定記入>

(借方)	現　金	(貸方)

(借方)	当座預金	(貸方)

(借方)	売　掛　金	(貸方)

（借方）	仮 払 金	（貸方）

（借方）	備 品	（貸方）

（借方）	貸 付 金	（貸方）

（借方）	買 掛 金	（貸方）

（借方）	仮 受 金	（貸方）

（借方）	預 り 金	（貸方）

（借方）	未 払 金	（貸方）

（借方）	資 本 金	（貸方）

（借方）	売 上	（貸方）

（借方）	受取利息	（貸方）

（借方）	仕 入	（貸方）

（借方）	給 料	（貸方）

（借方）	旅費交通費	（貸方）

SECTION 05　総合問題

＜残高試算表の作成＞

残高試算表

＜財務諸表の作成＞

貸借対照表

(	)	(	)	(	)	(	)
(	)	(	)	(	)	(	)
(	)	(	)	(	)	(	)
(	)	(	)	繰越利益剰余金		(	)
(	)	(	)				
合　　計		(	)	合　　計		(	)

損益計算書

(	)	(	)	(	)	(	)
(	)	(	)	(	)	(	)
(	)	(	)				
当　期　純　利　益		(	)				
合　　計		(	)	合　　計		(	)

練習問題　総合問題　　　／□　／□　／□

　以下の取引について，仕訳を示し，総勘定元帳の記入を行い，残高試算表を作成しなさい。また，財務諸表を作成しなさい。なお，取引番号を日付とすること。

　(1) 会社設立に際して株主から現金 3,000,000 円の出資を受けた。

　(2) 当座預金口座を開設し，現金 1,000,000 円を預け入れた。

(3) 仕入先北九州商事より商品を購入し，現金 400,000 円を支払った。

(4) 仕入先北九州商事より商品 800,000 円を購入し，代金は掛けとした。

(5) 新宿商事に 500,000 円を貸し付けることになり，利息 20,000 円を差し引いた残額を当社振り出しの小切手で支払った。

(6) 棚 300,000 円を購入し，代金は 1ヶ月後に支払うことを約束した。

(7) 上記（6）の代金を現金により支払った。

(8) 従業員に給料 200,000 円を支払う際に，源泉所得税徴収分 24,000 円を差し引き現金で支払った。

(9) 得意先博多商事に対して商品 1,800,000 円を販売し代金は掛けとした。

(10) 従業員の出張にあたり，出張旅費として，現金 20,000 円を仮払いした。

(11) 出張従業員より現金 100,000 円の送金を受けたが，内容が不明である。

(12) 出張従業員が帰社し，旅費の精算を行い現金 3,000 円の返金を受けた。また，（11）において送金を受けた 100,000 円は新宿商事からの貸付金の回収分であることが判明した。

解答欄

<仕訳>

日付	借方科目	金額	貸方科目	金額
(1)				
(2)				
(3)				
(4)				
(5)				
(6)				
(7)				
(8)				
(9)				
(10)				
(11)				
(12)				

＜勘定記入＞

(借方)	現　金	(貸方)

(借方)	当座預金	(貸方)

(借方)	仮 払 金	(貸方)

(借方)	売 掛 金	(貸方)

(借方)	貸 付 金	(貸方)

(借方)	備　品	(貸方)

(借方)	買 掛 金	(貸方)

(借方)	仮 受 金	(貸方)

(借方)	預 り 金	(貸方)

(借方)	未 払 金	(貸方)

(借方)	資 本 金	(貸方)

(借方)	売　上	(貸方)

(借方)	受取利息	(貸方)

(借方)	仕　入	(貸方)

(借方)	給　料	(貸方)

(借方)	旅費交通費	(貸方)

＜残高試算表の作成＞

残高試算表
（12）現在　　　　　　　　　　　　　（単位：円）

＜財務諸表の作成＞

貸借対照表
×年×月×日

（資産の部）		（負債の部）	
（　　　　　）	（　　　　　）	（　　　　　）	（　　　　　）
（　　　　　）	（　　　　　）	（　　　　　）	（　　　　　）
（　　　　　）	（　　　　　）	負　債　合　計	（　　　　　）
（　　　　　）	（　　　　　）	（純資産の部）	
（　　　　　）	（　　　　　）	（　　　　　）	（　　　　　）
		（　　　　　）	（　　　　　）
		純　資　産　合　計	（　　　　　）
資　産　合　計	（　　　　　）	負債・純資産合計	（　　　　　）

損益計算書
×年×月×日～×年×月×日

（費用の部）		（収益の部）	
（　　　　　）	（　　　　　）	（　　　　　）	（　　　　　）
（　　　　　）	（　　　　　）	（　　　　　）	（　　　　　）
（　　　　　）	（　　　　　）		
（　　　　　）	（　　　　　）		
	（　　　　　）		（　　　　　）

CHAPTER 06 商品売買

1 会計処理

（1）三分割法

　三分割法とは，商品売買に係る取引について，「繰越商品」勘定（資産），「仕入」勘定（費用），「売上」勘定（収益）の3つの勘定を用いて記入する方法である。

（2）分記法

　商品売買に係る取引について，「商品」勘定（資産），「商品売買益」勘定（収益）の2つの勘定を用いて記入する方法である。

2 付随費用

（1）当方負担の付随費用

　仕入諸掛り……仕入原価に算入する。

　売上諸掛り……販売費として処理する。

（2）先方負担の付随費用

　先方負担の付随費用は当社の費用にはならない。また，先方負担の付随費用を立替え払いした場合には，売掛金・買掛金等の債権債務に加減する，もしくは「立替金」勘定の増加として扱う。

3 前払金と前受金

勘定科目名	5要素	意味
前払金	資産	商品などの引き渡しを受ける前に，手付金（内金）を支払った場合の，払った分の商品を受け取る権利
前受金	負債	商品などの引き渡しを行う前に，手付金（内金）を受け取った場合の，受け取った分の商品を引き渡す義務（債務）

※手付金の取引は，権利・義務の関係で捉え資産または負債に計上する。仕入または売上は商品の引き渡しが行われた時点で計上する。

4 返品

　返品が行われた場合には，仕入れまたは売上の計上を取り消す処理を行う。

5 約束手形

勘定科目名	5要素	意味
受取手形	資産	手形上の債権（将来，手形代金を受け取る権利）
支払手形	負債	手形上の債務（将来，手形代金を支払う義務）

※手形代金の支払人が約束手形を振り出し，代金の受取人が約束手形を所有する。

約束手形の取引のイメージ

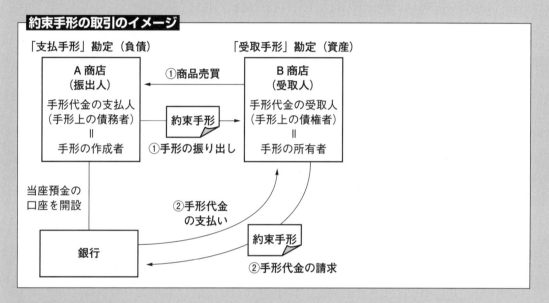

6 受取商品券

勘定科目名	5要素	意味
受取商品券	資産	商品券を受け取った場合の，商品券と引き換えに，物品やお金を受け取ることができる権利

7 クレジット売掛金

勘定科目名	5要素	意味
クレジット売掛金	資産	クレジットカード会社（信販会社）から代金を回収できる権利
支払手数料	費用	クレジットカード会社（信販会社）に対して支払う（販売代金から差し引かれる）手数料

※信販会社に対して支払う手数料は費用として計上する。

8 電子記録債権・電子記録債務

勘定科目名	5要素	意味
電子記録債権	資産	でんさいネットを通じて電子的に記録・管理される債権
電子記録債務	負債	でんさいネットを通じて電子的に記録・管理される債務

※電子記録債権債務としての記録・管理は，債務者が「発生記録の請求」を行い，その通知が債権者になされることによって実現する。

9 商品売買に関する補助簿

仕入帳：仕入取引の内訳明細を記録する補助簿

売上帳：売上取引の内訳明細を記録する補助簿

売掛金元帳（得意先元帳）：売掛金勘定の相手先別の内訳明細を記録する補助簿

買掛金元帳（仕入先元帳）：買掛金勘定の相手先別の内訳明細を記録する補助簿

受取手形記入帳：手形債権の発生を記入する補助簿

支払手形記入帳：手形債務の発生を記入する補助簿

商品有高帳：商品の受け入れ及び払い出しの都度，数量・単価・金額を記入し，払出金額（売上原価）
　　　　　及び手許有高（在庫）を記録する補助簿

10 商品有高帳

（1）払出単価の決定方法

先入先出法：先に仕入れた商品から順次払い出しが行われたと仮定し，払出単価を決定する方法

移動平均法：単価の異なる商品を受け入れた都度，平均単価を計算し，払出単価とする方法

（2）売上原価等の算定

売上原価 ＝ 期首在庫 ＋ 仕入 － 期末在庫

売上総利益 ＝ 売上高 － 売上原価

11 人名勘定

取引先ごとの債権・債務の残高を把握するために，売掛金・買掛金の増減を取引先ごとの商店名を勘定科目として使用する場合がある。この場合の，商店名を付けた勘定科目を人名勘定という。

SECTION 01 | 付随費用

基礎問題　　　　　　　　　　　　／□　／□　／□

以下の取引について仕訳を行いなさい。なお，立替金勘定は使用しないこと。

(1) 仕入先から商品 5,000 円を掛けで仕入れ，引取費用 100 円を現金で支払った。

(2) 得意先へ商品を 8,000 円で販売し，代金は掛けとした。なお，発送費用を 300 円現金で支払った。

(3) 仕入先から商品 4,000 円を掛けで仕入れた。なお，引取費用 200 円を現金で立替え払いした。

(4) 得意先へ商品を 6,000 円で販売し，代金は掛けとした。なお，発送費用 150 円を現金で立替え払いした。

解答欄

日　付	借　方　科　目	金　　　額	貸　方　科　目	金　　　額
(1)				
(2)				
(3)				
(4)				

練習問題 ▏付随費用の処理　　　　　　　　／□　／□　／□

以下の取引について仕訳を行いなさい。なお，立替金勘定は使用しないこと。

(1) 仕入先から商品 3,000 円を掛けで仕入れ，引取費用 300 円を現金で支払った。

(2) 得意先へ商品を 6,000 円で販売し，代金は掛けとした。なお，発送費用を 100 円現金で支払った。

(3) 仕入先から商品 9,000 円を掛けで仕入れた。なお，引取費用 150 円を現金で立替え払いした。

(4) 得意先へ商品を 5,000 円で販売し，代金は掛けとした。なお，発送費用 500 円を現金で立替え払いした。

SECTION 01　付随費用 ▎ 47

解答欄

日　付	借　方　科　目	金　　額	貸　方　科　目	金　　額
(1)				
(2)				
(3)				
(4)				

SECTION 02 | 前払金・前受金

基礎問題　　　　　　　　　　　　　　　　　／□　／□　／□

以下の取引について，仕訳を示しなさい。

(1) 当社は，A商事に商品5,000円を注文し，手付金1,000円を小切手で支払った。

(2) A商事から上記商品を受け取り，手付金を充当し，残額は掛けとした。

(3) 当社は，B商事から商品8,000円の注文を受け，手付金1,500円を現金で受け取った。

(4) B商事に上記商品を引き渡し，手付金を充当し，残額は掛けとした。

解答欄

日付	借方科目	金額	貸方科目	金額
(1)				
(2)				
(3)				
(4)				

練習問題　**手付金の処理**　　　　　　　　　　　　／□　／□　／□

以下の取引について，仕訳を示しなさい。

48 ▎CHAPTER 06　商品売買

(1) 当社は，A商事に商品10,000円を注文し，手付金3,000円を小切手で支払った。

(2) A商事から上記商品を受け取り，手付金を充当し，残額は掛けとした。

(3) 当社は，B商事から商品9,000円の注文を受け，手付金4,000円を現金で受け取った。

(4) B商事に上記商品を引き渡し，手付金を充当し，残額は掛けとした。

解答欄

日付	借方科目	金額	貸方科目	金額
(1)				
(2)				
(3)				
(4)				

SECTION 03 | 返品

基礎問題　　／□　／□　／□

以下の取引について仕訳を行い，①総仕入高と純仕入高，②総売上高と純売上高を求めなさい。

(1) 当社は，仕入先から掛けで商品10,000円を仕入れた。

(2) 当社は，仕入先から掛けで仕入れた商品のうち，2,000円を品違いのため返品した。

(3) 当社は，得意先に対して，掛けで商品を15,000円で販売した。

(4) 得意先に掛けで販売した商品1,000円分について，汚損のため返品された。

解答欄

日付	借方科目	金額	貸方科目	金額
(1)				
(2)				
(3)				
(4)				

①総仕入高 [　　　　　　　] 円　　純仕入高 [　　　　　　　] 円

②総売上高 [　　　　　　　] 円　　純売上高 [　　　　　　　] 円

練習問題 | **返品の処理**   ／□ ／□ ／□

以下の取引について仕訳を行い，①総仕入高と純仕入高，②総売上高と純売上高を求めなさい。

(1) 当社は，仕入先から掛けで商品 30,000 円を仕入れた。

(2) 当社は，仕入先から掛けで仕入れた商品のうち，5,000 円を品違いのため返品した。

(3) 当社は，得意先に対して，掛けで商品を 40,000 円で販売した。

(4) 得意先に掛けで販売した商品について，汚損のため 2,500 円分返品された。

解答欄

日　付	借 方 科 目	金　　額	貸 方 科 目	金　　額
(1)				
(2)				
(3)				
(4)				

①総仕入高 ［　　　　　円］　純仕入高 ［　　　　　円］

②総売上高 ［　　　　　円］　純売上高 ［　　　　　円］

SECTION
04 | 約束手形

基礎問題   ／□ ／□ ／□

以下の取引について仕訳を行いなさい。

(1) 仕入先 A 商事から商品 3,000 円を仕入れ，代金は A 商事受け取り，当社振り出しの約束手形で支払った。

(2) 上記手形が満期となり，手形代金が当座預金から引き落とされた。

(3) 得意先 B 商事へ商品 5,000 円を販売し，代金は B 商事振り出しの約束手形を受け取った。

(4) 上記手形が満期となり，手形代金が当座預金に入金された。

解答欄

日付	借 方 科 目	金　　額	貸 方 科 目	金　　額
(1)				
(2)				
(3)				
(4)				

50 ▌CHAPTER 06　商品売買

練習問題 約束手形の処理　　　　　　　　　　　　／□　／□　／□

以下の取引について仕訳を行いなさい。

(1) 仕入先 A 商事から商品 2,500 円を仕入れ，代金は A 商事受け取り，当社振り出しの約束手形で支払った。

(2) 上記手形が満期となり，手形代金が当座預金から引き落とされた。

(3) 得意先 B 商事へ商品 3,000 円を販売し，代金は B 商事振り出しの約束手形を受け取った。

(4) 上記手形が満期となり，手形代金が当座預金に入金された。

解答欄

日付	借 方 科 目	金　　額	貸 方 科 目	金　　額
(1)				
(2)				
(3)				
(4)				

SECTION 05 受取商品券

基礎問題　　　　　　　　　　　　　　　　　　　／□　／□　／□

以下の取引について，仕訳を示しなさい。

(1) 商品 15,000 円を販売し，現金 5,000 円と自治体発行の商品券 10,000 円を受け取った。

(2) 上記の商品券を引き渡して換金請求を行い，同額が普通預金口座へ振り込まれた。

解答欄

日　付	借 方 科 目	金　　額	貸 方 科 目	金　　額
(1)				
(2)				

練習問題 商品券の処理　　　　　　　　　　　　　／□　／□　／□

以下の取引について仕訳を行いなさい。

(1) 商品 5,000 円を販売し，代金はギフトカードで受け取った。

(2) 上記のギフトカード 5,000 円を利用して，事務用の消耗品を購入した。

解答欄

日　付	借方科目	金　　額	貸方科目	金　　額
(1)				
(2)				

SECTION 06 | クレジット売掛金

基礎問題　　　　　　　　　　　　　　／□　／□　／□

以下の取引について，仕訳を示しなさい。

(1) 当社は顧客にクレジットカード支払いで5,000円商品を売り上げた。なお，信販会社の手数料は販売代金の3％であり，販売時に認識する。

(2) 信販会社から上記代金4,850円が普通預金口座に振り込まれた。

解答欄

日　付	借方科目	金　　額	貸方科目	金　　額
(1)				
(2)				

練習問題　クレジット払いの処理　　　　　　／□　／□　／□

以下の取引について仕訳を行いなさい。

(1) 当社は商品4,000円をクレジット払いの条件で販売した。なお，信販会社の手数料は2％であり，販売時に認識する。

(2) 信販会社から2％の手数料を控除した金額が普通預金口座に振り込まれた。

解答欄

日　付	借方科目	金　　額	貸方科目	金　　額
(1)				
(2)				

SECTION 07 | 電子記録債権・電子記録債務

基礎問題　　　　　　　　　　　　　　　／□　／□　／□

以下の取引について，仕訳を示しなさい。

(1) 商品を得意先へ 50,000 円分を掛販売した。

(2) 上記の掛代金について，得意先が発生記録の請求を行い，電子記録債権が 50,000 円生じた。

(3) 上記の電子記録債権が決済され，当座預金に入金された。

解答欄

日付	借 方 科 目	金　　額	貸 方 科 目	金　　額
(1)				
(2)				
(3)				

練習問題　電子記録債権・電子記録債務の処理　　　　　／□　／□　／□

以下の取引について 問1 A 社，問2 B 社についてのそれぞれの仕訳を示しなさい。

(1) A 社は B 社に対して商品 5,000 円を販売し，同日に B 社が発生記録の請求を行い，その通知が A 社になされた。

(2) B 社は電子記録債務 5,000 円全額の精算を当座預金を通じて行った。A 社は保有する電子記録債権 5,000 円について当座預金に入金された。

解答欄

問1 A 社

日付	借 方 科 目	金　　額	貸 方 科 目	金　　額
(1)				
(2)				

問2 B 社

日付	借 方 科 目	金　　額	貸 方 科 目	金　　額
(1)				
(2)				

SECTION 08 | 売掛金元帳と買掛金元帳

基礎問題　　　　　　　　　　　　　　　　　　　　／ □　／ □　／ □

神奈川商事（年1回3月決算）の以下の取引を売掛金元帳（埼玉商事勘定）に記入し，補助簿の締め切りを行いなさい。

6／ 1　売掛金の前月繰越高は，660,000円（千葉商事410,000円，埼玉商事250,000円）である。

6／ 5　埼玉商事より売掛代金のうち，150,000円を現金で回収した。

6／12　商品を千葉商事に200,000円，埼玉商事に190,000円をそれぞれ掛けで販売した。

6／15　埼玉商事に販売した上記商品の一部に不良品があったので，10,000円分が返品された。

6／23　埼玉商事より，売掛代金のうち30,000円を同社振り出しの約束手形で受け取った。

6／28　商品を埼玉商事に300,000円販売し，代金のうち，200,000円は受取手形で受け取り，残額は掛けとした。

解答欄

売 掛 金 元 帳

埼 玉 商 事

日付		摘　　要	借　　方	貸　　方	借又は貸	残　　高
6	1	前 月 繰 越				
	5	入　　　金				
	12	売　　　上				
	15	（　　　　　）				
	23	約 束 手 形 受 け 取 り				
	28	（　　　　　）				
	30	次 月 繰 越				
7	1	（　　　　　）				

練習問題　売掛金勘定と売掛金元帳・買掛金勘定と買掛金元帳の関係　　　　／ □　／ □　／ □

次の取引を仕訳し，総勘定元帳（売掛金勘定と買掛金勘定）に転記するとともに，補助元帳（売掛金元帳と買掛金元帳）に記入しなさい。なお，商品勘定は三分法によること。

9／ 1　千葉商事から商品600,000円を掛けにて仕入れた。

　　 3　幕張商事に商品384,000円を掛けにて販売した。

　　 8　千葉商事から9月1日に仕入れた商品の一部（31,200円分）が品違いだったため，返品した。

　　10　船橋商事から商品720,000円を仕入れ，代金のうち240,000円は小切手を振り出して支払い，残額は掛けとした。

54 CHAPTER 06　商品売買

11 船橋商事から仕入れた上記の商品に品違いがあったため，52,800円分を返品した。

15 小岩商事に商品204,000円を掛けにて販売した。

18 千葉商事の買掛金568,800円を小切手を振り出して支払った。

20 船橋商事から商品228,000円を掛けにて仕入れた。

21 幕張商事に商品180,000円を掛けにて販売した。

24 幕張商事に掛け売りした上記商品のうち18,000円分が汚損品につき返品された。

25 千葉商事から商品204,000円を掛けにて仕入れた。

27 船橋商事の買掛金427,200円を小切手を振り出して支払った。

29 幕張商事への売掛金のうち384,000円が当座預金口座へ振込まれた。

30 小岩商事への売掛金204,000円を小切手にて回収した。

日　付	借　方　科　目	金　　　額	貸　方　科　目	金　　　額
・				
・				
・				
・				
・				
・				
・				
・				
・				
・				
・				
・				
・				

総 勘 定 元 帳

売 掛 金

.		.
.		.
.		.

買 掛 金

.	9. 1	
.	.	
.	.	

売 掛 金 元 帳

幕 張 商 事

×年	摘 要	借 方	貸 方	借/貸	残 高
.					
.					
.					
.					

買 掛 金 元 帳

千 葉 商 事

×年	摘 要	借 方	貸 方	借/貸	残 高
9.					
.					
.					
.					

小 岩 商 事

×年	摘 要	借 方	貸 方	借/貸	残 高
.					
.					

船 橋 商 事

×年	摘 要	借 方	貸 方	借/貸	残 高
.					
.					
.					

売掛金元帳の摘要欄には，売上・返品・入金を書く。

買掛金元帳の摘要欄には，仕入・返品・支払を書く。

練習問題 売掛金元帳　　　　　／□　／□　／□

　神奈川商事（年１回３月決算）の以下の取引を売掛金元帳（埼玉商事勘定）に記入し，月末にこの補助簿を締め切りなさい。

6／ 1　売掛金の前月繰越高は，580,000 円（千葉商事 230,000 円，埼玉商事 350,000 円）である。

6／ 5　埼玉商事より売掛代金のうち，110,000 円を小切手で回収した。

6／12　商品を千葉商事に 80,000 円，埼玉商事に 120,000 円をそれぞれ掛けで販売した。

56 CHAPTER 06　商品売買

6／15　埼玉商事に販売した上記の商品の一部に不良品があったので，3,000円分返品された。

6／28　商品を埼玉商事に150,000円販売し，代金のうち，30,000円は小切手で受け取り，残額は掛けとした。

解答欄

売　掛　金　元　帳
埼　玉　商　事

日付		摘　　要	借　方	貸　方	借又は貸	残　高
6	1	前　月　繰　越				
	5	入　　　金				
	12	売　　　上				
	15	（　　　　）				
	28	（　　　　）				
	30	次　月　繰　越				
7	1	（　　　　）				

練習問題　買掛金元帳　

広島商事（年1回3月決算）の以下の取引を買掛金元帳（山口商事勘定）に記入し，月末にこの補助簿を締め切りなさい。

6／ 1　買掛金の前月繰越高は，480,000円（島根商事180,000円，山口商事300,000円）である。

6／ 6　商品を島根商事から80,000円，また山口商事から110,000円を仕入れ，代金は掛けとした。

6／12　商品を山口商事から140,000円で仕入れ，代金は掛けとした。

6／13　昨日，山口商事から仕入れた商品のうち，30,000円は，不良品であったため返品した。なお，代金は同店に対する買掛金から差し引いた。

6／28　島根商事に対する買掛金のうち160,000円，山口商事に対する買掛金のうち300,000円を，それぞれ小切手を振り出して支払った。

解答欄

買 掛 金 元 帳
山 口 商 事

日付		摘　　要	借　　方	貸　　方	借又は貸	残　　高
6	1	前　月　繰　越				
	6	仕　　　　入				
	12	（　　　　　　　）				
	13	（　　　　　　　）				
	28	支　　　　払				
	30	次　月　繰　越				
7	1	（　　　　　　　）				

SECTION 09 ｜ 人名勘定

基礎問題　　　　　　　　　　　　　　／□　／□　／□

以下の取引について，人名勘定を用いた場合の仕訳を示しなさい。

(1) 神奈川商事から商品 2,200 円を掛けで仕入れ，引取運賃 100 円は小切手を振り出して支払った。

(2) 静岡商事に商品 1,500 円を掛けで販売し，発送運賃 120 円を現金で支払った。

(3) 愛知商事へ商品 1,600 円を掛けで販売し，代金のうち 1,000 円は同社振り出しの小切手で受け取り，残額は掛けとした。

(4) 神奈川商事への買掛金 2,200 円を小切手を振り出して支払った。

解答欄

日　付	借方科目	金　　額	貸方科目	金　　額
(1)				
(2)				
(3)				
(4)				

58 ┃ CHAPTER 06　商品売買

練習問題 人名勘定　　　　　　　　　　　　　　　　　／□　　／□　　／□

次の取引を人名勘定を用いて仕訳し，指定した総勘定元帳に転記しなさい。ただし，商品勘定は三分法によること。

4／3　湯島商事に商品 350,000 円を掛けにて販売し，発送運賃 7,000 円を現金にて支払った。

4／7　赤坂商事から商品 220,000 円を掛けにて仕入れ，引取運賃 17,000 円は小切手を振り出して支払った。

4／8　上記における商品の一部に汚損があったため 4,000 円分返品をした。

4／16　町屋商事へ商品 360,000 円を販売し，代金のうち 110,000 円は同社振り出しの小切手で受取り，残額は掛けとした。

4／24　赤坂商事への買掛金 170,000 円を小切手を振り出して支払った。

4／29　湯島商事の売掛代金 280,000 円は同社振り出しの小切手で受け取り，ただちに当座預金口座に預け入れた。

解答欄

日　付	借方科目	金　　額	貸方科目	金　　額
・				
・				
・				
・				
・				
・				

湯　島　商　事

赤　坂　商　事

町　屋　商　事

SECTION 09　人名勘定　59

SECTION 10 | 受取手形記入帳・支払手形記入帳

基礎問題 1   ／ □   ／ □   ／ □

(1) 次の帳簿の名称を解答欄の（　）に記入し，(2) この帳簿に記入されている取引の仕訳をしなさい。

（　　　　　　　　　　　　）

日付		手形種類	手形番号	摘要	支払人	振出人	振出日		満期日		支払場所	手形金額	てん末		
													月	日	摘要
9	17	約手	16	売上	渋谷商会	渋谷商会	9	17	10	21	B銀行	80,000	10	21	当座預金に入金

解答欄

(1) （　　　　　　　　　　　　）

(2)

日　付		借 方 科 目	金　　額	貸 方 科 目	金　　額
9	17	（　　　　　　　）	（　　　　　　）	（　　　　　　　）	（　　　　　　）
10	21	（　　　　　　　）	（　　　　　　）	（　　　　　　　）	（　　　　　　）

基礎問題 2   ／ □   ／ □   ／ □

(1) 次の帳簿の名称を解答欄の（　）に記入し，(2) この帳簿に記入されている取引の仕訳をしなさい。

（　　　　　　　　　　　　）

日付		手形種類	手形番号	摘要	受取人	振出人	振出日		満期日		支払場所	手形金額	てん末		
													月	日	摘要
7	7	約手	9	仕入	青森商店	当店	7	7	7	23	A銀行	40,000	7	23	支払
7	18	約手	10	買掛金	秋田商会	当店	7	18	8	20	B銀行	60,000			
7	25	約手	13	仕入	山形商店	当店	7	25	9	30	C銀行	50,000			

解答欄

(1) （　　　　　　　　　　　　）

(2)

日　付		借 方 科 目	金　　額	貸 方 科 目	金　　額
7	7	（　　　　　　　）	（　　　　　　）	（　　　　　　　）	（　　　　　　）
7	18	（　　　　　　　）	（　　　　　　）	（　　　　　　　）	（　　　　　　）
7	23	（　　　　　　　）	（　　　　　　）	（　　　　　　　）	（　　　　　　）
7	25	（　　　　　　　）	（　　　　　　）	（　　　　　　　）	（　　　　　　）

練習問題 受取手形記入帳　　　／□　／□　／□

(1) 次の帳簿の名称を（　　）に記入し，(2) この帳簿に記入されている取引の仕訳を示しなさい。

（　　　　　　　　　　　）

日付		手形種類	手形番号	摘要	支払人	振出人	振出日		満期日		支払場所	手形金額	てん末		
													月	日	摘要
9	2	約手	7	売上	日吉商事	日吉商事	9	2	9	25	A銀行	50,000	9	25	当座預金に入金
9	23	約手	16	売掛金	横浜商事	横浜商事	9	23	11	30	C銀行	30,000			

解答欄

(1) （　　　　　　　　　　　　　　　）

(2)

日付		借方科目	金額	貸方科目	金額
9	2	（　　　　　）	（　　　　　）	（　　　　　）	（　　　　　）
9	23	（　　　　　）	（　　　　　）	（　　　　　）	（　　　　　）
9	25	（　　　　　）	（　　　　　）	（　　　　　）	（　　　　　）

練習問題 支払手形記入帳　　　／□　／□　／□

(1) 次の帳簿の名称を（　　）に記入し，(2) この帳簿に記入されている取引の仕訳を示しなさい。

（　　　　　　　　　　　）

日付		手形種類	手形番号	摘要	受取人	振出人	振出日		満期日		支払場所	手形金額	てん末		
													月	日	摘要
9	10	約手	5	仕入	青森商事	当社	9	10	9	25	A銀行	50,000	9	25	支払
9	28	約手	10	仕入	山形商事	当社	9	28	11	30	C銀行	30,000			

解答欄

(1) （　　　　　　　　　　　　　　　）

(2)

日付		借方科目	金額	貸方科目	金額
9	10	（　　　　　）	（　　　　　）	（　　　　　）	（　　　　　）
9	25	（　　　　　）	（　　　　　）	（　　　　　）	（　　　　　）
9	28	（　　　　　）	（　　　　　）	（　　　　　）	（　　　　　）

SECTION 10　受取手形記入帳・支払手形記入帳

SECTION 11 | 商品有高帳

基礎問題 1 　　　　　　　　　　　　　　／□　／□　／□

以下の取引に基づき，商品有高帳の記入を行い，売上高・売上原価及び売上総利益を示しなさい。なお，払い出し単価の計算は先入先出法により行う。

4/ 1　前 月 繰 越	20 個	@ 100 円
4/ 8　仕　　　入	180 個	@ 110 円
4/15　売　　　上	160 個	@ 200 円　（売価）
4/22　仕　　　入	280 個	@ 101 円
4/26　売　　　上	300 個	@ 210 円　（売価）

解答欄

商 品 有 高 帳

日付	摘　要	受　入			払　出			残　高		
		数量	単価	金　額	数量	単価	金　額	数量	単価	金　額

売上高　[　　　　　　　]円　　売上原価　[　　　　　　　]円　　売上総利益　[　　　　　　　]円

基礎問題 2 　　　　　　　　　　　　　　／□　／□　／□

以下の取引に基づき，商品有高帳の記入を行い，売上高・売上原価及び売上総利益を示しなさい。なお，払い出し単価の計算は移動平均法

により行う。

4/ 1	前月繰越	20個	@ 100円
4/ 8	仕　　入	180個	@ 110円
4/15	売　　上	160個	@ 200円 （売価）
4/22	仕　　入	280個	@ 101円
4/26	売　　上	300個	@ 210円 （売価）

解答欄

商 品 有 高 帳

日付	摘　要	受　入			払　出			残　高		
		数量	単価	金　額	数量	単価	金　額	数量	単価	金　額

売上高 [　　　　　　] 円　　　売上原価 [　　　　　　] 円　　　売上総利益 [　　　　　　] 円

基礎問題３　　　　　　　　　　　　　　　　　　／ □　／ □　／ □

　以下の仕入帳と売上帳に基づいて，（1）先入先出法により商品有高帳に記入し，（2）8月中の売上原価と売上総利益を計算しなさい。なお，商品有高帳の締め切りを行う必要はない。

SECTION 11　商品有高帳 63

仕 入 帳

日 付		摘　　　　　要		金　額
8	6	鳥取商事	掛け	
		DVD記録メディア　80枚　@800		64,000
	10	広島商事	掛け	
		DVD記録メディア　50枚　@900		45,000
	21	広島商事	掛け返品	
		DVD記録メディア　10枚　@900		9,000

売 上 帳

日 付		摘　　　　　要		金　額
8	8	山口商事	掛け	
		DVD記録メディア　30枚　@1,200		36,000
	24	島根商事	掛け	
		DVD記録メディア　90枚　@1,400		126,000

解答欄

商 品 有 高 帳
ＤＶＤ記録メディア

先入先出法

日付	摘　要	受　入			払　出			残　高		
		数量	単価	金　額	数量	単価	金　額	数量	単価	金　額
8/1	前 月 繰 越	10	700	7,000				10	700	7,000

	売上原価の計算			売上総利益の計算	
月初商品棚卸高	(	)	売　上　高	(	)
当月商品仕入高	(	)	売　上　原　価	(	)
合　　　計	(	)	売　上　総　利　益	(	)
月末商品棚卸高	(	)			
売　上　原　価	(	)			

練習問題 **商品有高帳①（先入先出法）** ／□　／□　／□

　以下の取引に基づき，商品有高帳の記入を行い，売上高・売上原価及び売上総利益を示しなさい。なお，払い出し単価の計算は先入先出法により行う。

4/ 1	前 月 繰 越	50 個	@ 100 円	
4/ 7	仕　　　入	150 個	@ 120 円	
4/16	売　　　上	100 個	@ 170 円	（売価）
4/20	仕　　　入	200 個	@ 118 円	
4/27	売　　　上	250 個	@ 160 円	（売価）

解答欄

商　品　有　高　帳

日付	摘　要	受　入			払　出			残　高		
		数量	単価	金　額	数量	単価	金　額	数量	単価	金　額

売上高	円	売上原価	円	売上総利益	円

練習問題 **商品有高帳② (移動平均法)** ／ □ ／ □ ／ □

　以下の取引に基づき，商品有高帳の記入を行い，売上高・売上原価及び売上総利益を示しなさい。なお，払い出し単価の計算は移動平均法により行う。

　　4/ 1　前月繰越　　　50 個　　　@ 100 円

　　4/ 7　仕入　　　150 個　　　@ 120 円

　　4/16　売上　　　100 個　　　@ 170 円　　（売価）

　　4/20　仕入　　　200 個　　　@ 118 円

　　4/27　売上　　　250 個　　　@ 160 円　　（売価）

解答欄

商 品 有 高 帳

日付	摘　　要	受　　入			払　　出			残　　高		
		数量	単価	金　額	数量	単価	金　額	数量	単価	金　額

売上高	円	売上原価	円	売上総利益	円

練習問題 **商品有高帳③ (仕入帳および売上帳との関係)** ／ □ ／ □ ／ □

　次の仕入帳と売上帳に基づいて，移動平均法により商品有高帳に記入し，6 月中の売上原価と売上総利益を計算するため，下記の（　　　）内に適当な金額を記入しなさい。なお，商品有高帳の締切りを行う必要はない。

66 ▎CHAPTER 06　商品売買

仕　入　帳

日	付	摘　　　　　　要		金　額
6	6	千葉商事	掛け	
		パソコン　12 台　@ 40,000		480,000
	20	茨城商事	掛け	
		パソコン　22 台　@ 50,000		1,100,000

売　上　帳

日	付	摘　　　　　　要		金　額
6	15	埼玉商事	掛け	
		パソコン　17 台　@ 70,000		1,190,000
	28	栃木商事	掛け	
		パソコン　20 台　@ 68,000		1,360,000

解答欄

商 品 有 高 帳

移動平均法

パ　ソ　コ　ン

日付	摘　要	受　入			払　出			残　高		
		数量	単価	金　額	数量	単価	金　額	数量	単価	金　額
6/1	前 月 繰 越	18	45,000	810,000				18	45,000	810,000

<table>
<tr><td colspan="2">売上原価の計算</td><td colspan="2">売上総利益の計算</td></tr>
<tr><td>月初商品棚卸高</td><td>(　　　　　　　　)</td><td>売　上　高</td><td>(　　　　　　　　　　)</td></tr>
<tr><td>当月商品仕入高</td><td>(　　　　　　　　)</td><td>売 上 原 価</td><td>(　　　　　　　　　　)</td></tr>
<tr><td>合　　　　計</td><td>(　　　　　　　　)</td><td>売 上 総 利 益</td><td>(　　　　　　　　　　)</td></tr>
<tr><td>月末商品棚卸高</td><td>(　　　　　　　　)</td><td></td><td></td></tr>
<tr><td>売 上 原 価</td><td>(　　　　　　　　)</td><td></td><td></td></tr>
</table>

練習問題　商品有高帳④（仕入帳および売上帳との関係）　　　／□　／□　／□

以下の仕入帳と売上帳に基づいて，（1）先入先出法により商品有高帳に記入し，（2）4月中の売上原価と売上総利益を計算しなさい。なお，商品有高帳の締切りを行う必要はない。

仕　入　帳

日	付	摘　　　　　　　要		金　　額
4	12	鳥取商事	掛け	
		DVD 記録メディア　　300 枚　　@ 70		21,000
	21	広島商事	掛け	
		DVD 記録メディア　　270 枚　　@ 80		21,600
	22	**広島商事**	**掛け返品**	
		DVD 記録メディア　　10 枚　　@ 80		**800**

売　上　帳

日	付	摘　　　　　　　要		金　　額
4	18	山口商事	掛け	
		DVD 記録メディア　　250 枚　　@ 110		27,500
	26	島根商事	掛け	
		DVD 記録メディア　　310 枚　　@ 105		32,550

解答欄

商 品 有 高 帳
D V D 記 録 メ デ ィ ア

先入先出法

日付	摘　要	受　入			払　出			残　高		
		数量	単価	金　額	数量	単価	金　額	数量	単価	金　額
4/1	前 月 繰 越	200	75	15,000				200	75	15,000

売上原価の計算

月初商品棚卸高	(　　　　　　　)
当月商品仕入高	(　　　　　　　)
合　　　計	(　　　　　　　)
月末商品棚卸高	(　　　　　　　)
売 上 原 価	(　　　　　　　)

売上総利益の計算

売 上 高	(　　　　　　　　　)
売 上 原 価	(　　　　　　　　　)
売 上 総 利 益	(　　　　　　　　　)

SECTION 12 分記法

基礎問題　　　　／□　／□　／□

以下の取引について、分記法により仕訳を行いなさい。

(1) 仕入先から商品 10,000 円を掛けで仕入れた。

(2) 得意先へ商品 8,000 円 (原価 6,000 円) を掛けで販売した。

SECTION 12　分記法 ▌ 69

解答欄

日　付	借方科目	金　　額	貸方科目	金　　額
(1)				
(2)				

70 ▎CHAPTER 06　商品売買

CHAPTER 07 現金預金

1 現金

(1) 勘定科目

勘定科目名	5要素	意味
現金	資産	通貨 ＋ 通貨代用証券
現金過不足	―	現金の帳簿有高と実際有高についての原因不明の不一致額

※通貨代用証券：他人振出小切手，普通為替証書，送金小切手等

(2) 現金出納帳

現金取引の明細を記入する補助簿

2 普通預金・当座預金

(1) 勘定科目

勘定科目名	5要素	意味
普通預金	資産	自由に預け入れ，払出しのできる普通の銀行預金
当座預金	資産	小切手や手形の決済に用いることができる決済用の銀行預金

(2) 小切手

小切手を振り出した場合 …… 「当座預金」勘定の減少で処理する。

他人振り出しの小切手を受け取った場合…… 「現金」勘定の増加で処理する。

自己振り出しの小切手を受け取った場合…… 「当座預金」勘定の増加（減少の取消）で処理する。

(3) 複数口座を開設している場合

複数の普通預金口座または当座預金口座を開設し，内部管理のために口座ごとに勘定科目を設定することがある（例：「普通預金甲銀行」勘定）。

(4) 当座預金出納帳

当座預金の収支の明細を記入する補助簿

3 小口現金

(1) 勘定科目

勘定科目名	5 要素	意味
小口現金	資産	小口現金制度を採用している場合の現金

※小口現金は,「現金」勘定に計上しない。

(2) 小口現金出納帳

小口現金の収支の明細を記入する補助簿

SECTION 01 | 現金

基礎問題

以下の取引について仕訳を行いなさい。

(1) 現金の帳簿有高は 130,000 円であるが, 現金の実際有高は 121,000 円であった。

(2) 調査の結果, 受取利息 3,000 円と支払利息 12,000 円について記入が行われていないことが判明した。

解答欄

日 付	借 方 科 目	金 額	貸 方 科 目	金 額
(1)				
(2)				

練習問題 | 現金過不足の処理

以下の取引について仕訳を行いなさい。

(1) 現金の帳簿有高は 85,000 円であるが, 現金の実際有高は 83,000 円であった。

(2) 調査の結果, 受取利息 1,500 円と支払利息 3,500 円について記入が行われていないことが判明した。

解答欄

日 付	借方科目	金　額	貸方科目	金　額
(1)				
(2)				

練習問題　現金出納帳　　　　　／ □　　／ □　　／ □

　次の 10 月第 4 週における取引（一部）に関する資料にもとづいて，現金出納帳に記入するとともに，週末の締め切りを行いなさい。なお，これらの取引のすべてが現金出納帳に記入されるとは限らないことに留意すること。

10／19	売掛金の得意先振り出し小切手による回収	¥	200,000
10／20	現金による商品の仕入れ	¥	120,000
10／20	家賃の現金による支払い	¥	50,000
10／21	商品券による商品の売上	¥	90,000
10／22	現金の当座預金への預け入れ	¥	130,000
10／23	現金の実際有高の不足額	¥	1,000

解答欄

現 金 出 納 帳

日付		摘　要	収　入	支　出	残　高
10	19	前　週　繰　越	520,000		520,000
	23	次　週　繰　越			
10	26	前　週　繰　越			

SECTION 01　現金　73

SECTION 02 | 普通預金・当座預金

基礎問題　　　　　　　　　　　　　　　　　　　　／□　／□　／□

以下の取引について仕訳を行いなさい。

(1) 当社はA銀行と当座取引契約を結び，現金1,000,000円を預け入れた。

(2) 得意先から売掛代金500,000円が，当座預金口座に振り込まれた。

(3) 当社は甲商事より商品700,000円を仕入れ，代金は小切手を振り出して支払った。

(4) 水道光熱費50,000円が当座預金から自動引き落としされた。

(5) 得意先から売掛代金200,000円を回収し，直ちに当座預金口座に預け入れた。

解答欄

日　付	借　方　科　目	金　　　額	貸　方　科　目	金　　　額
(1)				
(2)				
(3)				
(4)				
(5)				

練習問題 | 預金の処理　　　　　　　　　　　　　　　　　／□　／□　／□

以下の一連の取引について仕訳を行いなさい。

(1) 当社はA銀行と当座取引契約を結び，現金1,500,000円を預け入れた。

(2) 得意先から売掛代金300,000円が，当座預金口座に振り込まれた。

(3) 当社は甲商事より商品600,000円を仕入れ，代金は小切手を振り出して支払った。

(4) 水道光熱費80,000円が当座預金から自動引き落としされた。

(5) 売掛金200,000円を回収し，普通預金口座に振り込まれた。

(6) 得意先から売掛代金80,000円を回収し，直ちに当座預金口座に預け入れた。

74 ▍CHAPTER 07　現金預金

解答欄

日　付	借　方　科　目	金　　　額	貸　方　科　目	金　　　額
(1)				
(2)				
(3)				
(4)				
(5)				
(6)				

練習問題　自己振出小切手

以下の取引について仕訳を行いなさい。

(1) 手形代金 300,000 円の回収として，当社振り出しの小切手を受け入れた。

(2) 商品を A 社に 500,000 円で販売し小切手（2 枚）を受け取った。なお，受け取った小切手のうち 1 枚（400,000 円分）の振出人は A 社，もう 1 枚の振出人は当社である。

解答欄

日　付	借　方　科　目	金　　　額	貸　方　科　目	金　　　額
(1)				
(2)				

練習問題　当座預金出納帳　　　／ □　／ □　／ □

次の取引の仕訳および当座預金の勘定記入を行い，当座預金出納帳を完成させなさい。

6/ 4　広告宣伝費 60,000 円を当社振り出しの小切手で支払った。

6/10　得意先甲商事へ商品 170,000 円を販売し，代金のうち 130,000 円は同社振り出しの小切手で受取り，ただちに取引銀行に預け入れ，残額は掛けとした。

6/12　仕入先乙商事より商品 120,000 円を購入し，代金は当社振り出しの小切手で支払った。

6/20　丙商事より売掛代金として現金 150,000 円を受け取り，ただちに取引銀行に預け入れた。

解答欄

日付	借方科目	金　額	貸方科目	金　額
6. 4				
6.10				
6.12				
6.20				

当 座 預 金

6.1　前月繰越	80,000	

当 座 預 金 出 納 帳

×年		摘　　　　要	収　　入	支　　出	借又は貸	残　　高
6	1	前　月　繰　越	80,000		借	80,000
	4	広告宣伝費の支払い				
	10	甲商店へ商品を販売				
	12	乙商店より商品を購入				
	20	丙商店から売掛代金の回収				
	30	次　月　繰　越				
7	1	前　月　繰　越				

SECTION
03 小口現金

基礎問題　　　／□　／□　／□

以下の取引について仕訳を行いなさい。

(1) 定額資金前渡制度による小口現金制度を採用するため，用度係に小切手 3,000 円を振り出して小口現金を渡した。

(2) 用度係から，通信費 500 円，消耗品費 800 円，交通費 1,000 円の支払いを行ったと報告を受けた。

(3) 経理係は，支払額と同額の小切手を振り出して補給を行った。

76 ▏CHAPTER 07　現金預金

解答欄

日　付	借　方　科　目	金　　額	貸　方　科　目	金　　額
(1)				
(2)				
(3)				

練習問題	**小口現金の処理**	／□　／□　／□

以下の取引について仕訳を行いなさい。

(1) 定額資金前渡制度による小口現金制度を採用するため，用度係に小切手 5,000 円を振り出して渡した。

(2) 用度係から，通信費 1,300 円，消耗品費 900 円，交通費 750 円の支払いを行ったと報告を受けた。

(3) 経理係は，支払額と同額の小切手を振り出して補給を行った。

解答欄

日　付	借　方　科　目	金　　額	貸　方　科　目	金　　額
(1)				
(2)				
(3)				

練習問題	**小口現金出納帳**	／□　／□　／□

　次の取引を小口現金出納帳に記入し，週末における締め切りと小切手振り出しによる資金の補給に関する記帳を行いなさい。なお，定額資金前渡制度（インプレスト・システム）により，小口現金係は毎週月曜日に前週の支払いの報告をし，資金補給を受けている。

11／26	文房具代	¥	1,260
11／27	携帯電話料金代	¥	6,300
11／27	新幹線乗車券代	¥	5,000
11／28	接客食事代	¥	8,400
11／28	タクシー代	¥	1,060

SECTION 03　小口現金　77

| 11／29 | 郵便切手・はがき代 | ￥ | 1,000 |
| 11／30 | コピー用紙代 | ￥ | 4,500 |

解答欄

小 口 現 金 出 納 帳

受　入	×年		摘　　要	支　払	内　訳			
					通信費	交通費	消耗品費	雑費
3,500	11	26	前 週 繰 越					
26,500		26	本 日 補 給					
			合　　　　計					
			次 週 繰 越					
	12	3	前 週 繰 越					
		3	本 日 補 給					

CHAPTER 08 その他の期中取引

1 有形固定資産

(1) 取得原価

取得原価 = 購入代価 + 付随費用

※付随費用には，購入手数料，運送費，荷役費，据付費，試運転費，登記料などがある。

(2) 勘定科目

勘定科目名	5要素	意味
建物	資産	商売のために保有する店舗・事務所・倉庫などの財産
土地	資産	敷地
車両	資産	乗用車，トラックなど
備品	資産	机，椅子，パソコンなど1年を超えて使用するその他の財産
未払金	負債	商品以外の物品を購入し，代金を後日支払う場合の支払義務

(3) 固定資産台帳

固定資産管理のために取得原価や減価償却費等を記録する補助簿

2 不動産の賃借

勘定科目名	5要素	意味
差入保証金	資産	保証金を支払った場合，当該金額を回収する権利
支払手数料	費用	仲介手数料を支払った場合の費用勘定
支払家賃	費用	家賃を支払った場合の費用勘定

※保証金も仲介手数料も不動産を賃借する場合に支払うものであるが，保証金は将来賃借契約を解約する際に返還されるのに対し，仲介手数料は返還されない。

3 手形貸付金・手形借入金

勘定科目名	5要素	意味
手形貸付金	資産	金銭の貸し付けにあたって，約束手形を受け取り，将来手形代金の決済により金銭を回収する場合の当該金額を回収する権利
手形借入金	負債	金銭を借り入れるにあたって，約束手形を振り出し，将来手形代金を決済することにより金銭の返済を行う場合の当該金額を支払う義務
受取利息	収益	利息を受け取った場合の収益勘定
支払利息	費用	利息を支払った場合の費用勘定

※通常，金銭の貸借が行われる場合には，契約書を作成して行われ，「貸付金」勘定，「借入金」勘定で処理される。しかし，これらの手続を省略するために，手形を用いることで，金銭の貸借を行うことがある。その場合には「手形貸付金」勘定，「手形借入金」勘定に計上する。

4 租税公課

勘定科目名	5要素	意味
租税公課	費用	固定資産税や印紙税など，企業が支払う税金のうち経費となるものを支払った場合の費用勘定

※法人税等及び消費税以外の税金は「租税公課」勘定に計上する。

SECTION 01 | 有形固定資産

基礎問題　　　　　／ □　／ □　／ □

以下の取引について仕訳を行いなさい。

(1) 建物 5,000,000 円を購入し，付随費用 300,000 円を合わせた代金につき，小切手を振り出して支払った。

(2) 土地を購入し，土地代金 20,000,000 円と付随費用 1,000,000 円のうち，半額は現金で支払い，残りは翌月払いとした。

解答欄

日　付	借方科目	金　　額	貸方科目	金　　額
(1)				
(2)				

練習問題 有形固定資産の購入時の処理　　　／□　／□　／□

以下の取引について仕訳を行いなさい。

（1）建物 2,000,000 円を購入し，登記料の 100,000 円を合わせた代金につき，小切手を振り出して支払った。

（2）土地を購入し，土地代金 6,000,000 円と付随費用 500,000 円のうち，半額は現金で支払い，残りは翌月払いとした。

解答欄

日　付	借　方　科　目	金　　額	貸　方　科　目	金　　額
(1)				
(2)				

練習問題 固定資産台帳　　　／□　／□　／□

以下の固定資産台帳に基づいて，勘定記入を行いなさい。なお，当期は×6年4月1日から×7年3月31日である。

固定資産台帳

取得 年月日	名称等	期末 数量	耐用 年数	期首（期中取 得）取得原価	期首減価償却累 計額	差引期首（期中 取得）帳簿価額	当期減価償却費
備品							
×3/4/1	備品A	1	8年	8,000	3,000	5,000	1,000
×6/10/1	備品B	1	5年	7,500	—	7,500	750

解答欄

備　　品

日　付	摘　要	借　方	日　付	摘　要	貸　方
×6年4月1日	前期繰越	(　　　　)	×7年3月31日	次期繰越	(　　　　)
×6年10月1日	普通預金	(　　　　)			
		(　　　　)			(　　　　)

減価償却累計額

日　付	摘　要	借　方	日　付	摘　要	貸　方
×7年3月31日	次期繰越	(　　　　)	×6年4月1日	前期繰越	(　　　　)
			×7年3月31日	(　　　　)	(　　　　)
		(　　　　)			(　　　　)

SECTION 01　有形固定資産　81

SECTION 02 | 不動産の賃借

基礎問題　／□　／□　／□

以下の取引について仕訳を行いなさい。

(1) 店舗の賃借にあたって，900,000円を普通預金から支払った。なお，900,000円の内訳は，敷金600,000円，仲介手数料200,000円，1ヶ月分の家賃100,000円である。

解答欄

日　付	借 方 科 目	金　　額	貸 方 科 目	金　　額
(1)				

練習問題　不動産の賃借取引　／□　／□　／□

以下の取引について仕訳を行いなさい。

(1) 事務所の開設に際して，初月賃料450,000円に加えて，敷金900,000円，仲介手数料120,000円を普通預金から支払った。

解答欄

日　付	借 方 科 目	金　　額	貸 方 科 目	金　　額
(1)				

SECTION 03 | 手形貸付金・手形借入金

基礎問題　／□　／□　／□

以下の取引について仕訳を行いなさい。

(1) 日吉株式会社は，信濃町株式会社に500,000円を貸し付け，同額の約束手形を受け取った。なお，利息分20,000円を差し引き，残額は小切手を振り出して引き渡した。

(2) 日吉株式会社は，横浜株式会社から不動産を担保として800,000円を借り入れ，その際，同額の約束手形を振り出し，利息を差し引かれた手取金が当座預金口座に振り込まれた。なお，借入期間は6ヶ月で，利率は年6％である。

82 ┃CHAPTER 08　その他の期中取引

解答欄

日　付	借　方　科　目	金　　　額	貸　方　科　目	金　　　額
(1)				
(2)				

練習問題　**手形貸付金・手形借入金の処理**　　　／□　／□　／□

以下の取引について仕訳を行いなさい。

(1) 日吉商事は，信濃町商事に 700,000 円を貸し付け，同額の約束手形を受け取った。なお，利息分 40,000 円を差し引き，残額は小切手を振り出して引き渡した。

(2) 日吉商事は，横浜商事から不動産を担保として 1,000,000 円を借り入れ，その際同額の約束手形を振り出し，利息を差し引かれた手取金が当座預金口座に振り込まれた。なお，借入期間は 3ヶ月で，利率は年 6 ％である。

解答欄

日　付	借　方　科　目	金　　　額	貸　方　科　目	金　　　額
(1)				
(2)				

SECTION 04 ｜ 租税公課

基礎問題　　　　　　　　　　　　　　　　　　　　　　　　　／□　／□　／□

以下の取引についての仕訳を示しなさい。

(1) 固定資産税の納税通知書 3,000 円を受け取ったので，小切手を振り出して支払った。

解答欄

日　付	借　方　科　目	金　　　額	貸　方　科　目	金　　　額
(1)				

| 練習問題 | 租税公課の処理 | | | ／ □ ／ □ ／ □ |

以下の取引について仕訳を示しなさい。

（1）固定資産税の納税通知書 15,000 円を受け取ったので，小切手を振り出して支払った。

解答欄

日　付	借 方 科 目	金　　額	貸 方 科 目	金　　額
（1）				

CHAPTER 09 期中取引におけるその他の諸論点

1 訂正仕訳

誤った仕訳の逆仕訳 ＋ 正しい仕訳 ＝ 訂正仕訳

2 補助簿と取引の関係

勘 定 科 目	補 助 元 帳	補 助 記 入 帳
現 金	―	現 金 出 納 帳
当 座 預 金	―	当座預金出納帳
小 口 現 金	―	小口現金出納帳
受 取 手 形	―	受取手形記入帳
支 払 手 形	―	支払手形記入帳
売 掛 金	得意先元帳（売掛金元帳）	―
買 掛 金	仕入先元帳（買掛金元帳）	―
売 上	商 品 有 高 帳	売 上 帳
仕 入	商 品 有 高 帳	仕 入 帳
建 物 等	固 定 資 産 台 帳	―

SECTION 01 | 訂正仕訳の取扱い

基礎問題　　／□　／□　／□

以下の取引の仕訳には誤りがある。よって，これを訂正するための仕訳を行いなさい。

(1) 仕入先A社から商品200,000円を仕入れ，120,000円は約束手形を振り出して支払い，残額は掛けとした。

（借方）仕　　入	200,000円	（貸方）売　掛　金	120,000円
		（〃）買　掛　金	80,000円

(2) 商品5,000円を掛けで販売した。

（借方）売　　上	5,000円	（貸方）売　掛　金	5,000円

85

解答欄

日付	借方科目	金額	貸方科目	金額
(1)				
(2)				

練習問題　訂正仕訳の取扱い①

次の取引の仕訳に誤りがあれば，正しい仕訳を書きなさい。もし誤りがなければ，番号に〇印をつけなさい。

(1) 北海道商事に対する買掛金300,000円の支払いのため，約束手形を振り出した。

　（借方）仕　　入　　300,000円　　（貸方）支払手形　　300,000円

(2) 商品10,000円を販売し，代金は掛けとした。

　（借方）売　　上　　10,000円　　（貸方）売　掛　金　　10,000円

解答欄

	仕訳			
	借方科目	金額	貸方科目	金額
(1)				
(2)				

練習問題　訂正仕訳の取扱い②

決算に際し，次の誤りを発見した。よって，これを訂正するための仕訳を示しなさい。

(1) 得意先静岡商事から同社振り出しの小切手￥200,000を受け取り，ただちに当座預金に預け入れた。当該金額の内，￥90,000は売掛金の回収で残額は手付金の支払いだったにもかかわらず，以下のように仕訳していた。

　（借方）当座預金　　200,000円　　（貸方）売　掛　金　　200,000円

(2) 原因が不明であった現金過不足は，保険料の支払額￥25,000の記入洩れによることと，利息の受取額￥10,000が二重記帳されていたことにより生じたことが判明したが，これを以下のように仕訳していた。

　（借方）支払保険料　　25,000円　　（貸方）受取利息　　10,000円
　　　　　　　　　　　　　　　　　　（〃）現金過不足　　15,000円

解答欄

	仕　　　訳			
	借 方 科 目	金　　額	貸 方 科 目	金　　額
(1)				
(2)				

SECTION 02 | 補助簿と取引の関係

基礎問題 1　　　　　／ □　／ □　／ □

当社は，記帳にあたって解答欄に記載してあるような補助簿を用いている。下記の取引はどの補助簿に記入されるか，解答欄にある補助簿の番号に○印をつけなさい。

（ア）新潟商事より商品 120,000 円を仕入れ，代金のうち 80,000 円は約束手形を振り出して支払い残額は小切手で支払った。

（イ）長野商事に商品 150,000 円を売り上げ，代金のうち 90,000 円は，先方振り出しの約束手形で受け取り，残額は掛けとした。

（ウ）岐阜商事に対する売掛金 50,000 円を小切手で回収した。

解答欄

	（ア）	（イ）	（ウ）
1．現金出納帳	1	1	1
2．当座預金出納帳	2	2	2
3．仕入帳	3	3	3
4．売上帳	4	4	4
5．商品有高帳	5	5	5
6．売掛金元帳	6	6	6
7．買掛金元帳	7	7	7
8．受取手形記入帳	8	8	8
9．支払手形記入帳	9	9	9

基礎問題 2　　　　　／ □　／ □　／ □

当社の×6 年 3 月の仕入帳及び売上帳の記録は以下の通りである。これらの取引は，仕入帳及び売上帳のほか，以下のどの補助簿に記入されるか，記入される補助簿に○印をつけなさい。

SECTION 02　補助簿と取引の関係 ┃ 87

仕　入　帳

日付		摘　　　　　要		金　額
3	8	鹿児島商事	約束手形振り出しおよび掛け	
		プリンター　　10台　@ 30,000		
			約束手形振り出し　　200,000	
			掛け仕入れ　　100,000	300,000
	20	鹿児島商事	返品	
		プリンター　　1台　@ 30,000		
			買掛金より差引き　　30,000	30,000

売　上　帳

日付		摘　　　　　要		金　額
3	12	佐賀商事	約束手形受け取りおよび掛け	
		プリンター　　8台　@ 40,000		
			約束手形受け取り　　200,000	
			掛け売上　　120,000	320,000
	18	長崎商事	小切手受け取りおよび掛け	
		ファックス　　12台　@ 30,000		
			小切手受け取り　　250,000	
			掛け売上　　110,000	360,000

解答欄

日付		現金出納帳	当座預金出納帳	商品有高帳	売掛金元帳	買掛金元帳	受取手形記入帳	支払手形記入帳
3	8							
	12							
	18							
	20							

練習問題　補助簿と取引の関係①　　　／□　／□　／□

　富山商店は，記帳にあたって下記の補助簿を用いている。下記の取引はどの補助簿に記入されるか，下記の補助簿の番号に○印をつけなさい。

　（ア）新潟商店より商品80,000円を仕入れ，代金のうち50,000円は約束手形を振り出して支払い，残額は掛けとした。

88 ┃CHAPTER 09　期中取引におけるその他の諸論点

（イ）長野商店に商品 120,000 円を売り上げ，代金のうち 90,000 円は，先方振り出しの約束手形で受け取り，残額は小切手で受け取った。

（ウ）岐阜商店に対する売掛金 30,000 円を小切手で回収した。

解答欄

	（ア）	（イ）	（ウ）
1．現金出納帳	1	1	1
2．仕入帳	2	2	2
3．売上帳	3	3	3
4．商品有高帳	4	4	4
5．売掛金元帳	5	5	5
6．買掛金元帳	6	6	6
7．受取手形記入帳	7	7	7
8．支払手形記入帳	8	8	8

練習問題　補助簿と取引の関係②　／□　／□　／□

　熊本商事の×5 年 12 月の仕入帳及び売上帳の記録は以下の通りである。これらの取引は，仕入帳及び売上帳のほか，どの補助簿に記入されるか，○印をつけなさい。

仕　入　帳

日付		摘　　　　　　　　　要		金　　額
12	8	鹿児島商事　　　　　　　　　　　約束手形振り出しおよび掛け		
		プリンター　　10 台　@ 40,000		
			約束手形振り出し　250,000	
			掛け仕入れ　　　　150,000	400,000
	15	宮崎商事		
		ファックス　　20 台　@ 30,000		
			現金支払い　　　　600,000	600,000

SECTION 02　補助簿と取引の関係 ▌89

売　上　帳

日付		摘　　　　　　　要		金　額
12	12	佐賀商事	約束手形受け取りおよび掛け	
		プリンター　　8台　@ 55,000		
			佐賀商事振り出し約束手形受け取り　350,000	
			掛け売上　90,000	440,000
	18	長崎商事	小切手受け取りおよび掛け	
		ファックス　　12台　@ 50,000		
			小切手受け取り　400,000	
			掛け売上　200,000	600,000
	28	**長崎商事**	返品	
		ファックス　　1台　@ 50,000		
			売掛金より差引き　50,000	50,000

解答欄

日	付	現金出納帳	商品有高帳	売掛金元帳	買掛金元帳	受取手形記入帳	支払手形記入帳
12	8						
	12						
	15						
	18						
	28						

CHAPTER 10 決算手続Ⅰ

1 決算とは

（1）決算とは，会計期間の終わり（決算日）に，当該会計期間の経営成績を計算確定するとともに，当該期末（決算日）における財政状態を明らかにするための一連の手続をいう。

（2）期中手続完了時点における各勘定の残高の中には，財務諸表に計上される金額を正しく示していないものがある。よって，決算において，これらの勘定が財務諸表に計上される正しい金額を示すように修正を行う必要がある。この修正を行うための仕訳のことを決算整理仕訳という。

2 有形固定資産の減価償却

（1）減価償却とは

有形固定資産の購入時には取得原価により資産として計上し，その後使用する会計期間に渡り，価値の減少分を費用として計上していくことになる。この費用を計上していく手続のことを減価償却という。

（2）減価償却費の算定

減価償却費 ＝（取得原価 － 残存価額）÷ 耐用年数

※この算定方法を定額法という。

※残存価額が 10 ％の場合，取得原価×90 ％÷耐用年数で算定できる。

※期中で取得した場合には，月割計算をする。

（3）勘定科目

勘定科目名	5 要素	意味
減価償却累計額	資産の控除項目	使用または時の経過に従って減少した価値の累計額
減価償却費	費用	使用または時の経過に従って減少した価値の額を示す費用勘定

3 有形固定資産の売却

（1）売却損益の計算

売却損益 ＝ 売却価額 － 帳簿価額

※帳簿価額 ＝ 取得原価 － 売却時における減価償却累計額

(2) 勘定科目

勘定科目名	5要素	意味
固定資産売却益	収益	帳簿価額よりも売却価額の方が高い場合の収益勘定
固定資産売却損	費用	帳簿価額よりも売却価額の方が低い場合の費用勘定

4 売上原価

(1) 売上原価の算定

売上原価 ＝ 期首商品棚卸高 ＋ 当期商品仕入高 － 期末商品棚卸高

※売上原価は当期商品仕入高に対して期首と期末の在庫を加減して算定する。

(2) 決算整理仕訳

① 期首在庫

（借方） 仕　　　入（費用の発生）　×××　　（貸方） 繰 越 商 品（資産の減少）　×××

期首在庫を費用の発生として仕入勘定に計上する

期首在庫を資産の減少として、繰越商品勘定から減少させる

② 期末在庫

（借方） 繰 越 商 品（資産の増加）　×××　　（貸方） 仕　　　入（費用の取消）　×××

期末在庫を資産の増加として繰越商品勘定に計上する

期末在庫を費用の取消として、仕入勘定から減少させる

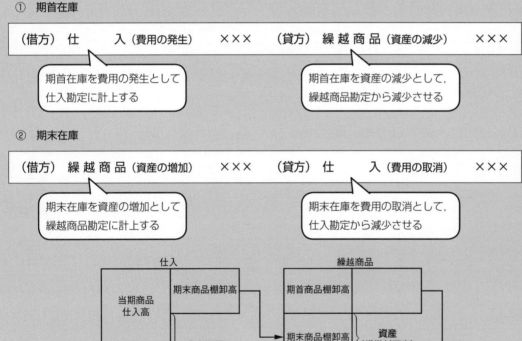

(3) 売上原価を売上原価勘定で算定する場合

① (借方)	売 上 原 価 (費用の発生)	×××	(貸方)	繰 越 商 品 (資産の減少)	×××
② (借方)	売 上 原 価 (費用の発生)	×××	(貸方)	仕　　入 (費用の取消)	×××
③ (借方)	繰 越 商 品 (資産の増加)	×××	(貸方)	売 上 原 価 (費用の取消)	×××

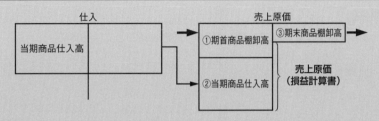

5 貸倒引当金

(1) 貸倒とは

貸倒れとは、得意先に対する売掛金・受取手形などの売上債権が、相手先の倒産などの理由により回収不能になることをいう。

(2) 金額の算定

貸倒引当金 ＝ 売上債権の期末残高 × 設定率(貸倒の見積率)

貸倒引当金繰入 ＝ 貸倒引当金 － 貸倒引当金の残高

※貸倒引当金繰入の算定方法を差額補充法という。

(3) 勘定科目

勘定科目名	5要素	意味
貸倒引当金	資産の控除項目	貸倒れによる翌期の売上債権の減少予想額
貸倒引当金繰入	費用	翌期の貸倒損失 (費用) の予想額
貸倒損失	費用	当期販売分に伴う売上債権が貸倒れた場合の費用勘定
償却債権取立益	収益	前期以前に貸倒れとして処理した債権を当期に現金等で回収した場合

※当期販売分に伴う売上債権が貸倒れた場合は「貸倒損失」勘定に計上するが、前期販売分に伴う売上債権が貸倒れた場合は「貸倒引当金」を減額させる。また、貸倒引当金を超える貸倒れが生じた場合の当該超過額は「貸倒損失」勘定に計上する。

6 費用・収益の前払い・前受けと未収・未払いの計上（経過勘定）

（1）決算手続きの概要

① 前払い・前受けがある場合の当期発生額の算定

当期に支出・収入があった金額の内，翌期以降に帰属する金額を当期の費用・収益から除外することで，当期発生額を算定する。

② 未払い・未収がある場合の当期発生額の算定

翌期以降の支出・収入のある金額の内，当期に帰属する金額を当期の費用・収益とすることで，当期発生額を算定する。

（2）勘定科目

勘定科目名	5要素	意味
前払費用	資産	翌期の費用を前払いしている場合の，翌期にそのサービスを受ける権利
前受収益	負債	翌期の収益を前受けしている場合の，翌期にそのサービスを提供する義務
未払費用	負債	現金はいまだ支払っていないが，既にサービスの提供を受けている場合の，翌期にそのサービスの対価を支払う義務
未収収益	資産	現金はいまだ受け取っていないが，既にサービスの提供を行った場合の，翌期にそのサービスの対価を受け取る権利

（3）再振替仕訳

翌期の損益を計上するために，翌期首に前期末の決算整理仕訳の逆仕訳（再振替仕訳）を行う。

SECTION 01 | 有形固定資産の減価償却

基礎問題 1　　　　　／ □　／ □　／ □

以下の資料に基づいて，〔問1〕直接法〔問2〕間接法による決算整理仕訳を示し，勘定記入を行いなさい。なお，当期の会計期間は，×2年4月1日～×3年3月31日の1年間とする。

〔資料〕

1. 当期首（×2年4月1日）に建物1,000,000円を購入し，現金を支払った。

2. 上記建物の減価償却は，定額法，耐用年数5年，残存価額は10％で行う。

94 ┃ CHAPTER 10　決算手続 I

解答欄

[問1]

借方科目	金　額	貸方科目	金　額

（借方）	建　　　物	（貸方）
4/1 現　金　1,000,000		

（借方）	減 価 償 却 費	（貸方）

[問2]

借方科目	金　額	貸方科目	金　額

（借方）	建　　　物	（貸方）
4/1 現　金　1,000,000		

（借方）	減価償却累計額	（貸方）

（借方）	減 価 償 却 費	（貸方）

基礎問題2　　　　/ □　　/ □　　/ □

　以下の資料に基づいて，決算整理仕訳を示し，勘定記入を行いなさい。なお，当期の会計期間は，×2年4月1日〜×3年3月31日の1年間とする。

〔資料〕

　1. 当社は取得原価2,700,000円の備品を保有している。

　2. 期首に減価償却累計額が810,000円計上されている。

　3. 減価償却は，定額法・耐用年数10年・残存価額ゼロで行っている。

　4. 減価償却の会計処理方法として，間接法を採用している。

解答欄

借方科目	金　額	貸方科目	金　額

SECTION 01　有形固定資産の減価償却　95

(借方)	備　　品	(貸方)		(借方)	減価償却累計額	(貸方)
4/1　前期繰越　2,700,000					4/1　前期繰越　810,000	

(借方)	減 価 償 却 費	(貸方)

基礎問題 3　　　　　　　　　　　　／□　／□　／□

以下の取引について仕訳を示しなさい。

(1) 建物（取得原価 2,000,000 円，減価償却累計額 1,200,000 円）を売却し，代金 500,000 円は小切手で受け取った。なお，間接法により記帳している。

(2) ×3 年 4 月 1 日に，建物（購入日：×1 年 4 月 1 日，取得原価：5,000,000 円，減価償却方法：定額法，耐用年数 10 年，残存価額：取得原価の 10 ％，記帳方法：間接法，決算日：3 月 31 日）を 3,500,000 円で売却し，代金は月末に受け取ることにした。

解答欄

日　付	借方科目	金　　額	貸方科目	金　　額
(1)				
(2)				

練習問題　有形固定資産の減価償却費①　　　　　　／□　／□　／□

以下の資料に基づいて決算整理仕訳を示し，勘定の記入を行いなさい。なお，会計処理は間接法を採用している。

〔資料〕

1. 当期首に，建物 2,000,000 円を購入し，現金を支払った。

2. 上記建物の減価償却は，定額法，耐用年数 25 年，残存価額はゼロで行う。

解答欄

借方科目	金　　額	貸方科目	金　　額

（借方）	建　物	（貸方）		（借方）	減価償却累計額	（貸方）
4/1　現　金　2,000,000						

（借方）	減 価 償 却 費	（貸方）

練習問題　有形固定資産の減価償却費②　　　／□　／□　／□

以下の資料に基づいて決算整理仕訳を示し，勘定の記入を行いなさい。なお，当社の決算日は，3月31日である。

〔資料〕

1. 当社は取得価額 8,000,000 円の建物を保有している。

2. 期首に減価償却累計額が 1,440,000 円計上されている。

3. 減価償却は，定額法・耐用年数 30 年・残存価額は取得価額の 10 ％で行っている。

4. 記入方法は，間接法による。

解答欄

借 方 科 目	金　　額	貸 方 科 目	金　　額

（借方）	建　物	（貸方）		（借方）	減価償却累計額	（貸方）
4/1 前 期 繰 越　8,000,000						4/1 前 期 繰 越　1,440,000

（借方）	減 価 償 却 費	（貸方）

練習問題　有形固定資産の売却時の処理　　　／□　／□　／□

以下の取引について仕訳を示しなさい。

(1) 建物（取得原価 1,000,000 円，減価償却累計額 680,000 円）を売却し，代金 150,000 円は小切手で受け取った。なお，間接法により記帳している。

(2) ×5 年 4 月 1 日に，建物（購入日：×2 年 4 月 1 日，取得原価：1,000,000 円，減価償却方法：定額法，耐用年数 10 年，残存価額：取得原価の 10 ％，記帳方法：間接法，決算日：3 月 31 日）を 600,000 円で売却し，代金は月末に受け取ることにした。

SECTION 01　有形固定資産の減価償却　97

解答欄

日　付	借方科目	金　　額	貸方科目	金　　額
(1)				
(2)				

SECTION 02 ｜ 売上原価の算定

基礎問題 1　　　／□　／□　／□

　以下の資料に基づいて，決算整理仕訳を示し，勘定の記入を行いなさい。なお，売上原価の算定は仕入勘定で行い，当期の会計期間は，×2年4月1日～×3年3月31日の1年間とする。

〔資料〕

1. 各勘定の金額（決算整理前の勘定残高）

```
         繰 越 商 品                           仕       入
      5,000  |                          120,000  |

         売       上
              |  160,000
```

2. 期末商品棚卸高　10,000円

解答欄

借方科目	金　　額	貸方科目	金　　額

```
(借方)      繰 越 商 品      (貸方)        (借方)         仕       入        (貸方)

4/1 前期繰越   5,000                     整理前 T／B   120,000
```

98 ┃CHAPTER 10　決算手続 I

基礎問題 2

 以下の資料に基づいて，決算整理仕訳を示し，勘定の記入を行いなさい。なお，売上原価の算定は売上原価勘定で行い，当期の会計期間は，×2年4月1日〜×3年3月31日の1年間とする。

〔資料〕

1. 各勘定の金額（決算整理前の勘定残高）

繰 越 商 品			
5,000			

仕　　　入			
120,000			

売　　　上			
		160,000	

2. 期末商品棚卸高　10,000円

解答欄

借 方 科 目	金　　額	貸 方 科 目	金　　額

(借方)	繰 越 商 品	(貸方)
4/1　前期繰越　　5,000		

(借方)	仕　　　入	(貸方)
整理前 T／B　　120,000		

(借方)	売 上 原 価	(貸方)

練習問題　売上原価の算定①

 以下の資料に基づいて，売上原価算定に関する決算整理仕訳を示し，勘定の記入を行いなさい。なお，仕入勘定で売上原価の算定を行うこと。なお，当社の決算日は3月31日である。

SECTION 02　売上原価の算定 99

〔資料〕

1. 各勘定の金額（決算整理前の勘定残高）

繰 越 商 品	
30,000	

仕 　 入	
240,000	

売 　 上	
	360,000

2. 期末商品棚卸高　45,000 円

解答欄

借 方 科 目	金 　 額	貸 方 科 目	金 　 額

（借方）	繰 越 商 品	（貸方）
4/1　前 期 繰 越　30,000		

（借方）	仕 　 入	（貸方）
整理前 T／B　240,000		

練習問題 ┃ **売上原価の算定②**　　　　　　／□　／□　／□

決算整理前残高試算表（一部）と決算整理事項に基づいて下記の設問に答えなさい。

（1）決算整理前残高試算表

残 高 試 算 表
×年 12 月 31 日

借 　 方	勘 定 科 目	貸 　 方
52,800	繰 　 越 　 商 　 品	
	売 　 　 　 　 　 上	852,500
673,100	仕 　 　 　 　 　 入	

（2）決算整理事項

期末商品棚卸高　　43,900 円

〔設問 1〕決算整理仕訳を示しなさい。なお，売上原価は仕入勘定で計算すること。

〔設問 2〕繰越商品勘定，仕入勘定の記入を示しなさい。

100 ┃ CHAPTER 10　決算手続 I

〔設問 3〕決算整理後残高試算表（一部）を作成しなさい。

解答欄

[問 1]

借 方 科 目	金 額	貸 方 科 目	金 額

[問 2]

繰 越 商 品				仕 入		
1.1 前期繰越	52,800			x.xx	673,100	

[問 3]

決算整理後残高試算表
×年 12 月 31 日

借 方	勘 定 科 目	貸 方
	繰 越 商 品	
	売 上	
	仕 入	

練習問題　売上原価の算定③　／□　／□　／□

決算整理前残高試算表（一部）と決算整理事項に基づいて下記の設問に答えなさい。

(1) 決算整理前残高試算表

残 高 試 算 表
×年 12 月 31 日

借 方	勘 定 科 目	貸 方
62,800	繰 越 商 品	
	売 上	986,000
697,900	仕 入	

(2) 決算整理事項：期末商品棚卸高　70,500 円

SECTION 02　売上原価の算定 | 101

[問 1] 決算整理仕訳を示しなさい。なお，売上原価は売上原価勘定で計算すること。

[問 2] 繰越商品勘定，売上原価勘定の記入を示しなさい。

[問 3] 決算整理後残高試算表（一部）を作成しなさい。

解答欄

[問 1]

借 方 科 目	金 額	貸 方 科 目	金 額

[問 2]

繰 越 商 品

1.1 前期繰越	62,800		

売 上 原 価

[問 3]

決算整理後残高試算表
×年 12 月 31 日

借 方	勘 定 科 目	貸 方
	繰 越 商 品	
	売 上	
	（　　　　　　　）	

SECTION 03 | 貸倒引当金の設定

基礎問題 1　　　／□　／□　／□

得意先 A 商店が倒産し，同店に対する売掛金 500 円が貸倒れとなった。この場合の仕訳を示しなさい。

解答欄

借 方 科 目	金 額	貸 方 科 目	金 額

基礎問題 2

以下の資料に基づき,貸倒引当金に関する決算整理仕訳を示し,勘定の記入を行いなさい。なお,当期の会計期間は,×2年4月1日～×3年3月31日の1年間とする。

〔資料〕

1. 売掛金の期末残高は 50,000 円である。
2. 売掛金の期末残高に対して 2％の貸倒引当金を差額補充法により設定する。
3. 期末の貸倒引当金残高は 400 円である。

解答欄

借方科目	金　額	貸方科目	金　額

(借方)　　　　売　掛　金　　　　(貸方)

整理前 T/B　　50,000

(借方)　　　貸倒引当金　　　(貸方)

　　　　　　　　　　　　整理前 T/B　　400

(借方)　　　貸倒引当金繰入　　　(貸方)

基礎問題 3

以下の取引について仕訳を示しなさい。

(1) 得意先 A 商店に対する前期販売分の売掛金 1,000 円が回収不能となった。なお,貸倒引当金が 1,500 円設定してある。
(2) 得意先 B 商店に対する前期販売分の売掛金 3,000 円が回収不能になった。なお,貸倒引当金が 2,000 円設定してある。
(3) 得意先 C 商店に対する当期販売分の売掛金 500 円が回収不能となった。
(4) 前期に貸倒処理した得意先 D 商店に対する売掛金 800 円を現金で回収した。

解答欄

日 付	借方科目	金　額	貸方科目	金　額
(1)				
(2)				
(3)				
(4)				

基礎問題4   ／□　／□　／□

次の資料に基づいて決算整理仕訳を行い，下記の総勘定元帳の記入を行い財務諸表を作成しなさい（締切不要）。

〔資料Ⅰ〕決算整理前残高試算表

決算整理前残高試算表

×年12月31日　　　　　　　　（単位：円）

現　　　　　金	4,000,000	買　　掛　　金	2,300,000
受　取　手　形	700,000	貸　倒　引　当　金	30,000
売　　掛　　金	2,000,000	建物減価償却累計額	300,000
繰　越　商　品	350,000	備品減価償却累計額	90,000
建　　　　　物	5,000,000	資　　本　　金	6,000,000
備　　　　　品	1,000,000	繰越利益剰余金	3,330,000
仕　　　　　入	2,500,000	売　　　　　上	3,500,000
合計	15,550,000		15,550,000

〔資料Ⅱ〕決算整理事項

① 期末商品帳簿棚卸高　　400,000円（仕入勘定で売上原価の計算を行うこと。）

② 貸倒引当金は期末売上債権（受取手形・売掛金）の2％を設定する（差額補充法）

③ 減価償却

建物　定額法　耐用年数　30年　残存価額　10％

備品　定額法　耐用年数　10年　残存価額　10％

<決算整理仕訳>

（単位：円）

日　付	借方科目	金　　額	貸方科目	金　　額

<総勘定元帳>

（借方）	繰　越　商　品	（貸方）
1/1　前期繰越　350,000		

（借方）	貸　倒　引　当　金	（貸方）
		1/1　前期繰越　30,000

104 CHAPTER 10　決算手続 Ⅰ

（借方）	建物減価償却累計額	（貸方）
	1/1　前期繰越　300,000	

（借方）	備品減価償却累計額	（貸方）
	1/1　前期繰越　90,000	

（借方）	仕　　入	（貸方）
整理前Ｔ／Ｂ　2,500,000		

（借方）	貸倒引当金繰入	（貸方）

（借方）	建物減価償却費	（貸方）

（借方）	備品減価償却費	（貸方）

貸 借 対 照 表

×年 12 月 31 日　　　　　　　　　　　　　　（単位：円）

現　　　　　金	（　　　　）	買　掛　金	（　　　　）
受　取　手　形	（　　　　）	資　本　金	（　　　　）
貸 倒 引 当 金	（　　　　）（　　　　）	繰越利益剰余金	（　　　　）
売　　掛　　金	（　　　　）		
貸 倒 引 当 金	（　　　　）（　　　　）		
商　　　　品	（　　　　）		
建　　　　物	（　　　　）		
減価償却累計額	（　　　　）（　　　　）		
備　　　　品	（　　　　）		
減価償却累計額	（　　　　）（　　　　）		
合　計	（　　　　）	合　計	（　　　　）

SECTION 03　貸倒引当金の設定 ▎105

損 益 計 算 書

×年1月1日～×年12月31日　　　　　　　　　　　　　　　(単位：円)

売 上 原 価	(　　　　　)	売 上	(　　　　　　　　　　)
貸 倒 引 当 金 繰 入	(　　　　　)		
建 物 減 価 償 却 費	(　　　　　)		
備 品 減 価 償 却 費	(　　　　　)		
当 期 純 利 益	(　　　　　)		
合 計	(　　　　　)	合 計	(　　　　　　　　　　)

練習問題　貸倒れの処理①　　　　　　　　／□　／□　／□

得意先A商事が倒産し，同社に対する売掛金1,000円が貸倒れとなった。仕訳を示しなさい。

解答欄

借 方 科 目	金 額	貸 方 科 目	金 額

練習問題　貸倒引当金の算定　　　　　　　／□　／□　／□

以下の資料に基づき，貸倒引当金に関する決算整理仕訳を示し，勘定の記入を行いなさい。なお，当社の決算日は，3月31日である。

〔資料〕

1. 売掛金の期末残高は100,000円である。

2. 売掛金の期末残高に対して2％の貸倒引当金を設定する。

3. 期末の貸倒引当金残高は1,200円である。

解答欄

借 方 科 目	金 額	貸 方 科 目	金 額

(借方)	売 掛 金	(貸方)		(借方)	貸 倒 引 当 金	(貸方)
整理前T／B	100,000				整理前T／B	1,200

106 ┃CHAPTER 10　決算手続 I

| （借方） | 貸倒引当金繰入 | （貸方） |

練習問題 | **貸倒れの処理②** | ／ □ ／ □ ／ □

以下の取引について仕訳を示しなさい。

（1）得意先 A 商事に対する前期販売分の売掛金 6,000 円が回収不能となった。なお，貸倒引当金が 7,500 円設定してある。

（2）得意先 B 商事に対する前期販売分の売掛金 1,800 円が回収不能になった。なお，貸倒引当金が 1,000 円設定してある。

（3）得意先 C 商事に対する当期販売分の売掛金 800 円が回収不能となった。

（4）前期に貸倒処理した得意先 D 商事に対する売掛金 1,200 円を現金で回収した。

解答欄

日　付	借 方 科 目	金　　額	貸 方 科 目	金　　額
（1）				
（2）				
（3）				
（4）				

練習問題 | **総合問題（有形固定資産の減価償却費・売上原価の算定・貸倒引当金の算定）** | ／ □ ／ □ ／ □

次の資料に基づいて決算整理仕訳を行い，下記の総勘定元帳の記入を行ったうえで，財務諸表を作成しなさい。

〔資料Ⅰ〕決算整理前残高試算表

決算整理前残高試算表
×年12月31日　　　　　　　　　（単位：円）

借方	金額	貸方	金額
現　　　　　金	1,000,000	支　払　手　形	500,000
当　座　預　金	3,000,000	買　　掛　　金	1,500,000
受　取　手　形	1,500,000	借　　入　　金	300,000
売　　掛　　金	2,000,000	貸　倒　引　当　金	48,000
繰　越　商　品	600,000	建物減価償却累計額	600,000
建　　　　　物	5,000,000	備品減価償却累計額	180,000
備　　　　　品	2,000,000	資　　本　　金	5,500,000
仕　　　　　入	3,200,000	繰越利益剰余金	5,472,000
		売　　　　　上	4,200,000
合　　計	18,300,000	合　　計	18,300,000

〔資料Ⅱ〕決算整理事項

① 期末商品帳簿棚卸高　　750,000円　（仕入勘定で売上原価の計算を行うこと。）

② 貸倒引当金は期末売上債権（受取手形・売掛金）の2％を設定する（差額補充法）

③ 減価償却　　建物　　定額法　　耐用年数 30年　　残存価額 10％

　　　　　　　備品　　定額法　　耐用年数 10年　　残存価額 10％

解答欄

＜決算整理仕訳＞

（単位：円）

日　付	借方科目	金　　額	貸方科目	金　　額

＜総勘定元帳＞

（借方）	繰　越　商　品	（貸方）		（借方）	貸　倒　引　当　金	（貸方）
1/1　前期繰越　600,000					1/1　前期繰越　48,000	

108 CHAPTER 10　決算手続Ⅰ

(借方)	建物減価償却累計額	(貸方)		(借方)	備品減価償却累計額	(貸方)
	1/1 前期繰越	600,000			1/1 前期繰越	180,000

(借方)	仕 入	(貸方)		(借方)	貸倒引当金繰入	(貸方)
整理前 T／B	3,200,000					

(借方)	建物減価償却費	(貸方)		(借方)	備品減価償却費	(貸方)

貸 借 対 照 表

×年 12 月 31 日　　　　　　　　　　　　　　　　　　　　　（単位：円）

現　　　　金		(	)	買　　掛　　金	(	)
当 座 預 金		(	)	支 払 手 形	(	)
受 取 手 形	(	)		借　　入　　金	(	)
貸 倒 引 当 金	(	) (	)	資　　本　　金	(	)
売　　掛　　金	(	)		繰越利益剰余金	(	)
貸 倒 引 当 金	(	) (	)			
商　　　品		(	)			
建　　　物	(	)				
減価償却累計額	(	) (	)			
備　　　品	(	)				
減価償却累計額	(	) (	)			
合　　計		(	)	合　　計	(	)

損 益 計 算 書

×年1月1日～×年12月31日　　　　　　　　　　　　　　　（単位：円）

売 上 原 価	（　　　　　）	売　　　　上	（　　　　　　　　　）
貸 倒 引 当 金 繰 入	（　　　　　）		
建 物 減 価 償 却 費	（　　　　　）		
備 品 減 価 償 却 費	（　　　　　）		
当 期 純 利 益	（　　　　　）		
合　　計	（　　　　　）	合　計	（　　　　　　　　　）

SECTION 04 | 費用・収益の前払い・前受けと未収・未払いの計上

基礎問題 1　　　　　　　　　　　　　　　／□　／□　／□

以下の取引について，決算整理仕訳を示し，勘定の記入を行いなさい。なお，当期の会計期間は，×2年4月1日～×3年3月31日の1年間である。

×2年7月1日に保険料12,000円（1年分）を前払いしており，3ヶ月分は翌期の費用である。

解答欄

借 方 科 目	金　　額	貸 方 科 目	金　　額

（借方）	支 払 保 険 料	（貸方）		（借方）	前 払 保 険 料	（貸方）
7/1　現　　金　　12,000						

基礎問題 2　　　　　　　　　　　　　　　／□　／□　／□

以下の取引について決算整理仕訳を示し，勘定の記入を行いなさい。

当社は3月31日を決算日としており，1月1日に家賃を向こう1年分24,000円受け取った。

解答欄

借 方 科 目	金　　額	貸 方 科 目	金　　額

（借方）	受　取　家　賃	（貸方）		（借方）	前　受　家　賃	（貸方）
		1/1 現　金　24,000				

基礎問題 3　　　　　　　　　　　　　　／□　／□　／□

以下の取引について決算整理仕訳を示し，勘定の記入を行いなさい。なお，当期末は×4年3月31日である。

建物の賃借契約（期間1年，月額5,000円）を結び，家賃は契約期間終了時に支払うことにした。

なお，当期中に4ヶ月が経過している。

解答欄

借 方 科 目	金　　　額	貸 方 科 目	金　　　額

（借方）	支　払　家　賃	（貸方）		（借方）	未　払　家　賃	（貸方）

基礎問題 4　　　　　　　　　　　　　　／□　／□　／□

以下の取引について，決算日12月31日における決算整理仕訳を示し，勘定の記入を行いなさい。

7月1日に，銀行から1,000,000円の借入れ（期間1年間・利率年6％）を行っているが，利息の支払いは，元金返済時に行う。なお，利息の計算は月割による。

解答欄

借 方 科 目	金　　　額	貸 方 科 目	金　　　額

（借方）	支　払　利　息	（貸方）		（借方）	未　払　利　息	（貸方）

基礎問題 5　　　　　　　　　　　　　　／□　／□　／□

以下の取引について決算整理仕訳を示し，勘定の記入を行いなさい。

SECTION 04　費用・収益の前払い・前受けと未収・未払いの計上 ▍111

土地の賃貸借契約（期間1年，年間600,000円）を当期の9月1日に結んだ。当社の決算日は3月31日であり，地代は契約期間終了時に受け取ることになっている。

解答欄

借 方 科 目	金　　額	貸 方 科 目	金　　額

（借方）	未　収　地　代	（貸方）	（借方）	受　取　地　代	（貸方）

練習問題　費用の前払い　　　　　　　　　　／□　／□　／□

以下の取引について，決算整理仕訳を示し，勘定の記入を行いなさい。なお，当社の決算日は3月31日である。

8月1日に保険料48,000円（1年分）を前払いしており，4ヶ月分は来期の費用である。

解答欄

借 方 科 目	金　　額	貸 方 科 目	金　　額

（借方）	支　払　保　険　料	（貸方）	（借方）	前　払　保　険　料	（貸方）
8/1 現　　金　　48,000					

練習問題　収益の前受け　　　　　　　　　　／□　／□　／□

以下の取引について決算整理仕訳を示し，勘定の記入を行いなさい。

当社は3月31日を決算日としており，2月1日に家賃を向こう1年分18,000円受け取った。

解答欄

借 方 科 目	金　　額	貸 方 科 目	金　　額

112 CHAPTER 10　決算手続 I

(借方)	受 取 家 賃	(貸方)		(借方)	前 受 家 賃	(貸方)
	2/1 現　金　18,000					

練習問題　費用の未払い①　　　／□　／□　／□

以下の取引について決算整理仕訳を示し，勘定の記入を行いなさい。

建物の賃貸借契約（期間1年，月額3,000円）を結び，家賃は契約期間終了時に支払うことにした。なお，当期中に5ヶ月が経過している。なお，決算日は12月31日である。

解答欄

借 方 科 目	金　　額	貸 方 科 目	金　　額

(借方)	支 払 家 賃	(貸方)		(借方)	未 払 家 賃	(貸方)

練習問題　費用の未払い②　　　／□　／□　／□

以下の取引について，決算日12月31日における決算整理仕訳を示し，勘定の記入を行いなさい。

4月1日に，銀行から3,000,000円の借入れ（期間1年間・利率年5％）を行っているが，利息の支払いは，元金返済時に行う。なお，利息の計算は月割りによる。

解答欄

借 方 科 目	金　　額	貸 方 科 目	金　　額

(借方)	支 払 利 息	(貸方)		(借方)	未 払 利 息	(貸方)

練習問題　収益の未収　　　／□　／□　／□

以下の取引について決算整理仕訳を示し，勘定の記入を行いなさい。

SECTION 04　費用・収益の前払い・前受けと未収・未払いの計上

土地の賃貸借契約（期間1年，年間234,000円）を当期の12月1日に結んだ。当社の決算日は3月31日であり，地代は契約期間終了時に受け取ることになっている。

解答欄

借 方 科 目	金　　額	貸 方 科 目	金　　額

（借方）　　　　　未　収　地　代　　　　　（貸方）

（借方）　　　　　受　取　地　代　　　　　（貸方）

CHAPTER 11 決算手続 II

1 勘定の締め切り

(1) 収益・費用勘定における勘定の締め切り（決算振替仕訳）

① 各勘定残高をゼロにする。

② 「損益」勘定を作成し当期純損益を算定する。

③ 当期純損益の金額について「繰越利益剰余金」勘定（純資産）を増減させる。

決算振替仕訳の全体像

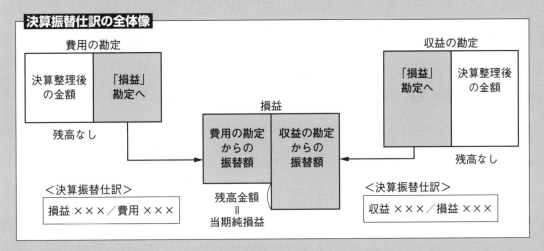

(2) 資産・負債・純資産（資本）勘定における勘定の締め切り

① 各勘定残高の金額を次期に繰り越す。

② 繰越試算表を作成する。

2 財務諸表の作成

財務諸表は決算整理後残高試算表（整理後 T／B）をもとに作成する。ただし，残高試算表と財務諸表の形式は以下の点が異なっている。

<損益計算書>

	整理後 T／B	損益計算書
① 売上	「売上」勘定	「売上高」として表示
② 売上原価	「仕入」勘定	「売上原価」として表示
③ 当期純利益	計上されていない	収益の総額と費用の総額の差額で算定

<貸借対照表>

	整理後T/B	貸借対照表
①期末在庫	「繰越商品」勘定	「商品」として表示
②経過勘定	「未収利息」勘定等	「未収収益」等として表示
③貸倒引当金・減価償却累計額	貸方に記入	各資産(借方)から控除する形式
④繰越利益剰余金	当期純利益加算前の金額	当期純利益加算後の金額

3 簿記の一巡の全体像

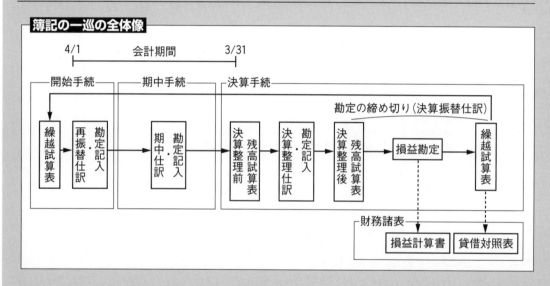

4 月次決算(減価償却)

(1) 月次決算とは

適時に業績を把握することを目的として,毎月末に簡易的な決算を行うことがあり,そのための手続きを月次決算という。日商簿記検定3級においては,減価償却のみが出題範囲となる。

(2) 月次の減価償却費

月次の減価償却費 = 年間の減価償却費の見積額 ÷ 12ヶ月

※月次決算における各月の減価償却費の金額は,簡易的に計算するために,年間の減価償却費の見積額を12ヶ月で除して算定する。

(3) 月次決算を行っている場合の決算月の減価償却費

決算月の減価償却費 ＝ 減価償却費の年間確定額 － 月次の減価償却費の合計

※年度の決算月においては，月次決算で計上してきた減価償却費の合計と，減価償却費の年間確定額
との差額を調整する。

SECTION 01 | 勘定の締め切り

基礎問題

解答欄の売上勘定および受取家賃勘定の決算整理後の記入状況に基づいて，(1) これらの収益の勘定から損益勘定へ振り替える決算振替仕訳と (2) 損益勘定から繰越利益剰余金勘定へ振り替える決算振替仕訳及び勘定記入を示しなさい。なお，費用の勘定から損益勘定へ振り替えられた金額の合計は，600,000円であった。当期末は，×3年3月31日である。

解答欄

	借 方 科 目	金 額	貸 方 科 目	金 額
(1)				
(2)				

(借方)	売		上	(貸方)
2/10 売 掛 金	40,000	6/15 売 掛 金	750,000
		8/10 現 金	50,000

(借方)	受 取 家 賃		(貸方)
3/31 前受家賃	20,000	10/12 現 金	90,000

(借方)	損	益	(貸方)
3/31 諸 費 用	600,000		

(借方)	繰越利益剰余金		(貸方)
		4/1 前 期 繰 越	300,000

損益計算書の当期純利益		貸借対照表の繰越利益剰余金	

練習問題 | 勘定の締め切り①

次の資料に基づいて，各勘定について，(　　) 内に必要な記入を行いなさい。なお，売上原価は仕入勘定で計算する。また，当期中の仕入れ，仕入戻し，売上および売上戻りは，便宜上，全部一括して記帳する。会計期間は，1月1日から12月31日までの1年間とする。

(資料)

1. 期首商品棚卸高　¥　　180,000

2. 総 仕 入 高 ￥　3,000,000

3. 仕 入 戻 し 高 ￥　　120,000

4. 総 売 上 高 ￥　4,500,000

5. 売 上 戻 り 高 ￥　　80,000

6. 期末商品棚卸高 ￥　　240,000

解答欄

仕　　入

				仕 入 戻 し 高	（	）
	総 仕 入 高	（	）			
12/31 （	）	（	）	12/31 （	） （	）
				12/31 （	） （	）
		（	）		（	）

売　　上

	売 上 戻 り 高	（	）	総 売 上 高	（	）
12/31 （	）	（	）			
		（	）		（	）

繰 越 商 品

1/ 1	前 期 繰 越	（	）	12/31 （	） （	）
12/31 （	）	（	）	12/31 （	） （	）
		（	）		（	）
1/ 1	前 期 繰 越	（	）			

損　　益

12/31 （	）	（	）	12/31 （	）	（	）

練習問題　勘定の締め切り②　　／ □　／ □　／ □

　当期中の受取利息に関連する諸勘定の記入は，以下の通りであった。各勘定に記入された取引を推定し，（ア）〜（オ）には適切な勘定科目を（a）〜（d）には適切な金額を記入しなさい。

　会計期間は，1月1日から12月31日までの1年間とする。

受取利息

12/31	損　　益	12,000	1/ 1	（　ア　）	（　a　）
			6/28	現　　金	（　b　）
			12/31	（　イ　）	（　c　）
		12,000			12,000

未収利息

12/31	（　ウ　）	2,400	12/31	次期繰越	2,400

前受利息

1/ 1	（　エ　）	1,200	12/31	前期繰越	1,200

損　　益

			12/31	（　オ　）	（　d　）

解答欄

記号	勘　定　科　目	記号	金　　額
（ア）		（a）	
（イ）		（b）	
（ウ）		（c）	
（エ）		（d）	
（オ）			

練習問題　勘定の締め切り③　　　　／□　／□　／□

　次の資料（1）と資料（2）に基づいて，各勘定について，（　　）内に必要な記入を行いなさい。ただし，当期中の仕入れに関する取引および売上に関する取引は，便宜上，資料（1）によって一括して記入するが，期末商品棚卸高については，資料（2）によって先入先出法で算出しなさい。なお，売上原価は仕入勘定で計算する。会計期間は，1月1日から12月31日までの1年間とする。

資料（1）

1. 期首商品棚卸高　¥　　350,000
2. 総　仕　入　高　¥　5,000,000
3. 仕　入　返　品　高　¥　　150,000
4. 総　売　上　高　¥　6,500,000
5. 売　上　返　品　高　¥　　100,000

資料（2）

12月中における商品に関する事項

1日　前月繰越　250個　原価　@¥　1,000
15日　仕　　入　550個　原価　@¥　　950
28日　売　　上　400個　売価　@¥　1,300

SECTION 01　勘定の締め切り　119

※返品は 12 月よりも前に行われたものである。

解答欄

繰 越 商 品

1/ 1	前 期 繰 越	(	)	12/31	(	)	(	)
12/31	(	)	(	)	12/31	(	)	(	)
			(	)				(	)
1/ 1	前 期 繰 越	(	)						

売 上

	売 上 返 品 高	(	)		総 売 上 高	(	)
12/31	(	)	(	)			
		(	)			(	)

仕 入

	総 仕 入 高	(	)		仕 入 返 品 高	(	)
12/31	(	)	(	)	12/31	(	)	(	)
				12/31	(	)	(	)
		(	)			(	)

損 益

12/31	(	)	(	)	12/31	(	)	(	)

練習問題 勘定の締め切り④ ／□ ／□ ／□

以下の売上勘定および受取家賃勘定の決算整理後の記入状況に基づいて，（1）これらの収益の勘定から損益勘定へ振り替える決算仕訳と，（2）損益勘定から繰越利益剰余金勘定へ振り替える決算仕訳を示しなさい。なお，費用の勘定から損益勘定へ振り替えられた金額の合計は，¥900,000 であった。

解答欄

売 上

売 掛 金	60,000		売 掛 金	700,000
			現 金	80,000

120 | CHAPTER 11 決算手続 II

受 取 家 賃

前 受 家 賃	15,000	現　　金	70,000

	仕　　訳			
	借 方 科 目	金　額	貸 方 科 目	金　額
(1)				
(2)				

SECTION 02 | 財務諸表の作成

基礎問題　　　　　　　　　　　　　／□　／□　／□

次の決算整理後の残高試算表に基づいて，以下の損益計算書と貸借対照表を完成させなさい。

残 高 試 算 表
×5年12月31日

借　　方	勘 定 科 目	貸　　方
162,000	現　　　　　金	
216,000	当 座 預 金	
444,600	売 　 掛 　 金	
518,400	繰 越 商 品	
936,000	建　　　　　物	
180,000	土　　　　　地	
	支 払 手 形	115,200
	買 　 掛 　 金	149,400
	借 　 入 　 金	360,000
	貸 倒 引 当 金	21,600
	建物減価償却累計額	140,400
	資 　 本 　 金	1,296,000
	売　　　　　上	3,907,800
	受 取 利 息	8,100
2,741,400	仕　　　　　入	
532,800	給　　　　　料	
149,400	広 　 告 　 料	
30,240	支 払 保 険 料	
14,760	貸倒引当金繰入	
55,800	減 価 償 却 費	
7,200	支 払 利 息	
4,320	前 払 保 険 料	
	未 払 利 息	900
6,480	未 収 利 息	
5,999,400		5,999,400

解答欄

損 益 計 算 書
×5年1月1日から×5年12月31日

費　　　用	金　　額	収　　　益	金　　額
売 上 原 価	（　　　　　）	売 上 高	（　　　　　）
給 料	（　　　　　）	（　　　　　　　）	（　　　　　）
広 告 料	（　　　　　）		
（　　　　）保険料	（　　　　　）		
貸 倒（　　　　）	（　　　　　）		
（　　　　　　）	（　　　　　）		
（　　　　）利 息	（　　　　　）		
（　　　　　　）	（　　　　　）		
（　　　　　　）	（　　　　　）	（　　　　　）	

貸 借 対 照 表
×5年12月31日現在

資　　　産	金　　額	負債及び純資産	金　　額
現 金	（　　　　　）	支 払 手 形	（　　　　　）
当 座 預 金	（　　　　　）	買 掛 金	（　　　　　）
売 掛 金 （　　　　）		借 入 金	（　　　　　）
（　　　　　）（　　　）（　　　）		（　　　　　）	（　　　　　）
商 品	（　　　　　）	（　　　　　）	1,296,000
（　　　　　）	（　　　　　）	（　　　　　）	（　　　　　）
（　　　　）収 益	（　　　　　）		
建 物 （　　　　）			
（　　　　　）（　　　）（　　　）			
土 地	（　　　　　）		
	（　　　　　）		（　　　　　）

練習問題 | **貸借対照表と損益計算書の作成①**　　　/ □ 　/ □ 　/ □

次の決算整理後の残高試算表にもとづいて，損益計算書と貸借対照表を完成させなさい。

SECTION 02　財務諸表の作成 123

残 高 試 算 表
×5 年 12 月 31 日

借　　方	勘 定 科 目	貸　　方
90,000	現　　　　　金	
120,000	当 座 預 金	
247,000	売 　 掛 　 金	
288,000	繰 越 商 品	
520,000	建　　　　　物	
100,000	土　　　　　地	
	支 払 手 形	64,000
	買 　 掛 　 金	83,000
	借 　 入 　 金	200,000
	貸 倒 引 当 金	12,000
	建物減価償却累計額	78,000
	資 　 本 　 金	720,000
	売　　　　　上	2,171,000
	受 取 利 息	4,500
1,523,000	仕　　　　　入	
296,000	給　　　　　料	
83,000	広 　 告 　 料	
16,800	支 払 保 険 料	
8,200	貸倒引当金繰入	
31,000	減 価 償 却 費	
4,000	支 払 利 息	
2,400	前 払 保 険 料	
	未 払 利 息	500
3,600	未 収 利 息	
3,333,000		3,333,000

124 CHAPTER 11　決算手続 II

解答欄

損 益 計 算 書
×5年1月1日から×5年12月31日

費　　　用	金　　額	収　　　益	金　　額
売 上 原 価	（　　　　　）	売 上 高	（　　　　　）
給 料	（　　　　　）	（　　　　　　　）	（　　　　　）
広 告 料	（　　　　　）		
（　　　　　）保険料	（　　　　　）		
貸 倒 （　　　　）	（　　　　　）		
（　　　　　　　）	（　　　　　）		
（　　　　）利 息	（　　　　　）		
（　　　　　　　）	（　　　　　）		
	（　　　　　）		（　　　　　）

貸 借 対 照 表
×5年12月31日現在

資　　　産	金　　額	負債及び純資産	金　　額
現 金	（　　　　　）	支 払 手 形	（　　　　　）
当 座 預 金	（　　　　　）	買 掛 金	（　　　　　）
売 掛 金	（　　　　）	（　　　　　　　）	（　　　　　）
（　　　　　）	（　　　　）（　　　　）	（　　　　）費用	（　　　　　）
商 品	（　　　　　）	（　　　　　　　）	720,000
（　　　　）費用	（　　　　　）	（　　　　　　　）	（　　　　　）
（　　　　　）	（　　　　　）		
建 物	（　　　　）		
（　　　　　）	（　　　　）（　　　　）		
土 地	（　　　　　）		
	（　　　　　）		（　　　　　）

練習問題　貸借対照表と損益計算書の作成②　　　／□　／□　／□

　大阪商事第43期（×5年4月1日から×6年3月31日まで）の期末における決算整理後残高試算表は以下の通りである。決算整理後残高試算表および参考資料にもとづき，解答欄の損益計算書と貸借対照表を完成させなさい。なお，決算整理後残高試算表上の？の箇所は各自算出すること。

SECTION 02　財務諸表の作成 125

決算整理後残高試算表

×6年3月31日　　　　　　　　（単位：円）

借　方	勘 定 科 目	貸　方
123,000	現　　　　　金	
126,000	受　取　手　形	
114,000	売　　掛　　金	
147,000	未　　収　　金	
127,500	繰　越　商　品	
3,000,000	建　　　　　物	
500,000	備　　　　　品	
1,500,000	土　　　　　地	
	支　払　手　形	177,000
	買　　掛　　金	149,400
	借　　入　　金	300,000
	貸　倒　引　当　金	?
	建物減価償却累計額	486,000
	備品減価償却累計額	169,000
	資　　本　　金	3,340,000
	売　　　　　上	?
	受　取　手　数　料	23,000
	受　取　配　当　金	7,700
?	仕　　　　　入	
475,500	販　　売　　費	
375,000	給　　　　　料	
34,500	支　払　保　険　料	
9,000	支　払　利　息	
	雑　　　　　益	800
?	減　価　償　却　費	
?	貸倒引当金繰入	
3,000	固定資産売却損	
7,600	前　払　保　険　料	
	前　受　手　数　料	4,500
	未　払　利　息	600
9,200,000		9,200,000

126 ┃CHAPTER 11　決算手続 II

参考資料：(1) 期首の商品棚卸高は￥126,000であり，当期の商品仕入高は￥2,500,000である。

(2) 貸倒引当金は差額補充法により，受取手形および売掛金のそれぞれの期末残高の５％を設定している。貸倒引当金の決算修正前の当期末残高は￥2,600であった。

解答欄

損 益 計 算 書
×5年4月1日から×6年3月31日

費　　　用	金　　額	収　　　益	金　　額
売　上　原　価	(　　　　　　)	売　　上　　高	(　　　　　　)
販　　売　　費	(　　　　　　)	受　取　手　数　料	(　　　　　　)
給　　　　　料	(　　　　　　)	受　取　配　当　金	(　　　　　　)
支　払　保　険　料	(　　　　　　)	(　　　　　　　　)	(　　　　　　)
減　価　償　却　費	(　　　　　　)		
貸　倒　引　当　金　繰　入	(　　　　　　)		
(　　　　　　　　)	(　　　　　　)		
固　定　資　産　売　却　損	(　　　　　　)		
(　　　　　　　　)	(　　　　　　)		
	(　　　　　　)		(　　　　　　)

SECTION 02　財務諸表の作成 127

貸 借 対 照 表
×6年3月31日現在

資　　　産	金　　　額		負債及び純資産	金　　　額	
現　　　　　金		（　　　　　　）	支　払　手　形	（　　　　　　）	
受　取　手　形	（　　　　　）		買　　掛　　金	（　　　　　　）	
（　　　　　　）	（　　　　　）	（　　　　　　）	借　　入　　金	（　　　　　　）	
売　　掛　　金	（　　　　　）		（　　　　　　　）	（　　　　　　）	
（　　　　　　）	（　　　　　）	（　　　　　　）	（　　　　　）費用	（　　　　　　）	
未　　収　　金		（　　　　　　）	資　　本　　金	（　　　　　　）	
商　　　　　品		（　　　　　　）	（　　　　　　　）	（　　　　　　）	
（　　　　　　）		（　　　　　　）			
建　　　　　物	（　　　　　）				
（　　　　　　）	（　　　　　）	（　　　　　　）			
備　　　　　品	（　　　　　）				
（　　　　　　）	（　　　　　）	（　　　　　　）			
土　　　　　地		（　　　　　　）			
		（　　　　　　）		（　　　　　　）	

練習問題 ｜ 貸借対照表と損益計算書の作成③　　　　　／□　／□　／□

東京商事（年1回決算）の×6年2月期における決算整理前の残高試算表は，（資料Ⅰ）のとおりである。決算に際して行われた決算仕訳（資料Ⅱ）にもとづき，損益計算書と貸借対照表を完成させなさい。

（資料Ⅰ）

残 高 試 算 表
×6年2月28日

借　　方	勘 定 科 目	貸　　方
145,000	現　　　　　金	
258,000	当 座 預 金	
500,000	売 　掛　 金	
（　　　　　）	繰 越 商 品	
600,000	建　　　　物	
1,200,000	土　　　　地	
	買 　掛　 金	315,000
	借 　入　 金	300,000
	貸 倒 引 当 金	19,000
	建物減価償却累計額	190,000
	資 　本　 金	2,000,000
	売　　　　上	1,500,000
	受 取 手 数 料	120,000
1,012,000	仕　　　　入	
（　　　　　）	給　　　　料	
24,000	租 税 公 課	
2,000	支 払 保 険 料	
3,000	支 払 利 息	
4,444,000		4,444,000

（資料Ⅱ）決算仕訳

(1) 仕入勘定で売上原価の計算

（借方）　仕　　　　　入	420,000	（貸方）　繰 越 商 品	420,000
（借方）（　　　　　）	480,000	（貸方）（　　　　　）	480,000

(2) 貸倒引当金の設定（差額補充法による）

（借方）（　　　　　）	7,200	（貸方）（　　　　　）	7,200

(3) 建物の減価償却費の計上

（借方）（　　　　　）	18,000	（貸方）（　　　　　）	18,000

SECTION 02　財務諸表の作成 129

(4) 収入印紙の未消費分の計上

(借方) (　　　　　　) 2,800 (貸方) (　　　　　　) 2,800

(5) 前払保険料の計上

(借方) (　　　　　　) 600 (貸方) (　　　　　　) 600

(6) 未払利息の計上

(借方) (　　　　　　) 400 (貸方) (　　　　　　) 400

(7) 収益および費用の諸勘定残高を損益勘定に振替え

(借方) 売　　　　上 1,500,000 (貸方) 損　　　　益 (　　　　　　)

(〃) (　　　　　) (　　　　　)

(借方) 損　　　　益 (　　　　　) (貸方) 仕　　　　入 (　　　　　)

(〃) 給　　　料 280,000

(〃) 貸倒引当金繰入 (　　　　　)

(〃) 減価償却費 (　　　　　)

(〃) 租税公課 (　　　　　)

(〃) 支払保険料 (　　　　　)

(〃) 支払利息 (　　　　　)

(8) 損益勘定から繰越利益剰余金勘定に振替え

(借方) 損　　　　益 (　　　　　) (貸方) 繰越利益剰余金 (　　　　　)

解答欄

損　益　計　算　書

×5年3月1日から (　　　) 年 (　　　) 月 (　　　) 日

費　　用	金　　額	収　　益	金　　額
売　上　原　価	(　　　　　)	売　上　高	(　　　　　)
給　　　　料	(　　　　　)	(　　　　　　　)	(　　　　　)
貸 倒 引 当 金 繰 入	(　　　　　)		
減　価　償　却　費	(　　　　　)		
(　　　　　　　)	(　　　　　)		
支　払　保　険　料	(　　　　　)		
支　払　利　息	(　　　　　)		
(　　　　　　　)	(　　　　　)		
	(　　　　　)		(　　　　　)

貸借対照表
（　　　）年（　　　）月（　　　）日現在

資　　産	金　　額	負債及び純資産	金　　額
現　　　　　金	（　　　　　　）	買　掛　金	（　　　　　　）
当　座　預　金	（　　　　　　）	借　入　金	（　　　　　　）
売　　掛　　金	（　　　）	（　　　　　　）	（　　　　　　）
（　　　　　　）	（　　　）（　　　）	資　本　金	（　　　　　　）
商　　　　　品	（　　　　　　）	（　　　　　　）	（　　　　　　）
（　　　　　　）	（　　　　　　）		
（　　　）費用	（　　　　　　）		
建　　　　　物	（　　　）		
（　　　　　　）	（　　　）（　　　）		
土　　　　　地	（　　　　　　）		
	（　　　　　　）		（　　　　　　）

SECTION 03 ｜ 月次決算

基礎問題　　　　　　　　　　　　　／ □　　／ □　　／ □

以下の減価償却に関する仕訳を示しなさい。なお，減価償却の記帳方法は間接法によること。

(1) 備品について，2月の月次決算に当たり，2月分の減価償却費を計上する。なお，期首における当年度の減価償却費の見積額は 240,000 円であり，当該金額を 12 で除した金額（概算額）について月次の減価償却費としている。

(2) 3月末日になり当年度の決算日となった。当期の減価償却費の金額は 255,000 円であり，月次決算で計上済みの金額との差額を当決算月で計上する。

解答欄

	借方科目	金　　額	貸方科目	金　　額
(1)				
(2)				

練習問題　月次決算　　　　　　　　　　　／ □　　／ □　　／ □

以下の資料に基づいて年度の決算整理仕訳を示し，勘定の記入を行いなさい。なお，当社の年度の決算日は，3月31日である。

SECTION 03　月次決算 ┃ 131

〔資料〕

1. 当社は月次決算を行っており，毎月末に減価償却費を計上している。月次の減価償却費は，下記表に基づき年度の減価償却費の見積額を算定し，当該見積額を 12 で除して算定した概算額とする。

	取得日	取得原価	耐用年数	残存価額	減価償却方法
車両A	前期以前	500,000 円	5 年	ゼロ	定額法
車両B	当期の 10 月 1 日	420,000 円	6 年	ゼロ	定額法

※車両 B は当期中に取得予定であるため，取得日や取得原価等は期首における予定である。

2. 年度の決算に当たって，月次決算で計上済みの金額と年度の減価償却費の差額を当決算月で計上する。なお，年度の減価償却費を算定するための資料は下記のとおりである。

	取得日	取得原価	耐用年数	残存価額	減価償却方法
車両A	前期以前	500,000 円	5 年	ゼロ	定額法
車両B	当期の 11 月 1 日	432,000 円	6 年	ゼロ	定額法

解答欄

借 方 科 目	金　　額	貸 方 科 目	金　　額

（借方）　　　　　　車　　　両　　　　　（貸方）

4/ 1　前 期 繰 越　500,000		
11/1　期 中 取 得　432,000		

（借方）　　　　　減 価 償 却 費　　　　（貸方）

4月〜2月減価償却費（　　　）	
3月減価償却費　　（　　　）	

（借方）　　　　　減価償却累計額　　　　（貸方）

	4/1　前 期 繰 越　200,000
	4月〜2月減価償却費（　　　）
	3月減価償却費　　（　　　）

CHAPTER 12 決算手続 Ⅲ

1 現金過不足の整理

(1) 勘定科目

勘定科目名	5要素	意味
雑益	収益	原因不明の現金不足額
雑損	費用	原因不明の現金超過額

(2) 会計処理

① 期中で現金過不足が生じた場合

決算日までに原因が判明したものは正しい勘定に振り替え，原因が判明しないものは「雑損」勘定または「雑益」勘定に振り替える。

② 決算日において現金過不足が生じた場合

「現金」勘定の金額を現金の実際有高に修正するとともに，「現金過不足」勘定を経由せずに「雑損」勘定または「雑益」勘定を計上する。

2 貯蔵品の整理

(1) 勘定科目

勘定科目名	5要素	意味
貯蔵品	資産	郵便切手や収入印紙など換金性の高い費用のうち未使用分

(2) 会計処理

郵便切手や収入印紙などは使用することを前提に，購入時に費用勘定で処理をする。期末時点において未使用のものが残っている場合，未使用分について費用勘定から「貯蔵品」勘定に振り替える。

3 当座借越

(1) 勘定科目

勘定科目名	5要素	意味
当座借越	負債	マイナスの当座預金（銀行からの一時的な借り入れ）

※「当座借越」勘定ではなく「借入金」勘定を用いる場合もある。

(2) 会計処理

決算日において当座借越が生じている場合，当座預金の貸方残高を「当座借越」勘定または「借入金」勘定に振り替える。

4 精算表

(1) 精算表とは

決算手続は，すべて帳簿に記入され，財務諸表の作成を行うが，一連の手続を簡便的に行うことにより，財務諸表の金額を早期に算定する一覧表を作成することがある。この一覧表のことを精算表という。

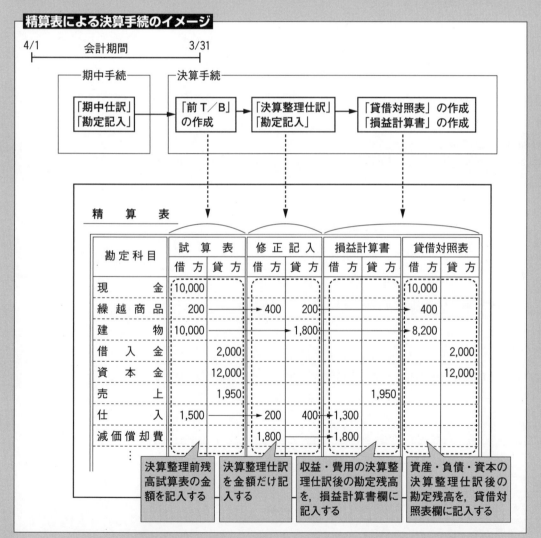

SECTION 01 | 現金過不足の整理

基礎問題 1 　　　　　　　　　　　　　　　　　　／□　／□　／□

以下の資料に基づき，決算整理仕訳を示し，勘定の記入を行いなさい。

1. 決算日（3月31日）において，現金過不足20,000円（借方残高）が計上されている。

2. 決算において原因を調査した結果，営業費16,000円が計上漏れであることが判明したが，残額の原因は判明しなかった。

解答欄

借 方 科 目	金　　額	貸 方 科 目	金　　額

```
（借方）      現 金 過 不 足      （貸方）          （借方）         営 業 費         （貸方）
11/1 現　　金  20,000                              整理前 T／B   120,000
```

```
（借方）        雑    損        （貸方）
```

基礎問題 2 　　　　　　　　　　　　　　　　　　／□　／□　／□

以下の取引について決算整理仕訳を示し，勘定の記入を行いなさい。

決算日（12月31日）において，現金過不足50,000円（貸方残高）が計上されており，原因を調査したが原因は判明しなかった。

解答欄

借 方 科 目	金　　額	貸 方 科 目	金　　額

```
（借方）      現 金 過 不 足      （貸方）          （借方）         雑    益         （貸方）
                  11/1 現　　金  50,000
```

基礎問題 3 　　　　　　　　　　　　　　　　　　／□　／□　／□

以下の取引について決算整理仕訳を示し，勘定の記入を行いなさい。

決算日（3月31日）において，現金の不足額3,000円が発生したが，原因は不明である。

解答欄

借 方 科 目	金 額	貸 方 科 目	金 額

（借方）	現　　金	（貸方）
整理前 T／B	150,000	

（借方）	雑　　損	（貸方）

練習問題　現金過不足の整理①　　／□　／□　／□

以下の資料に基づき，決算整理仕訳を示し，勘定の記入を行いなさい。

決算日（3月31日）において，現金過不足10,000円（借方残高）が計上されている。

決算において原因を調査した結果，営業費6,000円が計上洩れであることが判明したが，残額の原因は判明しなかった。

解答欄

借 方 科 目	金 額	貸 方 科 目	金 額

（借方）	現 金 過 不 足	（貸方）
1/1 現　　金	10,000	

（借方）	営 業 費	（貸方）
整理前 T／B	80,000	

（借方）	雑　　損	（貸方）

練習問題　現金過不足の整理②　　／□　／□　／□

以下の取引について決算整理仕訳を示し，勘定の記入を行いなさい。

決算日（12月31日）において，現金過不足30,000円（貸方残高）が計上されており，原因を調査したが原因は判明しなかった。

解答欄

借方科目	金　額	貸方科目	金　額

（借方）　　　　　現 金 過 不 足　　　　　（貸方）

　　　　　　　　　　｜　11/15 現　　金　30,000

（借方）　　　　　　雑　　　　益　　　　　（貸方）

練習問題　現金過不足の整理③　　　／□　／□　／□

以下の取引について決算整理仕訳を示し，勘定の記入を行いなさい。

決算日（3月末日）において，現金の不足額8,000円が発生したが，原因は不明である。

解答欄

借方科目	金　額	貸方科目	金　額

（借方）　　　　　　　現　　　　金　　　　　（貸方）

整理前 T／B　　90,000 ｜

（借方）　　　　　　雑　　　　損　　　　　（貸方）

SECTION 02　貯蔵品の整理

基礎問題　　　／□　／□　／□

以下の資料に基づき，決算整理仕訳を示し，勘定の記入を行いなさい。

決算日（3月31日）において，郵便切手の未消費高が1,000円ある。

解答欄

借方科目	金　額	貸方科目	金　額

（借方）　　　　　　　通　信　費　　　　　（貸方）

7/15 現　金　13,000 ｜

（借方）　　　　　（　　　　　　）　　　　　（貸方）

練習問題 貯蔵品の整理　　　　　／ □　／ □　／ □

以下の資料に基づき，決算整理仕訳を示し，勘定の記入を行いなさい。

決算日（3月31日）において収入印紙を実査したところ，当期に購入した収入印紙のうち 5,500 円分が使用済みということが判明した。

解答欄

借　方　科　目	金　　　額	貸　方　科　目	金　　　額

(借方)	租　税　公　課	(貸方)	(借方)	貯　蔵　品	(貸方)
5/20 現　　金　　6,000					

SECTION 03 | 当座借越

基礎問題　　　　　／ □　／ □　／ □

以下の取引について，当期の仕訳を行いなさい。

（1）買掛代金 300,000 円の支払いのため，小切手を振り出した。なお，当座預金の残高は 200,000 円であり，150,000 円の当座借越契約を結んでいる。

（2）決算日において当座預金の貸方残高を当座借越勘定に振り替える。

解答欄

	借　方　科　目	金　　　額	貸　方　科　目	金　　　額
(1)				
(2)				

練習問題 当座借越の整理　　　　　／ □　／ □　／ □

以下の資料に基づき，決算整理仕訳を示し，勘定の記入を行いなさい。

当社は A 銀行と B 銀行の 2 行に当座預金口座を開設しており，どちらとも当座借越契約（借越限度額は 200,000 円）を結んでいる。決算日（3月31日）において，銀行残高を確認したところ，A 銀行の当座預金残高は 80,000 円（借方残高）であったが，B 銀行の当座預金残高は 20,000 円（貸方残高）であった。

138 | CHAPTER 12　決算手続Ⅲ

解答欄

借方科目	金　額	貸方科目	金　額

（借方）	当　座　預　金	（貸方）
整理前残高	60,000	

（借方）	借　入　金	（貸方）
		整理前残高　35,000

SECTION 04 ｜ 精算表の作成

基礎問題　　　　　　　　　　　　　　　／□　／□　／□

　以下の決算整理事項に基づいて精算表を作成しなさい。

　なお，会計期間は，×1年4月1日〜×2年3月31日である。

＜決算整理事項＞

1. 期末商品棚卸高は 13,000 円である。なお，売上原価は「仕入」の行で計算しなさい。

2. 期末売上債権残高に対して，2％の貸倒れを見積もる。なお，貸倒引当金の設定は差額補充法により行う。

3. 建物に対して，残存価額を取得価額の 10％，耐用年数 10 年として，定額法により減価償却を行う。

4. 支払家賃の未払分が 5,000 円ある。

5. 受取手数料の前受分が 1,000 円ある。

6. 借入金は×2年1月1日に借入期間1年，利率年3％で借り入れたものであり，利息は借入時に支払っている。

解答欄

精　算　表

勘定科目	試　算　表		修　正　記　入		損益計算書		貸借対照表	
	借　方	貸　方	借　方	貸　方	借　方	貸　方	借　方	貸　方
現　　　　金	30,400							
当 座 預 金	14,000							
受 取 手 形	32,000							
売　掛　金	18,000							
繰 越 商 品	23,000							
建　　　　物	50,000							
買　掛　金		11,000						
借　入　金		80,000						
貸 倒 引 当 金		300						
減価償却累計額		13,500						
資　本　金		40,000						
売　　　　上		200,000						
受 取 手 数 料		11,000						
仕　　　　入	130,000							
給　　　　料	35,000							
支 払 家 賃	20,000							
支 払 利 息	2,400							
雑　　　　費	1,000							
	355,800	355,800						
貸倒引当金繰入								
減 価 償 却 費								
（　　）家 賃								
（　　）手数料								
（　　）利 息								
当 期 純 利 益								

140 ┃CHAPTER 12　決算手続Ⅲ

練習問題 **総合問題（精算表①）**

次の期末整理事項によって精算表を完成させなさい。ただし，会計期間は，×5年1月1日から×5年12月31日までの1年である。

1. 現金の実際手許有高は，15,800円であった。帳簿残高との不一致の原因は不明である。

2. 売掛金の期末残高に対して3％の貸倒引当金を設定する。差額補充法によること。

3. 期末商品棚卸高は30,000円である。売上原価は「仕入」の行で計算すること。

4. 備品および建物について定額法により減価償却を行う。ただし，残存価額は備品，建物ともに取得原価の10％，耐用年数は備品については8年，建物については20年とする。

5. 受取利息の未収分が980円ある。

6. 翌月分の地代の前受分が1,500円ある。

7. 保険料は，毎年10月1日に向こう1年分9,000円を前払いしている。

8. 借入金は，×5年8月1日に年利率3％で借り入れたものである。なお，利息は返済期日（×6年7月31日）に元金とともに支払う。利息の期間配分は月割計算による。

9. 給料の未払分が3,200円ある。

SECTION 04　精算表の作成 ▌141

解答欄

精　算　表

勘定科目	試算表		修正記入		損益計算書		貸借対照表	
	借　方	貸　方	借　方	貸　方	借　方	貸　方	借　方	貸　方
現　　　金	16,000							
当 座 預 金	74,000							
売 　掛 　金	38,000							
繰 越 商 品	35,000							
備　　　品	20,000							
建　　　物	200,000							
土　　　地	80,000							
買 　掛 　金		78,000						
借 　入 　金		150,000						
貸 倒 引 当 金		900						
備品減価償却累計額		9,000						
建物減価償却累計額		35,000						
資 　本 　金		150,000						
売　　　上		185,000						
受 取 地 代		16,000						
受 取 利 息		6,000						
仕　　　入	120,000							
給　　　料	30,000							
支 払 保 険 料	15,000							
支 払 家 賃	1,900							
	629,900	629,900						
雑 （　　　）								
貸倒引当金繰入								
減 価 償 却 費								
支 払 利 息								
未 収 利 息								
（　　　）地 代								
（　　　）保険料								
（　　　）利 息								
（　　　）給 料								
当期純（　　　）								

練習問題　総合問題（精算表②）　　　　　　　　　　／□　／□　／□

次の期末整理事項に基づいて精算表を作成しなさい。会計期間は，×5年4月1日から×6年3月31日までの1年間である。

1. 期末商品棚卸高は65,000円である。売上原価は，「売上原価」の行で算定すること。

2. 受取手形・売掛金の期末残高に対して3%の貸倒引当金を設定する。ただし，差額補充法による。

3. 建物および備品に対して定額法により減価償却を行う。残存価額はそれぞれ取得原価10%とし耐用年数は建物については25年，備品については6年とする。なお，決算整理前残高試算表に計上されている減価償却費38,500円は月次決算により計上したものであり，内訳は建物に対する減価償却費が11,500円，備品に対する減価償却費が27,000円である。

4. 貯蔵品は前期末における未使用の収入印紙2,200円であるが，当期首の再振替仕訳が未処理となっているため，当期の決算において再振替仕訳を行う。また，当期末において収入印紙の在庫を確認したところ450円分が未使用であることが判明した。

5. 受取手数料の前受分が2,300円ある。

6. 保険料は，毎年同額を1月1日に12ヵ月分前払いしている。

7. 支払利息の未払分が3,600円ある。

8. 決算日に，現金過不足のうち，800円は受取手数料の記入漏れであることが判明したが，残額については原因不明のため，雑益として処理することにした。

SECTION 04　精算表の作成 ▍143

解答欄

精 算 表

勘定科目	試算表 借方	試算表 貸方	修正記入 借方	修正記入 貸方	損益計算書 借方	損益計算書 貸方	貸借対照表 借方	貸借対照表 貸方
現　　　　金	214,000							
受 取 手 形	143,000							
売 　掛 　金	57,000							
繰 越 商 品	58,000							
貯 　蔵 　品	2,200							
建　　　　物	400,000							
備　　　　品	200,000							
支 払 手 形		148,000						
買 　掛 　金		105,000						
借 　入 　金		200,000						
貸 倒 引 当 金		2,300						
建物減価償却累計額		231,500						
備品減価償却累計額		107,000						
資 　本 　金		250,000						
売　　　　上		525,000						
受 取 手 数 料		16,100						
受 取 利 息		4,000						
仕 　　　入	260,000							
販 　売 　費	118,400							
給 　　　料	85,000							
支 払 保 険 料	10,500							
減 価 償 却 費	38,500							
支 払 利 息	3,400							
現 金 過 不 足		1,100						
	1,590,000	1,590,000						
売 上 原 価								
貸倒引当金繰入								
（　　　　　）								
前 受 手 数 料								
（　　　）保険料								
（　　　）利息								
雑 　　　益								
当期純（　　）								

練習問題 **総合問題（精算表③）**

　次の期末整理事項に基づいて精算表を作成しなさい。会計期間は，×5年3月1日から×6年2月28日までの1年間である。

1．現金過不足のうち9,800円は手数料の受取額の記入漏れであることが判明したが，800円については原因が判明しなかった。

2．期末商品棚卸高は12,000円である。売上原価は「仕入」の行で計算する。

3．仮受金16,000円は得意先からの売掛金の回収分であることが判明した。

4．有形固定資産について定額法により減価償却を行う。ただし，備品の耐用年数は5年，建物の耐用年数は30年とし，残存価額はいずれも取得原価の10％とする。

5．受取手形及び売掛金の期末残高に対して3％の貸倒れを見積もる。引当金の設定は，差額補充法による。

6．借入金は，×5年11月1日に年利率4％で借り入れたものであり，利息は元金とともに返済期日（×6年10月31日）に支払うことになっている。なお，利息は月割計算とする。

7．保険料の未経過分が3,800円ある。

8．家賃の未払分が2,500円ある。

SECTION 04　精算表の作成 ┃ 145

解答欄

精 算 表

勘定科目	試 算 表		修 正 記 入		損益計算書		貸借対照表	
	借 方	貸 方	借 方	貸 方	借 方	貸 方	借 方	貸 方
現 金	84,000							
現 金 過 不 足		10,600						
当 座 預 金	197,000							
受 取 手 形	164,000							
売 掛 金	92,000							
繰 越 商 品	18,000							
備 品	65,000							
建 物	750,000							
買 掛 金		33,600						
借 入 金		120,000						
仮 受 金		16,000						
貸 倒 引 当 金		1,200						
備品減価償却累計額		35,000						
建物減価償却累計額		108,000						
資 本 金		900,000						
売 上		477,000						
受 取 手 数 料		7,900						
仕 入	160,000							
給 料	109,000							
消 耗 品 費	13,500							
支 払 家 賃	22,000							
保 険 料	24,000							
支 払 地 代	10,800							
	1,709,300	1,709,300						
貸倒引当金繰入								
減 価 償 却 費								
支 払 利 息								
雑 （ ）								
（ ） 利 息								
（ ） 保 険 料								
（ ） 家 賃								
当 期 純 （ ）								

練習問題 **総合問題（精算表④）**

次の期末整理事項によって精算表を作成しなさい。ただし，会計期間は×5年6月1日から×6年5月31日までの1年間である。

1. 商品の期末棚卸高は135,000円であった。なお，売上原価は「仕入」の行で計算すること。

2. 仮払金は，従業員の出張に際して旅費交通費の概算額を支払ったものである。決算日に従業員が出張から帰り，旅費交通費21,300円との報告を受け，従業員が立て替えていた不足額は現金で支払った。

3. ×6年5月25日に，顧客から商品の注文を受け，手付金38,400円が当座預金（Y銀行）に振り込まれていたが，その処理がなされていなかった。

4. 受取手形及び売掛金の期末残高に対して2％の貸倒引当金を設定する（差額補充法）。

5. 備品及び建物について，定額法により減価償却を行う（記帳方法は間接法による）。残存価額は取得原価の10％とし，耐用年数は，備品が6年，建物が24年とする。なお，備品は×5年12月1日に購入したものであり，減価償却費は月割計算によって計上する。

6. 家賃は，×6年4月1日に向こう6ヵ月分を一括して受け取ったものである。

7. 借入金の利息は，利率が年3％，利払日が各年3月末日，返済期日が×7年3月31日の条件で借り入れたものである。

8. 通信費として計上した金額のうち，未使用の切手が4,850円ある。

9. 複数の銀行に当座預金口座を開設しているが，この内，Z銀行の当座預金の金額が2,000円の貸方残高となっているため，借入金に振り替える。なお，Z銀行とは当座借越契約を結んでいる。また，当座借越から生じる利息はないものとする。

SECTION 04　精算表の作成 147

解答欄

精 算 表

勘 定 科 目	試 算 表 借 方	試 算 表 貸 方	修 正 記 入 借 方	修 正 記 入 貸 方	損益計算書 借 方	損益計算書 貸 方	貸借対照表 借 方	貸借対照表 貸 方
現 金	80,000							
当 座 預 金	207,000							
受 取 手 形	155,000							
売 掛 金	145,000							
仮 払 金	20,000							
繰 越 商 品	150,000							
備 品	40,000							
建 物	160,000							
土 地	185,600							
支 払 手 形		125,000						
買 掛 金		146,000						
貸 倒 引 当 金		1,800						
建物減価償却累計額		32,000						
借 入 金		200,000						
資 本 金		400,000						
売 上		965,000						
受 取 家 賃		36,000						
受 取 利 息		1,300						
仕 入	590,000							
給 料	79,000							
旅 費 交 通 費	48,000							
通 信 費	42,500							
支 払 利 息	5,000							
	1,907,100	1,907,100						
( )								
貸倒引当金 ( )								
減 価 償 却 費								
( )								
( ) 家賃								
( ) 利息								
( )								
当期純 ( )								

148 CHAPTER 12　決算手続Ⅲ

練習問題 **総合問題（精算表⑤）**   ／□ ／□ ／□

　次の期末整理事項（未処理事項を含む）によって，①精算表を作成し，かつ，②「受取家賃」勘定の空欄に必要な記入を行いなさい。ただし，会計期間は×5年1月1日から×5年12月31日までの1年間である。

1．現金過不足は，決算日現在，原因が分からなかったので，雑益または雑損に振り替える。

2．決算手続中（12月31日）に，12月28日に販売した商品（原価￥3,200，売価￥4,000）の返品があったので，掛け代金から控除した。

3．商品倉庫を調べたところ，商品の期末棚卸高は￥102,000であった。なお，2．で返品された商品の金額は，この期末棚卸高には含まれていない。商品の売上原価は，「仕入」の行において計算すること。

4．受取手形及び売掛金（2．で控除した売掛金は除く）の期末残高に対して2％の貸倒引当金を設定する（差額補充法）。

5．備品及び建物について，定額法によって減価償却を行う。いずれも，残存価額を取得原価の10％とし，耐用年数は，備品が8年，建物が25年とする。

6．修繕費のうち￥12,000は，12月中旬に実施した駐車場（土地）の整地工事に係るものであるため，修繕費から土地に振り替える。

7．受取家賃は，かねてより賃貸している不動産に係るものであり，毎年3月1日および9月1日に向こう6ヵ月分を受け取っている。決算に当たり必要な修正を行う。

8．支払利息は，×5年5月1日に，期間1年，利率年3％，利払日年2回（10月末日および4月末日）の条件で借り入れた借入金￥180,000から生じたものである。決算に当たり必要な修正を行う。

解答欄

精　算　表

勘定科目	試算表 借方	試算表 貸方	修正記入 借方	修正記入 貸方	損益計算書 借方	損益計算書 貸方	貸借対照表 借方	貸借対照表 貸方
現　　　金	110,000							
現 金 過 不 足		1,400						
当 座 預 金	118,250							
受 取 手 形	36,000							
売 　掛 　金	44,000							
繰 越 商 品	95,000							
備　　　品	20,000							
建　　　物	60,000							
土　　　地	50,000							
買 　掛 　金		102,800						
貸 倒 引 当 金		500						
備品減価償却累計額		5,800						
建物減価償却累計額		11,200						
借 　入 　金		180,000						
資 　本 　金		200,000						
売　　　上		360,000						
受 取 家 賃		23,800						
受 取 利 息		3,300						
仕 　　　入	260,000							
給　　　料	49,750							
修 　繕 　費	35,200							
支 払 家 賃	7,900							
支 払 利 息	2,700							
	888,800	888,800						
雑（　　　）								
貸倒引当金（　　）								
減 価 償 却 費								
（　　　）家賃								
（　　　）利息								
当期純（　　）								

150 ▌CHAPTER 12　決算手続Ⅲ

受 取 家 賃

( )/( )	(	)	(	)	1/1	(	)	(	)
( )/( )	(	)	(	)	3/1	当 座 預 金	10,200
				9/1	当 座 預 金	10,200
	(	)			(	)

練習問題 **総合問題（精算表⑥）**   ／□　／□　／□

　精算表の勘定科目欄の（　　　）内に適当な勘定科目を記入の上，試算表欄，修正記入欄，損益計算書欄および貸借対照表欄の未記入分について適当な金額を記入して精算表を完成させなさい。

解答欄

精 算 表

勘定科目	試算表 借方	試算表 貸方	修正記入 借方	修正記入 貸方	損益計算書 借方	損益計算書 貸方	貸借対照表 借方	貸借対照表 貸方
現 金	7,000						6,600	
当 座 預 金							108,800	
売 掛 金							60,000	
繰 越 商 品			27,000	24,000				
貸 付 金							43,600	
建 物							100,000	
備 品							40,000	
買 掛 金								51,400
借 入 金								60,000
貸 倒 引 当 金								1,800
建物減価償却累計額								63,000
備品減価償却累計額		18,000						21,600
資 本 金								
売 上						352,800		
受 取 利 息						1,000		
仕 入	219,600							
給 料					64,000			
支 払 地 代	26,400				28,800			
支 払 保 険 料	8,000							
支 払 利 息					2,400			
雑 損					1,000			
貸倒引当金繰入					1,000			
減 価 償 却 費					6,600			
未 収 利 息							400	
（　　　）地代								
前 払 保 険 料							2,000	
未 払 利 息								800
当期純（　　）								

練習問題　総合問題（精算表⑦）

精算表の空欄を埋め，精算表を完成させなさい。なお，決算整理前試算表における現金過不足は，決算日現在，原因不明であった。

解答欄

精　算　表

勘定科目	試算表 借方	試算表 貸方	修正記入 借方	修正記入 貸方	損益計算書 借方	損益計算書 貸方	貸借対照表 借方	貸借対照表 貸方
現　　　金	123,000						123,000	
現金過不足								
当座預金	142,250							
受取手形	34,000							
売　掛　金	40,000							
貸倒引当金		500						
貸　付　金	50,000							
繰越商品							97,200	
備　　　品	20,000							
備品減価償却累計額								7,200
建　　　物	60,000							
建物減価償却累計額		12,200		4,300				
支払手形		20,000						
買　掛　金		32,800						
借　入　金		150,000						
資　本　金		200,000						
売　　　上		560,000						
受取家賃		23,800						
受取利息		3,300		200				
仕　　　入	260,000		90,000					
給　　　料	49,750							
水道光熱費	35,200							
支払保険料	42,400				34,400			
租税公課	20,100							
支払地代			5,700		42,900			
支払利息	5,800							
	1,009,700	1,009,700						
雑（　　）						1,200		
貸倒引当金（　　）				930				
減価償却費					5,600			
貯　蔵　品			2,500					
前払保険料								
（　　　　）利息							200	
（　　　　）地代								
当期純（　　）								
			211,330	211,330				

SECTION 04　精算表の作成 ‖ 153

CHAPTER 13 株式会社会計

1 株式の発行

(1) 払込金額の算定

払込金額 = 1株当たりの払込金額 × 株式数

※会社設立時及び増資時に株式を発行し，お金が払い込まれる。

(2) 勘定科目

勘定科目名	5要素	意味
資本金	純資産	純資産のうち，株主が出資した額

2 剰余金の配当

(1) 配当額の算定

配当額 = 1株当たりの配当額 × 株式数

※剰余金の配当額は決算日の翌日から3ヶ月以内に株主総会で決定される。

(2) 勘定科目

勘定科目名	5要素	意味
未払配当金	負債	確定した配当金の未払額
利益準備金	純資産	稼いだ利益の内，分配不能の金額
繰越利益剰余金	純資産	純資産のうち，経営活動から稼ぎ出した額（利益）

※利益準備金とは稼いだ利益の内，分配不能の金額である。会社法において，株主に配当を行うに際して利益
準備金の積み立てが義務付けられている。なお，利益準備金の積立額は問題上与えられる。

3 法人税等・消費税

(1) 法人税等の勘定科目

勘定科目名	5要素	意味
仮払法人税等	資産	中間申告により納付した法人税額
未払法人税等	負債	当期の確定した法人税等の額から中間申告額を差し引いた未払額
法人税等	費用	当期の法人税等の確定額

※法人税等の金額は期末に決算を行い利益が確定することで確定する。法人税等の支払は期首より6ヶ月を経過した日から2ヶ月以内に中間申告を行い，その上で，決算日後2ヶ月以内に確定申告を行い，中間申告分を差し引いた残額を支払う。

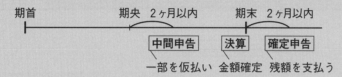

(2) 消費税

① 消費税の会計処理

仕入や売上は税抜価格で計上し，消費税に関しては「仮払消費税」勘定または「仮受消費税」勘定に計上する。また，決算日に確定申告を行い仮払消費税と仮受消費税を相殺した残額を「未払消費税」勘定に計上する。

② 勘定科目

勘定科目名	5要素	意味
仮払消費税	資産	支払った消費税額
仮受消費税	負債	受け取った消費税額
未払消費税	負債	仮払消費税と仮受消費税の差額（消費税の納税額）

SECTION 01 株式の発行

基礎問題

以下の取引について仕訳を行いなさい。

(1) 会社の設立に当たって，出資者から120,000円が払い込まれ，普通預金が増加した。

(2) 企業規模の拡大をするために，増資を行い200株発行した。1株当たりの払込金額は300円であり，払込金額は当座預金口座に振り込

まれた。

解答欄

	借方科目	金　額	貸方科目	金　額
(1)				
(2)				

SECTION 02 ┃ 剰余金の配当

基礎問題　　　　　　　　　　　　／□／□／□

以下の取引について仕訳を行いなさい。

(1) 株主総会において，剰余金の配当 20,000 円と利益準備金の積立 2,000 円が決議された。

(2) 上記配当金を当座預金から支払った。

解答欄

	借方科目	金　額	貸方科目	金　額
(1)				
(2)				

練習問題┃**株式の発行及び剰余金の配当**　　　　　　／□／□／□

以下の取引について仕訳を行った上で，第 2 期末貸借対照表の純資産（資本）の部を埋めなさい。

(1) 当社は株主から 1,000,000 円の出資を受け設立された。設立時に新株を 200 株発行した。なお，出資金額は普通預金口座に入金した。

(2) 第 1 期の当期純利益は 800,000 円であったため，第 1 期末の決算振替仕訳により繰越利益剰余金に振り替えた。

(3) 第 2 期に行われた株主総会において，剰余金の配当：1 株当たり 1,200 円，利益準備金の積立：24,000 円が決議された。

(4) 第 2 期中に上記の配当金を普通預金から支払った。

(5) 第 2 期の当期純利益は 900,000 円であったため，第 2 期末の決算振替仕訳により繰越利益剰余金に振り替えた。

解答欄

日 付	借方科目	金　額	貸方科目	金　額
(1)				
(2)				
(3)				
(4)				
(5)				

貸 借 対 照 表

	純資産（資本）の部	
	資　本　金　　　（　　　　　　　　）	
	利 益 準 備 金　　　（　　　　　　　　）	
	繰越利益剰余金　　　（　　　　　　　　）	

SECTION 03 法人税等・消費税

基礎問題 1　　　／ □　／ □　／ □

以下の一連の取引について仕訳を示しなさい。

(1) 中間申告を行い，前事業年度の法人税等の2分の1に当たる3,000,000円の小切手を振り出して納付した。

(2) 本年度の決算にあたり，法人税等が6,500,000円と確定した。

(3) 確定申告を行い，未払分について小切手を振り出して納付した。

解答欄

日 付	借方科目	金　額	貸方科目	金　額
(1)				
(2)				
(3)				

SECTION 03 法人税等・消費税 157

基礎問題 2

以下の一連の取引について仕訳を示しなさい。

(1) 商品 100,000 円（税抜価格）を仕入れ，消費税 10,000 円とともに代金は掛けとした。

(2) 商品を 150,000 円（税抜価格）で販売し，消費税 15,000 円とともに代金は現金で受け取った。

(3) 決算に際し，消費税の納付額を確定した。

(4) 確定申告を行い，消費税の納付額を小切手を振り出して支払った。

解答欄

日 付	借 方 科 目	金 額	貸 方 科 目	金 額
(1)				
(2)				
(3)				
(4)				

練習問題　法人税等

以下の一連の取引について仕訳を示し，当事業年度の財務諸表の金額を答えなさい。

(1) 前期末の決算で計上した未払配当金 230,000 円を普通預金から支払った。

(2) 中間申告を行い，200,000 円を普通預金から支払った。

(3) 当期の決算において，税引前当期純利益 2,000,000 円の 30 ％の金額が当期の法人税等の額と確定した。

解答欄

日 付	借 方 科 目	金 額	貸 方 科 目	金 額
(1)				
(2)				
(3)				

損 益 計 算 書			貸 借 対 照 表	
⋮			未払法人税等 （　　　　　　）	
税引前当期純利益 （　　　　　　）				
法 人 税 等 （　　　　　　）				
当 期 純 利 益 （　　　　　　）				

練習問題　消費税　　　／□　／□　／□

以下の一連の取引について仕訳を示し，当事業年度の財務諸表の金額を答えなさい。

（1）商品 5,400 円（税込価格）を掛で仕入れた。なお，消費税の金額は 400 円である。

（2）上記商品を 9,720 円（税込価格）で掛け販売した。なお，消費税の金額は 720 円とである。

（3）決算に際し，消費税の納付額を確定した。

解答欄

日 付	借方科目	金 額	貸方科目	金 額
(1)				
(2)				
(3)				

損 益 計 算 書			貸 借 対 照 表	
売 上 高 （　　　　　　）			未 払 消 費 税 （　　　　　　）	
売 上 原 価 （　　　　　　）				
売 上 総 利 益 （　　　　　　）				

SECTION 03　法人税等・消費税

CHAPTER 14 伝票会計

1 全体像

伝票とは，取引の記録（仕訳）を行う紙片であり，仕訳帳の代わりに用いられるものである。

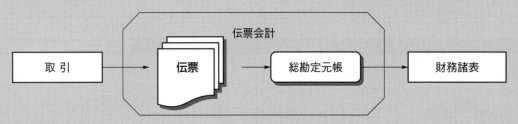

2 3伝票制

3伝票制は，取引を入金取引・出金取引・その他の取引に分類し，入金取引は入金伝票に，出金取引は出金伝票に，その他の取引は振替伝票に記入する方法である。

(1) 入金伝票

(2) 出金伝票

(3) 振替伝票

3 一部現金取引

(1) 一部現金取引とは

一部現金取引とは，入金取引または出金取引とその他の取引が組み合わさった取引をいう。一部現金取

引を伝票に記入する方法は，「取引を分割する方法」と「取引を擬制する方法」がある。

(2) 伝票の記入

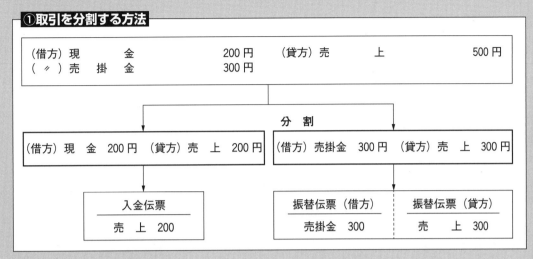

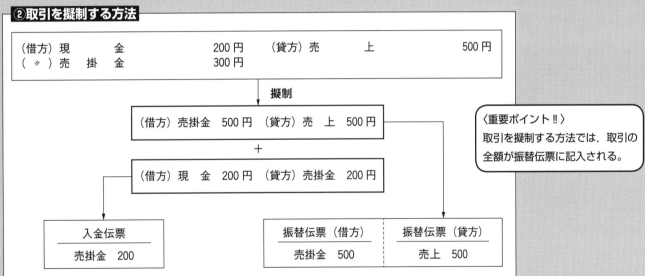

〈重要ポイント!!〉
取引を擬制する方法では，取引の全額が振替伝票に記入される。

4 総勘定元帳への転記

(1) 伝票から直接転記する方法

各伝票ごとに総勘定元帳へ個別転記を行う。

161

⇒総勘定元帳には，**伝票名が記入**される。

(2) 伝票を仕訳日計表に集計し，仕訳日計表から合計転記する方法

仕訳日計表とは，1日分の伝票を集計する表であり（1週間分の伝票を集計する表は仕訳週計表，1ヶ月分の伝票を集計する表は仕訳月計表），合計試算表の一種である。伝票の各勘定の金額を仕訳日計表に集計し，仕訳日計表から総勘定元帳に合計転記を行うことにより，転記の効率化を図ることができる。

⇒総勘定元帳には，**「仕訳日計表」と記入**される。

5 補助元帳への転記

補助元帳（売掛金元帳及び買掛金元帳）への転記は，伝票ごとに個別転記を行う。

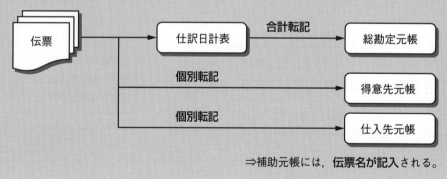

⇒補助元帳には，**伝票名が記入**される。

SECTION 01 伝票会計

基礎問題

次の各取引について，下記の伝票に記入しなさい。商品売買取引は，三分割法によって処理する。

(1) 商品を 5,000 円で仕入れ，代金は現金で支払った。

(2) 商品を 8,000 円で販売し，代金は現金で受け取った。

(3) 商品を 6,000 円で仕入れ，代金は掛けとした。

解答欄

(1)

（　　　　）伝票	
科　　目	金　　額

(2)

（　　　　）伝票	
科　　目	金　　額

(3)

（　　　　）伝票			
借方科目	金　　額	貸方科目	金　　額

練習問題　伝票会計・3伝票制

次の各取引について，下記の伝票に記入しなさい。商品の売買取引は，三分割法によって処理する。

(1) 商品を￥200,000 で仕入れ，代金は現金で支払った。

(2) 商品を￥300,000 で販売し，代金は現金で受け取った。

(3) 商品を￥400,000 で販売し，代金は掛けとした。

解答欄

(1)

（　　　　）伝票	
科　　目	金　　額

(2)

（　　　　）伝票	
科　　目	金　　額

(3)

（　　　　）伝票			
借方科目	金　　額	貸方科目	金　　額

SECTION 02　一部現金取引

基礎問題

次の取引について，(1) 取引を分割する方法，(2) 取引を擬制する方法による伝票の記入を行いなさい。

商品 100,000 円を購入し，代金のうち 30,000 円は現金で支払い，残額は掛けとした。

解答欄

(1) 取引を分割する方法

出 金 伝 票	
科　　目	金　額

振 替 伝 票			
借 方 科 目	金　額	貸 方 科 目	金　額

(2) 取引を擬制する方法

出 金 伝 票	
科　　目	金　額

振 替 伝 票			
借 方 科 目	金　額	貸 方 科 目	金　額

練習問題　伝票会計・一部現金取引　　　／□　／□　／□

次の各取引について，下記の伝票に記入しなさい。商品の売買取引は，三分割法によって処理すること。

(1) 商品￥200,000 を仕入れ，代金のうち￥120,000 は現金で支払い，残額は翌月末に支払うこととした。

(2) かねて仕入れた商品￥40,000 を戻し，代金のうち￥10,000 は小切手で受け取り，残額は掛け代金から控除した。

解答欄

(1)

出 金 伝 票	
科　　目	金　額

振 替 伝 票			
借 方 科 目	金　額	貸 方 科 目	金　額
仕　　　入	200,000		

(2)

入 金 伝 票	
科　　目	金　額

振 替 伝 票			
借 方 科 目	金　額	貸 方 科 目	金　額
	30,000		30,000

練習問題　伝票会計・取引の推定①　　　／□　／□　／□

次の各取引について，下記のように入金伝票または出金伝票を作成した場合における振替伝票の記入を示しなさい。

164 CHAPTER 14　伝票会計

(1) 商品¥500,000 を販売し，代金のうち¥200,000 を現金で受け取り，残額を掛けとした。

入 金 伝 票
売 掛 金　200,000

(2) 商品¥300,000 を仕入れ，代金のうち¥120,000 を現金で支払い，残額を掛けとした。

出 金 伝 票
仕 　 入　120,000

解答欄

(1)

振 替 伝 票			
借 方 科 目	金 　 額	貸 方 科 目	金 　 額

(2)

振 替 伝 票			
借 方 科 目	金 　 額	貸 方 科 目	金 　 額

練習問題　伝票会計・取引の推定②　　　／ □　／ □　／ □

　出張社員が帰社し，概算払いで渡していた¥70,000 の旅費交通費の精算をし，残額¥12,000 が返金された。この取引処理につき，入金伝票および振替伝票の金額が以下の（1）あるいは（2）のように記入される二通りの場合が考えられる。（1）あるいは（2）の方法がとられた場合，入金伝票および振替伝票の a～d に記入されるべき勘定科目名を記入しなさい。

(1)

入 金 伝 票
（　 a 　）　12,000

振 替 伝 票			
借 方 科 目	金 　 額	貸 方 科 目	金 　 額
旅費交通費	58,000	仮 払 金	58,000

(2)

入 金 伝 票
（　 b 　）　12,000

振 替 伝 票			
借 方 科 目	金 　 額	貸 方 科 目	金 　 額
（　 c 　）	70,000	（　 d 　）	70,000

SECTION 02　一部現金取引 165

解答欄

a	b	c	d

練習問題 | **伝票会計・取引の推定③**   ／ □   ／ □   ／ □

次の（1）および（2）の2枚の伝票は，それぞれ，ある一つの取引について作成されたものである。これらの伝票から取引を推定して，その取引の仕訳を示しなさい。

（1）

入 金 伝 票	
科　　　目	金　　　額
売　　　上	100,000

振 替 伝 票			
借 方 科 目	金　　　額	貸 方 科 目	金　　　額
売 掛 金	150,000	売　　　上	150,000

（2）

出 金 伝 票	
科　　　目	金　　　額
買 掛 金	100,000

振 替 伝 票			
借 方 科 目	金　　　額	貸 方 科 目	金　　　額
仕　　　入	150,000	買 掛 金	150,000

解答欄

	仕　　　　　訳			
	借 方 科 目	金　　　額	貸 方 科 目	金　　　額
（1）				
（2）				

SECTION 03 | 総勘定元帳への転記

基礎問題   ／ □   ／ □   ／ □

駒込商事は，毎日の取引を入金伝票，出金伝票，振替伝票，仕入伝票，売上伝票に記入し，これを1日分ずつ集計して仕訳日計表を作成し，この仕訳日計表から各関係元帳に転記している。同社の12月1日の取引に関して作成された以下の各伝票（略式）に基づいて，（1）仕訳日計表を作成し，（2）下掲の総勘定元帳に転記しなさい。

166 | CHAPTER 14　伝票会計

入 金 伝 票　　　No.101	出 金 伝 票　　　No.201	振 替 伝 票　　　No.301
（売掛金）日吉商事　100,000	（当 座 預 金）　　90,000	（売　掛　金）　430,000 　（売　　　上）　430,000

入 金 伝 票　　　No.102	出 金 伝 票　　　No.202	振 替 伝 票　　　No.302
（売掛金）三田商事　200,000	（当 座 預 金）　　60,000	（仕　　　入）　230,000 　（買　掛　金）　230,000

入 金 伝 票　　　No.103	出 金 伝 票　　　No.203	振 替 伝 票　　　No.303
（借　入　金）　120,000	（未　払　金）　　20,000	（消 耗 品 費）　60,000 　（当 座 預 金）　60,000

解答欄

(1)

仕 訳 日 計 表
×5 年 12 月 1 日　　　　　　　　　　　　　No. 1

借　　　方	元丁	勘 定 科 目	元丁	貸　　　方
		現　　　　　金		
		当 座 預 金		
		売　　掛　　金		
		買　　掛　　金		
		借　　入　　金		
		未　　払　　金		
		売　　　　　上		
		仕　　　　　入		
		消 耗 品 費		

(2)

総 勘 定 元 帳
現　　金
No. 1

×5年		摘　　　　要	仕丁	借　　方	貸　　方	借／貸	残　　高
12	1	前 月 繰 越	✓	500,000		借	500,000

売　掛　金

No. 3

×5年		摘　　　要	仕丁	借　　方	貸　　方	借/貸	残　　高
12	1	前 月 繰 越	✓	590,000		借	590,000

買　掛　金

No. 6

×5年		摘　　　要	仕丁	借　　方	貸　　方	借/貸	残　　高
12	1	前 月 繰 越	✓		300,000	貸	300,000

売　　　上

No. 10

×5年		摘　　　要	仕丁	借　　方	貸　　方	借/貸	残　　高

練習問題　伝票会計の総合問題①　　　　　／□　／□　／□

　駒込商事は，毎日の取引を入金伝票，出金伝票，振替伝票に記入し，これを1日分ずつ集計して仕訳日計表を作成し，この仕訳日計表から各関係元帳に転記している。同社の12月1日の取引に関して作成された以下の各伝票（略式）に基づいて，（1）仕訳日計表を作成し，（2）下掲の総勘定元帳に転記しなさい。また，伝票の記録から得意先元帳の諸勘定に転記しなさい。

入　金　伝　票　　　No.101	出　金　伝　票　　　No.201	振　替　伝　票　　　No.301
売掛金(笹塚商事)　23,000	当　座　預　金　　13,000	受　取　手　形　　23,000
		売掛金(笹塚商事)　23,000

入　金　伝　票　　　No.102	出　金　伝　票　　　No.202	振　替　伝　票　　　No.302
売掛金(渋谷商事)　45,000	仕　　　　　入　　98,000	仕　　　　　入　　78,000
		買　掛　金　　　78,000

入　金　伝　票　　　No.103	出　金　伝　票　　　No.203	振　替　伝　票　　　No.303
売　　　　　上　　130,000	買　掛　金　　　25,000	水　道　光　熱　費　　14,000
		当　座　預　金　　14,000

入　金　伝　票　　　No.104	出　金　伝　票　　　No.204	振　替　伝　票　　　No.304
借　入　金　　　43,000	未　払　金　　　30,000	売掛金(笹塚商事)　54,000
		売　　　　　上　　54,000

		振　替　伝　票　　　No.305
		売掛金(渋谷商事)　62,000
		売　　　　　上　　62,000

解答欄

(1)

仕　訳　日　計　表
×5 年 12 月 1 日　　　　　　　　　　　No. 1

借　　　方	元丁	勘　定　科　目	元丁	貸　　　方
		現　　　　　金		
		当　座　預　金		
		受　取　手　形		
		売　　掛　　金		
		買　　掛　　金		
		借　　入　　金		
		未　　払　　金		
		売　　　　　上		
		仕　　　　　入		
		水　道　光　熱　費		

(2)

総 勘 定 元 帳

現　金　　　　　　　　　　　　　　　　　　　　　No. 1

×5年		摘　　　　要	仕丁	借　　方	貸　　方	借／貸	残　　高
12	1	前 月 繰 越	✓	450,000		借	450,000

売　掛　金　　　　　　　　　　　　　　　　　　　No. 3

×5年		摘　　　　要	仕丁	借　　方	貸　　方	借／貸	残　　高
12	1	前 月 繰 越	✓	210,000		借	210,00

買　掛　金　　　　　　　　　　　　　　　　　　　No. 6

×5年		摘　　　　要	仕丁	借　　方	貸　　方	借／貸	残　　高
12	1	前 月 繰 越	✓		140,000	貸	140,000

売　　上　　　　　　　　　　　　　　　　　　　　No. 10

×5年		摘　　　　要	仕丁	借　　方	貸　　方	借／貸	残　　高

得 意 先 元 帳
笹 塚 商 事

得1

×5年		摘　　　　要	仕丁	借　　方	貸　　方	借/貸	残　　高
12	1	前 月 繰 越	✓	150,000		借	150,000

渋 谷 商 事

得2

×5年		摘　　　　要	仕丁	借　　方	貸　　方	借/貸	残　　高
12	1	前 月 繰 越	✓	200,000		借	200,000

練習問題 **伝票会計の総合問題②（推定問題）**　　／□　／□　／□

　神奈川商事は，毎日の取引を入金伝票，出金伝票，振替伝票の３種類の伝票を用いて記録している。同商事は，これら伝票の記録を毎日集計して仕訳日計表を作成し，これにもとづき総勘定元帳へ転記をしている。

　以下に示した神奈川商事の×6年4月1日のこれらの伝票と各種元帳の記録にもとづき，（1）仕訳日計表を作成するとともに，（2）伝票の記録にもとづいて，仕入先元帳の諸勘定への記入を行いなさい。なお，（　　）の中に入るべき適切な数字は各自推定すること。

SECTION 03　総勘定元帳への転記 171

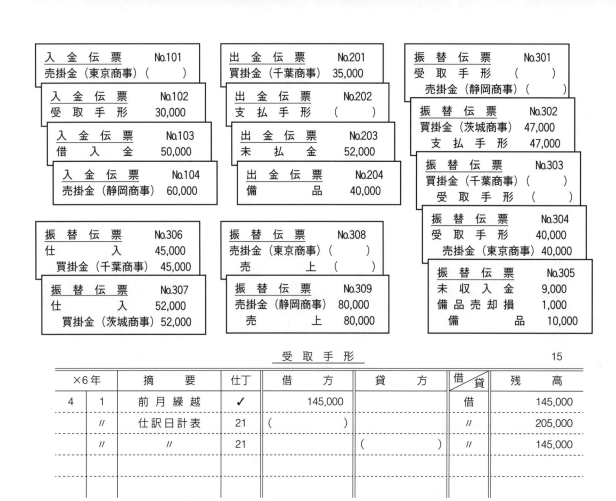

得 意 先 元 帳

東 京 商 事

×6年		摘　　要	仕丁	借　　方	貸　　方	借/貸	残　　高
4	1	前 月 繰 越	✓	123,000		借	123,000
	〃	振 替 伝 票	(　)	(　　　　)		〃	173,000
	〃	入 金 伝 票	(　)		(　　　　)	〃	108,000
	〃	振 替 伝 票	(　)		(　　　　)	〃	(　　　　)

静 岡 商 事

×6年		摘　　要	仕丁	借　　方	貸　　方	借/貸	残　　高
4	1	前 月 繰 越	✓	180,000		借	180,000
	〃	振 替 伝 票	(　)	80,000		〃	(　　　　)
	〃	入 金 伝 票	(　)		(　　　　)	〃	(　　　　)
	〃	振 替 伝 票	(　)		20,000	〃	(　　　　)

解答欄

(1)

仕 訳 日 計 表

×6年4月1日　　　　　　　　　21

借　　方	元丁	勘 定 科 目	元丁	貸　　方
		現　　　　　金		
		受 取 手 形		
		売 　掛　 金		
		未 収 入 金		
		備　　　　品		
		支 払 手 形		
		買 　掛　 金		
		未 　払　 金		
		借 　入　 金		
		売　　　　上		
		仕　　　　入		
		備 品 売 却 損		

SECTION 03　総勘定元帳への転記 ▊173

(2)

仕 入 先 元 帳

千 葉 商 事

×6年		摘　　要	仕丁	借　方	貸　方	借/貸	残　高
4	1	前 月 繰 越	✓		85,000	貸	85,000

茨 城 商 事

×6年		摘　　要	仕丁	借　方	貸　方	借/貸	残　高
4	1	前 月 繰 越	✓		70,000	貸	70,000

CHAPTER 15 試算表の作成問題

試算表を作成する問題は，以下のように出題される。

① 一定時点の試算表や貸借対照表の情報が資料として与えられる。

② 一定時点から月末までの期中取引の情報が資料として与えられる。

③ ①の金額に，②期中取引の増減を加味し，月末の試算表を作成させる。そのため，各勘定を作成し，①の一定時点の勘定残高に，②の期中取引の増減を記入することで，月末試算表計上額を算定する必要がある。

試算表作成の総合問題の出題形式イメージ

①ある一定時点の
・貸借対照表
・残高試算表
・合計試算表
が資料として与えられる。

→

②ある一定時点から月末までの期中取引を処理する。

→

③月末試算表を作成する。
・月末残高試算表
・月末合計残高試算表
を作成する。

SECTION 01 試算表の作成問題

基礎問題 1 ／ □ ／ □ ／ □

次の取引に基づいて，解答欄の合計試算表を作成しなさい。

＜5月中の取引＞

① 商品を掛けで 4,000 円購入した。

② 商品を掛けで 6,000 円販売した。

③ 買掛金 3,000 円を現金で支払った。

④ 売掛金 4,200 円を現金で回収した。

⑤ 支払利息 150 円を現金で支払った。

⑥ 支払家賃 500 円を現金で支払った。

⑦ 銀行から 2,000 円を借入れ，現金で受け取った。

175

解答欄

合 計 試 算 表

借 方		勘 定 科 目	貸 方	
5月末残高	月初繰越高		月初繰越高	5月末残高
	3,000	現　　　金	1,200	
	4,000	売　掛　金	2,500	
	800	繰 越 商 品		
	21,900	土　　　地		
	1,700	買　掛　金	2,800	
		借　入　金	5,000	
		資　本　金	12,000	
	800	売　　　上	30,000	
	19,500	仕　　　入	500	
	2,000	支 払 家 賃		
	300	支 払 利 息		
	54,000		54,000	

基礎問題 2　　　　　　　　　　　／□　／□　／□

次の取引に基づいて，解答欄の合計残高試算表を作成しなさい。

＜5月中の取引＞

① 商品を掛けで 4,000 円購入した。

② 商品を掛けで 6,000 円販売した。

③ 買掛金 3,000 円を現金で支払った。

④ 売掛金 4,200 円を現金で回収した。

⑤ 支払利息 150 円を現金で支払った。

⑥ 支払家賃 500 円を現金で支払った。

⑦ 銀行から 2,000 円を借入れ，現金で受け取った。

176 ┃CHAPTER 15　試算表の作成問題

＜5月1日の残高試算表＞

残 高 試 算 表
×5年5月1日

資　　　産	金　額	負債及び純資産	金　額
現　　　　金	1,800	買　掛　金	1,100
売　掛　金	1,500	借　入　金	5,000
繰　越　商　品	800	資　本　金	12,000
土　　　　地	21,900	売　　　上	29,200
仕　　　　入	19,000		
支　払　家　賃	2,000		
支　払　利　息	300		
	47,300		47,300

解答欄

合計残高試算表
×5年5月31日

借　　　　方		勘定科目	貸　　　　方	
借 方 残 高	借 方 合 計		貸 方 合 計	貸 方 残 高
		現　　　　金		
		売　掛　金		
		繰　越　商　品		
		土　　　　地		
		買　掛　金		
		借　入　金		
		資　本　金		
		売　　　上		
		仕　　　　入		
		支　払　家　賃		
		支　払　利　息		

練習問題　試算表の作成問題①　　／□　／□　／□

6月の月初繰越高は解答用紙の合計試算表に記載されているとおりである。下記の6月中の取引に基づいて，解答用紙の6月末の合計試算

SECTION 01　試算表の作成問題　177

表を完成しなさい。なお，必要な勘定科目は追加すること。

6月中の取引：

1. 現金出納帳より

   a. 現金売上高　　　　　　　　　¥　　90,000

   b. 現金仕入高　　　　　　　　　¥　　50,000

   c. 当座預金引出高　　　　　　　¥　180,000

   d. 当座預金預入高　　　　　　　¥　　40,000

   e. 給料支払高　　　　　　　　　¥　250,000

   f. 消耗品購入高　　　　　　　　¥　　24,000

   g. 家賃支払高　　　　　　　　　¥　　38,000

2. 当座預金出納帳より

   a. 現金預入高　　　　　　　　　¥　　40,000

   b. 現金引出高　　　　　　　　　¥　180,000

   c. 手形代金取立高　　　　　　　¥　250,000

   d. 手形代金支払高　　　　　　　¥　120,000

   e. 売掛金回収高　　　　　　　　¥　420,000

   f. 買掛金支払高　　　　　　　　¥　220,000

   g. 土地購入高　　　　　　　　　¥　183,000　（付随費用¥3,000 含む）

   h. 手形代金取立高　　　　　　　¥　　97,000

   i. 備品売却高　　　　　　　　　¥　　35,000　（売却した備品の取得原価　¥120,000　減価償却累計額　¥63,000）

   j. 借入金元利返済高　　　　　　¥　330,000　（利息¥30,000 を含む）

3. 売上帳より

   a. 現金売上高　　　　　　　　　¥　　90,000

   b. 掛け売上高　　　　　　　　　¥　680,000

   c. 約束手形受入による売上高　　¥　220,000

   d. 売上戻り高（掛け売上高）　　¥　　50,000

4. 仕入帳より

   a. 現金仕入高　　　　　　　　　¥　　50,000

   b. 掛け仕入高　　　　　　　　　¥　400,000

c. 約束手形振り出しによる仕入高　　￥　200,000

d. 仕入戻し高（掛け仕入高）　　　　￥　　22,000

5. その他の取引

a. 売掛金の得意先振り出しの約束手形による回収高　　￥　150,000

b. 買掛金支払のため得意先あての約束手形の振り出し高　￥　　70,000

c. 得意先倒産による前期販売分売掛金の貸倒高　　　　￥　　13,000

解答欄

合 計 試 算 表

借 方		勘 定 科 目	貸 方	
6月末残高	月初繰越高		月初繰越高	6月末残高
	425,000	現　　　金	230,000	
	1,200,000	当 座 預 金	625,000	
	560,000	受 取 手 形	340,000	
	1,020,000	売 　掛 　金	600,000	
	280,000	繰 越 商 品		
	180,000	土　　　地		
	360,000	備　　　品		
	120,000	支 払 手 形	280,000	
	325,000	買 　掛 　金	610,000	
		借 　入 　金	450,000	
		貸 倒 引 当 金	18,000	
		減価償却累計額	120,000	
		資 　本 　金	1,200,000	
	40,000	売　　　上	1,020,000	
	690,000	仕　　　入	20,800	
	230,000	給　　　料		
	34,000	支 払 家 賃		
	19,000	消 耗 品 費		
	22,000	支 払 手 数 料		
	8,800	支 払 利 息		
		（　　　　　　　）		
	5,513,800		5,513,800	

練習問題　試算表の作成問題②　　／ □　／ □　／ □

下記の期首貸借対照表（A）と11月中の取引（B）に基づいて，解答用紙の合計残高試算表（×5年11月30日）を作成しなさい。

(A) 期首貸借対照表

貸 借 対 照 表
×5年11月1日

資　　　産	金　　額	負債及び純資産	金　　額
現　　　　　金	30,000	支　払　手　形	30,000
当　座　預　金	250,000	買　　掛　　金	80,000
受　取　手　形	30,000	貸　倒　引　当　金	4,000
売　　掛　　金	220,000	備品減価償却累計額	10,000
商　　　　　品	200,000	借　　入　　金	86,000
備　　　　　品	130,000	資　　本　　金	650,000
	860,000		860,000

(B) 11月中の取引

1. 商品売上

   a. 掛け売上高　¥300,000　うち　¥12,000分返品

   b. 得意先振り出しの小切手による売上高　¥120,000

   　　　なお，受入れた小切手はただちに当座預金に預け入れ

   c. 得意先振り出しの手形受け取りによる売上高　¥48,000

2. 商品仕入

   a. 掛け仕入高　¥180,000　うち　¥7,000分返品

   b. 小切手振り出しによる仕入高　¥100,000

   c. 約束手形の振り出しによる仕入高　¥72,000

3. 当座預金預入れ

   a. 受入れ小切手による預け入れ高　¥120,000

   b. 売掛代金回収高　¥200,000

   c. 手形代金取立高　¥40,000

4. 小切手振り出し

   a. 仕入代金の支払高　¥100,000

   b. 買掛代金の支払高　¥140,000

   c. 手形代金決済高　¥60,000

   d. 借入金（元金）支払高　¥10,000，利息支払高　¥600

5. 現金支払高

   a. 給料　¥8,000

SECTION 01　試算表の作成問題 ▎181

b. 支払家賃　¥480

c. 交通費　¥450

解答欄

合計残高試算表
×5年11月30日

借　方　残　高	借　方　合　計	勘　定　科　目	貸　方　合　計	貸　方　残　高
		現　　　　　金		
		当　座　預　金		
		受　取　手　形		
		売　　掛　　金		
		繰　越　商　品		
		備　　　　　品		
		支　払　手　形		
		買　　掛　　金		
		貸　倒　引　当　金		
		備品減価償却累計額		
		借　　入　　金		
		資　　本　　金		
		売　　　　　上		
		仕　　　　　入		
		給　　　　　料		
		支　払　家　賃		
		交　　通　　費		
		支　払　利　息		

練習問題　試算表の作成問題③　　／□　／□　／□

　次の取引に基づいて，解答用紙の合計残高試算表と売掛金および買掛金の明細表を作成しなさい。なお，×年5月26日現在の合計試算表は解答用紙の5月26日現在欄のとおりであり，売上と仕入はすべて掛けで行っている。

〔5月27日から5月31日までの取引〕

27日　仕　入：北海道商事　¥30,000　　売　上：青森商事　¥9,000

182 CHAPTER 15　試算表の作成問題

福島商事より売掛金￥46,500 が当座預金口座に振り込まれた。

建物￥27,400 を購入し，代金は付随費用￥750 を含めて小切手を振り出して支払った。

28日　仕　入：秋田商事　￥20,000　　売　上：福島商事　￥34,000

岩手商事の売掛金￥23,000 を同社振り出し，当社あての約束手形で回収した。

新潟商事への買掛金￥15,000 を小切手を振り出して支払った。

青森商事へ前日売上げた商品について￥900 分が返品された。

貸付金のうち￥15,000 を利息￥1,200 を含めて小切手で回収し，直ちに当座預金に預入れた。

29日　仕　入：新潟商事　￥27,000　　売　上：岩手商事　￥45,000

北海道商事の買掛金￥7,500 を同社あての約束手形を振り出して支払った。

取り立てを依頼していた青森商事振り出し，当社あての約束手形￥9,000 について，取り立てが済み，当座預金に預入れた旨の通知を受けた。

借入金のうち￥30,000 を利息￥1,500 を含めて小切手を振り出して返済した。

30日　仕　入：秋田商事　￥22,500　　売　上：青森商事　￥9,000

新潟商事より前日仕入れた商品のうち￥4,500 を返品した。

今月分の家賃￥18,000 を小切手を振り出して支払った。

北海道商事あてに振り出した約束手形￥33,000 について支払期日に当座預金口座から引落された。

給料総額￥50,000 のうち所得税の源泉徴収分￥6,200 を差引き，手取金を小切手を振り出して支払った。

31日　仕入，売上なし

秋田商事の買掛金￥12,000 を同社あての約束手形を振り出して支払った。

小口現金係より次のような当月の支払報告を受け，直ちに小切手を振り出して補給した。

切手・ハガキ代　￥1,800　　　コピー用紙代　￥3,700　　　バス回数券代　￥1,500

SECTION 01　試算表の作成問題 ▌183

解答欄

合 計 残 高 試 算 表

借方残高	借 方 合 計		勘定科目	貸 方 合 計		貸方残高
5月31日現在	5月31日現在	5月26日現在		5月26日現在	5月31日現在	5月31日現在
		7,500	小 口 現 金			
		1,082,800	当 座 預 金	602,000		
		314,000	受 取 手 形	184,000		
		902,000	売 掛 金	667,000		
		127,500	繰 越 商 品			
		30,000	貸 付 金			
		38,100	建 物			
		45,000	備 品			
		175,500	支 払 手 形	253,000		
		565,000	買 掛 金	686,000		
			預 り 金	5,200		
			借 入 金	150,000		
			貸 倒 引 当 金	14,000		
			減価償却累計額	8,000		
			資 本 金	600,000		
		22,500	売 上	752,000		
		543,000	仕 入	18,000		
		48,700	給 料			
		18,000	支 払 家 賃			
		6,300	消 耗 品 費			
		5,800	旅 費 交 通 費			
		3,500	通 信 費			
		3,000	支 払 手 数 料			
			受 取 利 息	1,800		
		2,800	支 払 利 息			
		3,941,000		3,941,000		

184 | CHAPTER 15　試算表の作成問題

	売 掛 金 明 細 表				買 掛 金 明 細 表		
	5月26日		5月31日		5月26日		5月31日
青森商事	¥	38,000	¥	新潟商事	¥	44,000	¥
福島商事	¥	102,000	¥	秋田商事	¥		¥
岩手商事	¥		¥	北海道商事	¥	62,000	¥
	¥		¥		¥		¥

練習問題 ■ 試算表の作成問題④ ／□ ／□ ／□

次の取引に基づいて，解答用紙の合計残高試算表を作成しなさい。なお，15年11月24日現在の合計試算表は解答用紙の11月24日現在欄のとおりである。また，売上と仕入はすべて掛けで行われている。

〔11月25日から11月30日までの取引（28日は休業日）〕

25日 仕 入：沖縄商事 ¥30,000　売 上：鹿児島商事 ¥37,000

　11月23日に出張中の従業員から当座預金口座に¥42,000振り込まれ，仮受金として処理していたが，宮崎商事に対する売掛金を回収したものである旨の報告を受けた。

　当社ビル5階に賃貸で入居している京都商事から今月分の家賃¥40,000が当座預金口座に振り込まれた。

26日 仕 入：大分商事 ¥24,000　売 上：佐賀商事 ¥31,000

　25日に沖縄商事から仕入れた商品の一部に不良品があったため，¥2,500分返品した。

　鹿児島商事より売掛金¥18,000が当座預金口座に振り込まれた。

　沖縄商事に対する買掛金¥32,500を支払うため，同社あての約束手形を振り出した。

27日 売 上：鹿児島商事 ¥42,000

　かねて支払不能となった得意先が経営再建に成功したため，前期に貸倒れとして処理していた売掛金の一部¥48,000が本日当座預金口座に振り込まれた。

　取立を依頼していた福岡商事振り出し，当社あての約束手形¥25,000が決済され，当座預金口座に振り込まれた。

　建物に対する火災保険料¥62,000を小切手を振り出して支払った。

29日 仕 入：大分商事 ¥27,000

　山口商事の買掛金¥26,000を同社あての約束手形を振り出して支払った。

　経理事務を効率化するため，コンピュータ¥155,000を購入し，代金のうち，¥50,000は小切手で振り出して支払い，残額は12月末に支払うこととした。

SECTION 01　試算表の作成問題 ■ 185

30日 仕 入：山口商事 ￥36,000 売 上：福岡商事 ￥33,000

佐賀商事に対する売掛金￥32,000を同社振り出し，当社あての約束手形で回収した。

得意先鹿児島商事に対し，期間6ヶ月，利率は年4％で貸し付けた貸付金￥125,000が本日返済期日となったため，利息とともに同社振り出しの小切手で回収し，ただちに当座預金に預け入れた。

今月分の従業員の給与総額￥220,000のうち所得税の源泉徴収分￥16,000と従業員への立替金￥25,000を差し引き，手取金を当座預金口座から従業員の預金口座に振り込んだ。

小口現金係より次のような支払報告を受けたため，直ちに小切手を振り出して補給した。なお，小口現金については定額資金前渡法（インプレスト・システム）を採用している。

切手・ハガキ代 ￥1,700 筆記用具代 ￥1,350 バス回数券代 ￥1,400

解答欄

合 計 残 高 試 算 表

借方残高	借 方 合 計		勘定科目	貸 方 合 計		貸方残高
11月30日現在	11月30日現在	11月24日現在		11月24日現在	11月30日現在	11月30日現在
		9,000	小 口 現 金			
		1,083,000	当 座 預 金	615,000		
		797,000	受 取 手 形	411,000		
		1,320,000	売 掛 金	873,000		
		154,000	繰 越 商 品			
		42,800	立 替 金	10,300		
		91,000	未 収 入 金	17,000		
		350,000	貸 付 金	85,000		
		250,000	備 品			
		850,000	建 物			
		248,000	支 払 手 形	618,000		
		636,000	買 掛 金	818,000		
		11,000	未 払 金	37,000		
			仮 受 金	42,000		
		12,000	預 り 金	27,500		
			借 入 金	85,000		
		9,000	貸 倒 引 当 金	13,700		
			備品減価償却累計額	70,000		
			建物減価償却累計額	205,000		
			資 本 金	1,475,500		
		25,000	売 上	1,110,000		
			受 取 利 息	6,000		
			受 取 家 賃	14,000		
			償却債権取立益			
		587,000	仕 入	11,000		
		36,000	給 料			
		8,500	消 耗 品 費			
		6,000	通 信 費			
		11,000	支 払 保 険 料			
		7,700	旅 費 交 通 費			
		6,544,000		6,544,000		

SECTION 01　試算表の作成問題 | 187

練習問題 試算表の作成問題⑤   ／ □ ／ □ ／ □

次の残高試算表（A）は，下掲の元帳諸勘定（B）に基づいて作成したものであるが，貸借残高の合計が一致していない。よって，その不一致の原因を調べ，これを訂正して，解答用紙の残高試算表に正しい残高を記入しなさい。

なお，現金勘定は現金実際有高と照合した結果誤りなく，また諸勘定への転記は金額及び借方記入と貸方記入との間違いは予想されても，勘定科目を間違えて記入したものはないものとする。

（A）

残 高 試 算 表
×1年5月31日 　　　　　　　（単位：円）

借　　方	勘 定 科 目	貸　　方
216,000	現　　　　　金	
	当 座 預 金	345,000
795,000	受 取 手 形	
855,000	売 　掛 　金	
600,000	繰 越 商 品	
	備　　　　　品	240,000
	支 払 手 形	825,000
420,000	買　 掛 　金	
	借 　入 　金	600,000
	資 　本 　金	1,500,000
	売　　　　　上	2,820,000
1,680,000	仕　　　　　入	
396,000	給　　　　　料	
	支 払 地 代	900,000
48,000	支 払 利 息	
5,010,000		7,230,000

188┃CHAPTER 15　試算表の作成問題

(B) 元帳諸勘定

	現　　金		
1日　繰　越	300,000	12日	120,000
5日	300,000	14日	90,000
9日	240,000	20日	300,000
21日	750,000	22日	600,000
28日	180,000	23日	396,000
		26日	48,000

	当 座 預 金		
1日　繰　越	360,000	2日	150,000
3日	300,000	13日	315,000
22日	60,000	30日	900,000
29日	300,000		

	受 取 手 形		
1日　繰　越	450,000	3日	300,000
6日	150,000		
8日	300,000		
28日	195,000		

	売 　掛 　金		
1日　繰　越	390,000	6日	150,000
5日	150,000	9日	240,000
8日	300,000	21日	450,000
19日	900,000	27日	30,000
25日	360,000	28日	375,000

	繰 越 商 品		
1日　繰　越	600,000		

	備 　　品		
		1日　繰　越	120,000
		12日	120,000

	支 払 手 形		
13日	315,000	1日　繰　越	240,000
		7日	900,000

	買 　掛 　金		
1日　繰　越	180,000	20日	300,000
2日	150,000		
14日	150,000		
16日	240,000		

	借 　入 　金		
		1日　繰　越	300,000
		29日	300,000

	資 　本 　金		
		1日　繰　越	1,500,000

	売	上			仕	入	
27日		30,000	5日	450,000	2日	300,000	
			8日	600,000	7日	900,000	
			19日	900,000	14日	240,000	
			25日	360,000	16日	240,000	

	給	料			支 払 地 代	
23日	369,000			30日		900,000

	支 払 利 息	
26日	48,000	

解答欄

残 高 試 算 表

×1年5月31日　　　　　　　　（単位：円）

借　　方	勘 定 科 目	貸　　方
	現　　　　金	
	当 座 預 金	
	受 取 手 形	
	売 　掛　 金	
	繰 越 商 品	
	備　　　　品	
	支 払 手 形	
	買 　掛 　金	
	借 　入 　金	
	資 　本 　金	
	売　　　　上	
	仕　　　　入	
	給　　　　料	
	支 払 地 代	
	支 払 利 息	

解答・解説編

BOOKKEEPING WORKBOOK

CHAPTER 01 財務諸表の基礎

SECTION 01 貸借対照表と資産・負債・純資産（資本）

基礎問題

貸借対照表

代々木商事		×年 12 月 31 日		（単位：円）
（資産の部）		（負債の部）		
現　　　金	500,000	買　掛　金		2,600,000
売　掛　金	1,200,000	借　入　金		800,000
貸　付　金	700,000	負　債　合　計		3,400,000
建　　　物	4,000,000	（純資産の部）		
土　　　地	7,000,000	資　本　金		8,000,000
		繰越利益剰余金		2,000,000
		純　資　産　合　計		10,000,000
資　産　合　計	13,400,000	負債・純資産合計		13,400,000

解説

※　繰越利益剰余金

純資産合計：13,400,000 円（資産合計）－3,400,000 円（負債合計）

＝10,000,000 円

繰越利益剰余金：10,000,000 円（純資産合計）－8,000,000 円（資本金）

＝2,000,000 円

※　勘定科目の順番は解答と異なっても構わない。

練習問題　貸借対照表

貸借対照表

代々木商事		×年 3 月 31 日		（単位：円）
（資産の部）		（負債の部）		
現　　　金	1,000,000	買　掛　金		5,200,000
売　掛　金	2,000,000	借　入　金		1,600,000
貸　付　金	400,000	負　債　合　計		6,800,000
建　　　物	8,000,000	（純資産の部）		
車　　　両	1,400,000	資　本　金		15,000,000
土　　　地	14,000,000	繰越利益剰余金		5,000,000
		純　資　産　合　計		20,000,000
資　産　合　計	26,800,000	負債・純資産合計		26,800,000

解説

1.　各要素の分類

(1)　資産とは…企業が所有するすべての財産のことをいう。

現　金：紙幣や硬貨などの通貨

売掛金：商品を販売したが代金を受け取っていない場合の代金を回収する権利

貸付金：他人に金銭を貸し付けている場合の金銭を回収する権利

建　物：販売のために保有する店舗・事務所・倉庫など

車　両：企業が保有する車など

土　地：店舗・事務所・倉庫などの敷地

(2)　負債とは…将来，金銭などによる支払いを行わなければならない義務をいう。

買掛金：商品を購入したが代金を支払っていない場合の代金支払い義務

借入金：他人から金銭を借りている場合の支払い義務

(3)　純資産（資本）とは…資産の総額から負債の総額を引いたものである。

資本金：株主や店主が出資した額（元手）

繰越利益剰余金：経営活動から稼ぎ出した額（利益）

2.　繰越利益剰余金

純資産合計：26,800,000 円（資産合計）－6,800,000 円（負債合計）

＝20,000,000 円

繰越利益剰余金：20,000,000 円（純資産合計）－15,000,000 円（資本金）

＝5,000,000 円

SECTION 02 損益計算書と収益・費用

基礎問題

損益計算書

新宿商事		×1 年 1 月 1 日～×1 年 12 月 31 日		（単位：円）
（費用の部）		（収益の部）		
売　上　原　価	3,500,000	売　　　上		5,000,000
給　　　料	1,200,000	受　取　家　賃		600,000
支　払　利　息	100,000	受　取　地　代		700,000
当　期　純　利　益	1,800,000	受　取　利　息		300,000
	6,600,000			6,600,000

解説

※　当期純利益

費用合計：3,500,000 円（売上原価）＋1,200,000 円（給料）＋100,000 円（支払利息）＝4,800,000 円

当期純利益：6,600,000 円（収益合計）－4,800,000 円（費用合計）＝1,800,000 円

※　勘定科目の順番は解答と異なっても構わない。

練習問題　損益計算書

損益計算書
新宿商事　×1年1月1日～×1年12月31日　（単位：円）

（費用の部）		（収益の部）	
売 上 原 価	5,000,000	売　　　　上	7,000,000
給　　　料	1,250,000	受 取 家 賃	550,000
支 払 利 息	120,000	受 取 地 代	1,400,000
当 期 純 利 益	2,980,000	受 取 利 息	400,000
	9,350,000		9,350,000

解説

1. 各要素の分類

(1) 収益とは……収益とは，企業が活動により得た収入であり，純資産（正味の財産）の増加をもたらす場合のその要因をいう

売　　上：商品を販売することによる収入

受取家賃：事務所などを貸すことによる利子収入

受取地代：土地を貸すことによる地代収入

受取利息：金銭を貸すことによる利子収入

(2) 費用とは……費用とは，企業が収益を得るために行った支出であり，純資産（正味の財産）の減少をもたらす場合のその要因をいう

売上原価：商品を購入することによる支出

給　　料：従業員に対する給料の支払い

支払利息：金銭を借りることによる利子の支払い

2. 当期純利益

当期純利益：9,350,000円（収益合計）－6,370,000円（費用合計）
＝2,980,000円

SECTION 03　貸借対照表と損益計算書の関係

練習問題　5要素の分類

資　　　　産	2, 4, 6, 9, 10, 11
負　　　　債	8, 12
純資産（資本）	15
収　　　　益	5, 7, 13
費　　　　用	1, 3, 14

練習問題　貸借対照表と損益計算書の関係

（単位：円）

	期首	期　　末			収益	費用	当期純利益	当期純損失
	純資産	資産	負債	純資産				
(1)	250,000	**516,000**	150,000	**366,000**	**882,000**	766,000	116,000	
(2)	**158,000**	247,000	**96,000**	151,000	339,000	346,000		**7,000**
(3)	441,000	**727,000**	228,000	499,000	650,000	**592,000**	58,000	
(4)	**339,000**	631,000	**246,000**	385,000	**485,000**	439,000	46,000	

解説

1. 貸借対照表と損益計算書の関係

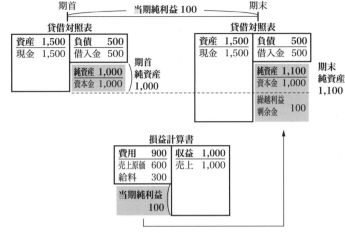

上記の関係からわかる以下の関係式をもとに各金額を算定する。

① 資産－負債＝純資産（資本）（貸借対照表等式）

② 収益－費用＝当期純利益（損益計算書等式）

③ 期首純資産＋当期純利益＝期末純資産

2. 各金額の算定

(1) の金額

期末純資産(資本)：250,000円（期首純資産）＋116,000円（当期純利益）＝366,000円

収益：766,000円（費用）＋116,000円（当期純利益）＝882,000円

期末資産：366,000円（期末純資産）＋150,000円（期末負債）＝516,000円

(2) の金額

期末負債：247,000円（期末資産）－151,000円（期末純資産）＝96,000円

当期純損失：339,000円（収益）－346,000円（費用）＝7,000円

期首純資産：151,000円（期末純資産）＋7,000円（当期純損失）＝158,000円

(3) の金額

期末資産：499,000円（期末純資産）＋228,000円（期末負債）＝727,000円

当期純利益：499,000円（期末純資産）－441,000円（期首純資産）＝58,000円

費用：650,000円（収益）－58,000円（当期純利益）＝592,000円

(4) の金額

期末負債：631,000円（期末資産）－385,000円（期末純資産）＝246,000円

収益：439,000円（費用）＋46,000円（当期純利益）＝485,000円

期首純資産(資本)：385,000円（期末純資産）－46,000円（当期純利益）＝339,000円

CHAPTER 02 財務諸表作成の基礎

SECTION 01 財務諸表作成の基本的な流れ

基礎問題

(1)	+	(2)	−	(3)	−	(4)	+	(5)	−
(6)	+	(7)	−	(8)	+	(9)	+	(10)	−

練習問題　勘定記入の法則①

(1)	(2)	(3)	(4)	(5)	(6)	(7)
借	借	貸	貸	貸	借	貸

解説

貸借対照表及び損益計算書のホームポジション側に増加または発生（プラス）を記入することになる。

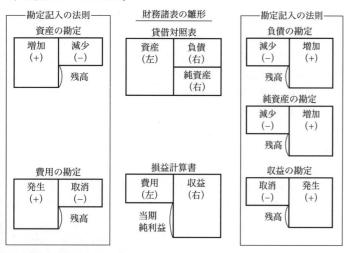

練習問題　勘定記入の法則②

(1)	(2)	(3)	(4)	(5)	(6)	(7)	(8)	(9)	(10)
借	借	借	借	貸	借	貸	借	貸	貸

解説

(1) 売掛金：資産　(2) 貸付金：資産　(3) 現金：資産　(4) 給料：費用　(5) 受取利息：収益　(6) 支払利息：費用　(7) 買掛金：負債　(8) 土地：資産　(9) 借入金：負債　(10) 売上：収益

SECTION 02 勘定への記入方法

基礎問題

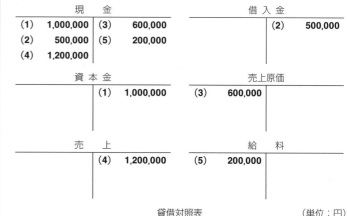

貸借対照表　　　　　　　　　（単位：円）

資　産	金　額	負債及び純資産	金　額
(現　　金)	(1,900,000)	(借　入　金)	(500,000)
		(資　本　金)	(1,000,000)
		繰越利益剰余金	(400,000)
	(1,900,000)		(1,900,000)

損益計算書　　　　　　　　　（単位：円）

費　用	金　額	収　益	金　額
(売 上 原 価)	(600,000)	(売　　　上)	(1,200,000)
(給　　料)	(200,000)		
当 期 純 利 益	(400,000)		
	(1,200,000)		(1,200,000)

解説

【問題を解く手順】

貸借対照表と損益計算書の雛形を書いた上で，以下の手順で解く。

1. 取引を2面的に捉える。
2. 勘定の借方（左側）と貸方（右側）に2面的に記録する。
3. 勘定の残高金額から貸借対照表と損益計算書を作成する。

【取引を2面的に捉える】

(1) 1,000,000 円を出資

　現金（資産）の増加……………現金勘定の借方に記入

　資本金（純資産）の増加………資本金勘定の貸方に記入

(2) 500,000 円を借入れ

　現金（資産）の増加……………現金勘定の借方に記入

　借入金（負債）の増加…………借入金勘定の貸方に記入

(3) 商品を 600,000 円で仕入

　　売上原価（費用）の発生………売上原価勘定の借方に記入

　　現金（資産）の減少……………現金勘定の貸方に記入

(4) 商品を 1,200,000 円で販売

　　現金（資産）の増加……………現金勘定の借方に記入

　　収益（売上）の発生……………売上勘定の貸方に記入

(5) 給料 200,000 円の支払い

　　給料（費用）の発生……………給料勘定の借方に記入

　　現金（資産）の減少……………現金勘定の貸方に記入

【貸借対照表と損益計算書のつながり】

　当期純利益 400,000 円を通じて，2 つの財務諸表はつながっている。

練習問題　財務諸表の作成

	現　　金		
(1)	2,000,000	(2)	800,000
(1)	1,000,000	(4)	230,000
(3)	1,600,000		

	売　　上		
		(3)	1,600,000

	借　入　金		
		(1)	1,000,000

	売　上　原　価		
(2)	800,000		

	資　本　金		
		(1)	2,000,000

	給　　料		
(4)	230,000		

期末貸借対照表　　　　　　　　（単位：円）

資　　産	金　　額	負債及び純資産	金　　額
（現　　　　金）	（　3,570,000）	（借　入　金）	（　1,000,000）
		（資　本　金）	（　2,000,000）
		繰越利益剰余金	（　570,000）
	（　3,570,000）		（　3,570,000）

損益計算書　　　　　　　　　　（単位：円）

費　　用	金　　額	収　　益	金　　額
（売　上　原　価）	（　800,000）	（売　　　　上）	（　1,600,000）
（給　　　　料）	（　230,000）		
当　期　純　利　益	（　570,000）		
	（　1,600,000）		（　1,600,000）

解説

(1) 資産（現金）の増加………現金勘定の借方に転記

　　負債（借入金）の増加……借入金勘定の貸方に転記

　　資本（資本金）の増加……資本金勘定の貸方に転記

(2) 費用（売上原価）の発生…売上原価勘定の借方に転記

　　資産（現金）の減少………現金勘定の貸方に転記

(3) 資産（現金）の増加………現金勘定の借方に転記

　　収益（売上）の発生………売上勘定の貸方に転記

(4) 費用（給料）の発生………給料勘定の借方に転記

　　資産（現金）の減少………現金勘定の貸方に転記

　(1)～(4) の取引について，仕訳（CHAPTER 03 参照）で示すと以下の通りである。

(1)	（借方）	現　　　　金	3,000,000	（貸方）	資　本　金	2,000,000
				（ 〃 ）	借　入　金	1,000,000
(2)	（借方）	売　上　原　価	800,000	（貸方）	現　　　　金	800,000
(3)	（借方）	現　　　　金	1,600,000	（貸方）	売　　　　上	1,600,000
(4)	（借方）	給　　　　料	230,000	（貸方）	現　　　　金	230,000

解答・解説編　CHAPTER 02　財務諸表作成の基礎 195

CHAPTER 03 簿記一巡の基礎
（仕訳・転記・試算表及び帳簿）

SECTION 01 転記

基礎問題1

＜仕訳＞

(1)	（借方）	現　　　金	20,000	（貸方）	資　本　金	20,000
(2)	（借方）	現　　　金	10,000	（貸方）	借　入　金	10,000
(3)	（借方）	借　入　金	3,000	（貸方）	現　　　金	3,000
(4)	（借方）	現　　　金	2,000	（貸方）	受取家賃	2,000
(5)	（借方）	支払利息	600	（貸方）	現　　　金	600

＜勘定への転記＞

（借方）	現　　金	（貸方）		（借方）	借　入　金	（貸方）
(1)資本金 20,000	(3)借入金 3,000			(3)現　金 3,000	(2)現　金 10,000
(2)借入金 10,000	(5)支払利息 600				
(4)受取家賃 2,000				（借方）	資　本　金	（貸方）
					(1)現　金 20,000

（借方）	支払利息	（貸方）		（借方）	受取家賃	（貸方）
(5)現　金 600					(4)現　金 2,000

解説

1. 取引を2面的に捉える。

　(1) 現金（資産）の増加…………現金勘定の借方に転記

　　　資本金（純資産）の増加……資本金勘定の貸方に転記

　(2) 現金（資産）の増加…………現金勘定の借方に転記

　　　借入金（負債）の増加………借入金勘定の貸方に転記

　(3) 借入金（負債）の減少………借入金勘定の借方に転記

　　　現金（資産）の減少…………現金勘定の貸方に転記

　(4) 現金（資産）の増加…………現金勘定の借方に転記

　　　受取家賃（収益）の発生……受取家賃勘定の貸方に転記

　(5) 支払利息（費用）の発生……支払利息勘定の借方に転記

　　　現金（資産）の減少…………現金勘定の貸方に転記

2. 取引ごとに，仕訳と勘定への転記までは同時に行う。

基礎問題2

＜仕訳＞

（借方）	現　　　金	500	（貸方）	売　　　上	3,000
（ 〃 ）	売　掛　金	2,500			

＜勘定への転記＞

（借方）	現　　金	（貸方）		（借方）	売　　上	（貸方）
1/15 売　上　500					1/15 諸　口 3,000

（借方）	売　掛　金	（貸方）
1/15 売　上 2,500	

解説

1. 取引を2面的に捉える。

　　現金（資産）の増加…………「現金」勘定の借方に転記

　　売掛金（資産）の増加………「売掛金」勘定の借方に転記

　　売上（収益）の発生…………「売上」勘定の貸方に転記

2. 取引ごとに，仕訳と勘定への転記までは同時に行う。

3. 仕訳において，相手勘定科目が複数存在する場合には，「諸口」と記入して，転記する。

練習問題　仕訳及び転記①

＜仕訳＞

(1)	（借方）	現　　　金	100,000	（貸方）	資　本　金	100,000
(2)	（借方）	現　　　金	30,000	（貸方）	借　入　金	30,000
(3)	（借方）	借　入　金	20,000	（貸方）	現　　　金	20,000
(4)	（借方）	現　　　金	5,000	（貸方）	受取家賃	5,000
(5)	（借方）	交　通　費	1,200	（貸方）	現　　　金	1,200

＜勘定への転記＞

（借方）	現　　金	（貸方）		（借方）	借　入　金	（貸方）
(1)資本金 100,000	(3)借入金 20,000			(3)現　金 20,000	(2)現　金 30,000
(2)借入金 30,000	(5)交通費 1,200				
(4)受取家賃 5,000				（借方）	資　本　金	（貸方）
					(1)現　金 100,000

（借方）	交　通　費	（貸方）		（借方）	受取家賃	（貸方）
(5)現　金 1,200					(4)現　金 5,000

解説

　(1) 資産（現金）の増加………現金勘定の借方に転記

　　　資本（資本金）の増加……資本金勘定の貸方に転記

　(2) 資産（現金）の増加………現金勘定の借方に転記

　　　負債（借入金）の増加……借入金勘定の貸方に転記

　(3) 負債（借入金）の減少……借入金勘定の借方に転記

　　　資産（現金）の減少………現金勘定の貸方に転記

　(4) 資産（現金）の増加………現金勘定の借方に転記

　　　収益（受取家賃）の発生…受取家賃勘定の貸方に転記

196

(5) 費用（交通費）の発生……交通費勘定の借方に転記

　　資産（現金）の減少………現金勘定の貸方に転記

練習問題　仕訳及び転記②

＜仕訳＞

(1)	（借方）	現　　　金	3,500	（貸方）	借　入　金	3,500
(2)	（借方）	現　　　金	3,000	（貸方）	売　　　上	10,000
	（〃）	売　掛　金	7,000			

＜勘定への転記＞

（借方）	現　　金	（貸方）	（借方）	売　　上	（貸方）
2/ 3 借入金 3,500					2/15 諸　口 10,000
2/15 売　上 3,000					

（借方）	売　掛　金	（貸方）	（借方）	借　入　金	（貸方）
2/15 売　上 7,000					2/3 現　金 3,500

解説

(1) 資産（現金）の増加…………現金勘定の借方に転記

　　負債（借入金）の増加………借入金勘定の貸方に転記

(2) 資産（現金）の増加…………現金勘定の借方に転記

　　資産（売掛金）の増加………売掛金勘定の借方に転記

　　収益（売上）の発生…………売上勘定の貸方に転記

SECTION 02　試算表

基礎問題

[問1]

合計試算表

借　　方	勘定科目	貸　　方
6,500	現　　　金	4,150
800	売　掛　金	
2,000	建　　　物	
	買　掛　金	500
500	借　入　金	2,000
	資　本　金	3,000
	売　　　上	2,300
1,500	売上原価	
500	給　　　料	
150	支払家賃	
11,950		11,950

[問2]

残高試算表

借　　方	勘定科目	貸　　方
2,350	現　　　金	
800	売　掛　金	
2,000	建　　　物	
	買　掛　金	500
	借　入　金	1,500
	資　本　金	3,000
	売　　　上	2,300
1,500	売上原価	
500	給　　　料	
150	支払家賃	
7,300		7,300

[問3]

合計残高試算表

借　　方		勘定科目	貸　　方	
残　高	合　計		合　計	残　高
2,350	6,500	現　　　金	4,150	
800	800	売　掛　金		
2,000	2,000	建　　　物		
	500	買　掛　金	500	500
		借　入　金	2,000	1,500
		資　本　金	3,000	3,000
		売　　　上	2,300	2,300
1,500	1,500	売上原価		
500	500	給　　　料		
150	150	支払家賃		
7,300	11,950		11,950	7,300

解答・解説編　CHAPTER 03　簿記一巡の基礎（仕訳・転記・試算表及び帳簿）　197

解説

現金

借方合計金額 6,500 — 貸方合計金額 4,150 — 借方残高金額 2,350

合計試算表

借　方	勘定科目	貸　方
6,500	現　金	4,150

残高試算表

借　方	勘定科目	貸　方
2,350	現　金	

【財務諸表（参考）】

貸借対照表
×年4月30日

（資産の部）		（負債の部）	
現　　　金	2,350	買　掛　金	500
売　掛　金	800	借　入　金	1,500
建　　　物	2,000	負　債　合　計	2,000
		（純資産の部）	
		資　本　金	3,000
		繰越利益剰余金	150
		純　資　産　合　計	3,150
資　産　合　計	5,150	負債・純資産合計	5,150

損益計算書
×年4月1日～×年4月30日

（費用の部）		（収益の部）	
売　上　原　価	1,500	売　　　上	2,300
給　　　料	500		
支　払　家　賃	150		
当　期　純　利　益	150		
	2,300		2,300

※　財務諸表は残高試算表の金額を基礎として作成する。

練習問題　試算表の作成

[問1]

合計試算表

借　　方	勘定科目	貸　　方
13,000	現　　　金	8,300
1,600	売　掛　金	
4,000	建　　　物	
	買　掛　金	1,000
1,000	借　入　金	4,000
	資　本　金	6,000
	売　　　上	4,600
3,000	売　上　原　価	
1,000	給　　　料	
300	支　払　家　賃	
23,900		23,900

[問2]

残高試算表

借　　方	勘定科目	貸　　方
4,700	現　　　金	
1,600	売　掛　金	
4,000	建　　　物	
	買　掛　金	1,000
	借　入　金	3,000
	資　本　金	6,000
	売　　　上	4,600
3,000	売　上　原　価	
1,000	給　　　料	
300	支　払　家　賃	
14,600		14,600

[問3]

合計残高試算表

借　方 残　高	借　方 合　計	勘定科目	貸　方 合　計	貸　方 残　高
4,700	13,000	現　　　金	8,300	
1,600	1,600	売　掛　金		
4,000	4,000	建　　　物		
		買　掛　金	1,000	1,000
	1,000	借　入　金	4,000	3,000
		資　本　金	6,000	6,000
		売　　　上	4,600	4,600
3,000	3,000	売　上　原　価		
1,000	1,000	給　　　料		
300	300	支　払　家　賃		
14,600	23,900		23,900	14,600

| CHAPTER 01 | CHAPTER 02 | CHAPTER 03 | CHAPTER 04 | CHAPTER 05 | CHAPTER 06 | CHAPTER 07 | CHAPTER 08 | CHAPTER 09 | CHAPTER 10 | CHAPTER 11 | CHAPTER 12 | CHAPTER 13 | CHAPTER 14 | CHAPTER 15 |

解説

本問の取引について，日付順に仕訳で示すと以下の通りである。

4/1	(借方)	現 金	6,000	(貸方)	資 本 金	6,000
4/10	(借方)	売 上 原 価	2,000	(貸方)	現 金	2,000
4/15	(借方)	現 金	4,000	(貸方)	借 入 金	4,000
4/20	(借方)	売 上 原 価	1,000	(貸方)	買 掛 金	1,000
4/21	(借方)	建 物	4,000	(貸方)	現 金	4,000
4/22	(借方)	現 金	3,000	(貸方)	売 上	3,000
4/25	(借方)	給 料	1,000	(貸方)	現 金	1,000
4/26	(借方)	売 掛 金	1,600	(貸方)	売 上	1,600
4/28	(借方)	支 払 家 賃	300	(貸方)	現 金	300
4/29	(借方)	借 入 金	1,000	(貸方)	現 金	1,000

解答・解説編　CHAPTER 03　簿記一巡の基礎（仕訳・転記・試算表及び帳簿）▌199

CHAPTER 04 取引と会計処理

SECTION 01 期中取引及び会計処理

基礎問題

[問1]

仕 訳 帳

12/1	(借方)	現 金	3,000	(貸方)	資 本 金	3,000
12/2	(借方)	仕 入	900	(貸方)	現 金	900
12/5	(借方)	現 金	600	(貸方)	売 上	600
12/7	(借方)	仕 入	1,200	(貸方)	買 掛 金	1,200
12/10	(借方)	備 品	300	(貸方)	現 金	300
12/13	(借方)	売 掛 金	2,100	(貸方)	売 上	2,100
12/15	(借方)	仕 入	1,500	(貸方)	現 金	600
				(〃)	買 掛 金	900
12/18	(借方)	現 金	660	(貸方)	売 上	1,800
	(〃)	売 掛 金	1,140			
12/21	(借方)	通 信 費	120	(貸方)	現 金	120
12/25	(借方)	給 料	240	(貸方)	現 金	240
12/26	(借方)	買 掛 金	1,200	(貸方)	現 金	1,200
12/29	(借方)	水 道 光 熱 費	60	(貸方)	現 金	60
12/30	(借方)	現 金	1,140	(貸方)	売 掛 金	1,140

[問2]

総勘定元帳

現　金

12/ 1 資本金	3,000	12/ 2 仕 入	900
12/ 5 売 上	600	12/10 備 品	300
12/18 売 上	660	12/15 仕 入	600
12/30 売掛金	1,140	12/21 通信費	120
		12/25 給 料	240
		12/26 買掛金	1,200
		12/29 水道光熱費	60

売 掛 金

12/13 売 上	2,100	12/30 現 金	1,140
12/18 売 上	1,140		

備 品

12/10 現 金	300		

買 掛 金

12/26 現 金	1,200	12/ 7 仕 入	1,200
		12/15 仕 入	900

資 本 金

		12/ 1 現 金	3,000

売 上

		12/ 5 現 金	600
		12/13 売掛金	2,100
		12/18 諸 口	1,800

仕 入

12/ 2 現 金	900		
12/ 7 買掛金	1,200		
12/15 諸 口	1,500		

給 料

12/25 現 金	240		

通 信 費

12/21 現 金	120		

水道光熱費

12/29 現 金	60		

[問3]

残高試算表
×年 12月1日～×年12月31日

借方	勘定科目	貸方
1,980	現 金	
2,100	売 掛 金	
300	備 品	
	買 掛 金	900
	資 本 金	3,000
	売 上	4,500
3,600	仕 入	
240	給 料	
120	通 信 費	
60	水道光熱費	
8,400		8,400

[問4]

貸借対照表
×年 12月31日

現 金	1,980	買 掛 金	900
売 掛 金	2,100	資 本 金	3,000
備 品	300	繰越利益剰余金	480
合 計	4,380	合 計	4,380

損益計算書
×年 12月1日～×年12月31日

仕 入	3,600	売 上	4,500
給 料	240		
通 信 費	120		
水道光熱費	60		
当期純利益	480		
合 計	4,500	合 計	4,500

解説

【問題を解く手順】

貸借対照表と損益計算書の雛形を書いた上で、以下の手順で解く。

1. 取引を2面的に捉える。
2. 取引ごとに [問1] の仕訳と [問2] の勘定記入を、同時に行う。
3. 勘定の残高金額を残高試算表に記入する。
4. 残高試算表の金額を財務諸表の金額にうつす。

練習問題　総合問題

[問1]

仕 訳 帳

12/ 1	(借方)	現 金	5,000	(貸方)	資 本 金	5,000
12/ 2	(借方)	仕 入	1,500	(貸方)	現 金	1,500
12/ 5	(借方)	現 金	1,000	(貸方)	売 上	1,000
12/ 7	(借方)	仕 入	800	(貸方)	買 掛 金	800
12/10	(借方)	車 両	1,000	(貸方)	現 金	1,000
12/13	(借方)	売 掛 金	2,400	(貸方)	売 上	2,400
12/15	(借方)	仕 入	2,000	(貸方)	現 金	600
				(〃)	買 掛 金	1,400
12/18	(借方)	現 金	800	(貸方)	売 上	3,000
	(〃)	売 掛 金	2,200			

200

12/21	(借方)	通 信 費	500	(貸方)	現 金	500	
12/25	(借方)	給 料	800	(貸方)	現 金	800	
12/26	(借方)	買 掛 金	800	(貸方)	現 金	800	
12/29	(借方)	水道光熱費	200	(貸方)	現 金	200	
12/30	(借方)	現 金	2,200	(貸方)	売 掛 金	2,200	

[問2]

総勘定元帳

現 金

12/ 1 資本金	5,000	12/ 2 仕 入	1,500
12/ 5 売 上	1,000	12/10 車 両	1,000
12/18 売 上	800	12/15 仕 入	600
12/30 売掛金	2,200	12/21 通信費	500
		12/25 給 料	800
		12/26 買掛金	800
		12/29 水道光熱	200

売 掛 金

12/13 売 上	2,400	12/30 現 金	2,200
12/18 売 上	2,200		

車 両

12/10 現 金	1,000		

買 掛 金

12/26 現 金	800	12/ 7 仕 入	800
		12/15 仕 入	1,400

資 本 金

		12/ 1 現 金	5,000

売 上

		12/ 5 現 金	1,000
		12/13 売掛金	2,400
		12/18 諸 口	3,000

仕 入

12/ 2 現 金	1,500		
12/ 7 買掛金	800		
12/15 諸 口	2,000		

給 料

12/25 現 金	800		

通 信 費

12/21 現 金	500		

水 道 光 熱 費

12/29 現 金	200		

[問3]

合計残高試算表
×1年12月1日～×1年12月31日　　（単位：円）

借　方 残高	借　方 合計	勘 定 科 目	貸　方 合計	貸　方 残高
3,600	9,000	現　　　金	5,400	
2,400	4,600	売　掛　金	2,200	
1,000	1,000	車　　　両		
	800	買　掛　金	2,200	1,400
		資　本　金	5,000	5,000
		売　　　上	6,400	6,400
4,300	4,300	仕　　　入		
800	800	給　　　料		
500	500	通　信　費		
200	200	水 道 光 熱 費		
12,800	21,200		21,200	12,800

[問4]

貸借対照表
×1年12月31日　　（単位：円）

（資産の部）		（負債の部）	
現　　　金	3,600	買　掛　金	1,400
売　掛　金	2,400	負 債 合 計	1,400
車　　　両	1,000	（純資産の部）	
		資　本　金	5,000
		繰越利益剰余金	600
		純 資 産 合 計	5,600
資 産 合 計	7,000	負債・純資産合計	7,000

損益計算書
×1年12月1日～×1年12月31日　　（単位：円）

（費用の部）		（収益の部）	
仕　　　入	4,300	売　　　上	6,400
給　　　料	800		
通　信　費	500		
水 道 光 熱 費	200		
当 期 純 利 益	600		
	6,400		6,400

解説

[問1]

1．12月21日に支払ったインターネットの回線料金は，「通信費」勘定（費用）で処理する。

2．12月26日にE商事に対する買掛金を全額支払っているが，当該買掛金の発生は，12月7日に購入した800円である。

3. 12月30日にB商事に対する売掛金を全額受け取っているが，当該売掛金の発生は，12月18日に販売した3,000円のうち，現金で受け取った800円を控除した2,200円である。

[問4]

1．財務諸表の作成方法

　財務諸表は各勘定の残高の金額が基礎となる。そのため財務諸表は合計残高試算表の残高欄をもとに作成する。

2．当期純利益

　当期純利益：6,400円(収益合計)−5,800円(費用合計)＝600円

CHAPTER 05 その他の債権・債務

SECTION 01 貸付金・借入金

基礎問題

日付	借方科目	金　額	貸方科目	金　額
(1)	貸　付　金	1,000,000	現　　　金	1,000,000
(2)	現　　　金	1,010,000	貸　付　金	1,000,000
			受　取　利　息	10,000
(3)	現　　　金	990,000	借　入　金	1,000,000
	支　払　利　息	10,000		
(4)	借　入　金	1,000,000	現　　　金	1,000,000

解説

(2) の取引は，**貸付金の回収**と**利息の受け取り**が同時に行われていると捉える。そのため，仕訳については2つに分けて考えることができる。

(借方) 現　　　金	1,000,000	(貸方) 貸　付　金	1,000,000
(借方) 現　　　金	10,000	(貸方) 受　取　利　息	10,000

(3) の取引は，**資金の借り入れ**と**利息の支払い**が同時に行われていると捉える。そのため，仕訳については2つに分けて考えることができる。

(借方) 現　　　金	1,000,000	(貸方) 借　入　金	1,000,000
(借方) 支　払　利　息	10,000	(貸方) 現　　　金	10,000

※ 借入時における「借入金」勘定の増加額は入金額の990,000円ではなく要返済額の1,000,000円となる。なぜなら，「借入金」勘定は，借入時の入金額を意味するのではなく，返済義務（将来失う財産額）の金額を意味するからである。

練習問題　貸付金・借入金の処理

日付	借方科目	金　額	貸方科目	金　額
(1)	貸　付　金	2,000,000	現　　　金	2,000,000
(2)	現　　　金	2,020,000	貸　付　金	2,000,000
			受　取　利　息	20,000
(3)	現　　　金	1,950,000	借　入　金	2,000,000
	支　払　利　息	50,000		
(4)	借　入　金	2,000,000	現　　　金	2,000,000

解説

(2) の仕訳は，下記の貸付金の回収と利息の受け取りの仕訳を同時に行っている。

(借方) 現　　　金	2,000,000	(貸方) 貸　付　金	2,000,000
(借方) 現　　　金	20,000	(貸方) 受　取　利　息	20,000

(3) の仕訳は，下記の借入金の返済と利息の支払いの仕訳を同時に行っている。

(借方) 現　　　金	2,000,000	(貸方) 借　入　金	2,000,000
(借方) 支　払　利　息	50,000	(貸方) 現　　　金	50,000

SECTION 02 未収入金・未払金

基礎問題

日付	借方科目	金　額	貸方科目	金　額
(1)	備　　　品	100,000	未　払　金	100,000
(2)	未　払　金	100,000	現　　　金	100,000
(3)	未　収　入　金	150,000	土　　　地	150,000
(4)	現　　　金	150,000	未　収　入　金	150,000

練習問題　未収金・未払金の処理

日付	借方科目	金　額	貸方科目	金　額
(1)	建　　　物	300,000	未　払　金	300,000
(2)	未　払　金	300,000	現　　　金	300,000
(3)	未　収　入　金	500,000	土　　　地	500,000
(4)	現　　　金	500,000	未　収　入　金	500,000

解説

1. 商品以外の物品を購入したが，代金を支払っていない場合には，「買掛金」勘定ではなく，「未払金」勘定（負債）で処理する。

2. 商品以外の物品を売却したが，代金を受け取っていない場合には，「売掛金」勘定ではなく，「未収入金」勘定（資産）で処理する。

SECTION 03 立替金・預り金

基礎問題 1

日付	借方科目	金　額	貸方科目	金　額
(1)	給　　　料	200,000	現　　　金	182,000
			預　り　金	18,000
(2)	預　り　金	18,000	現　　　金	18,000

基礎問題 2

日付	借方科目	金　額	貸方科目	金　額
(1)	給　　　料	200,000	普　通　預　金	175,000
			社会保険料預り金	25,000
(2)	社会保険料預り金	25,000	普　通　預　金	50,000
	法　定　福　利　費	25,000		

解答・解説編　CHAPTER 05　その他の債権・債務 203

練習問題　預り金の処理

日付	借方科目	金　額	貸方科目	金　額
(1)	給　　　料	300,000	現　　　金	264,000
			預　り　金	36,000
(2)	預　り　金	36,000	現　　　金	36,000

解説

　所得税の源泉徴収分などのように，従業員または取引先などから一時的に金銭を預かった場合には，「預り金」勘定（負債）で処理する。

練習問題　立替金の処理

日付	借方科目	金　額	貸方科目	金　額
(1)	立　替　金	100,000	普通預金	100,000
(2)	給　　　料	250,000	立　替　金	100,000
			普通預金	150,000

解説

　立替え払いを行った場合には，債権の発生を資産の増加として，「立替金」勘定に借方記入する。

SECTION 04　仮払金・仮受金

基礎問題

日付	借方科目	金　額	貸方科目	金　額
(1)	仮　払　金	120,000	現　　　金	120,000
(2)	当座預金	800,000	仮　受　金	800,000
(3)	仮　受　金	800,000	売　掛　金	800,000
(4)	旅費交通費	135,000	仮　払　金	120,000
			現　　　金	15,000

練習問題　仮払金・仮受金の処理

日付	借方科目	金　額	貸方科目	金　額
(1)	仮　払　金	150,000	現　　　金	150,000
(2)	当座預金	600,000	仮　受　金	600,000
(3)	仮　受　金	600,000	貸　付　金	600,000
(4)	旅費交通費	138,000	仮　払　金	150,000
	現　　　金	12,000		

解説

① 従業員が出張する際に，概算で旅費を支払った場合などのように，正確な金額が確定していないまたは何に使用するか決定していない場合の支出額は，一時的に「仮払金」勘定（資産）で処理する。

② 当座預金口座に内容不明な振り込みが行われた場合などのように，内容不明な入金額が発生した場合は，一時的に「仮受金」勘定（負債）で処理する。

SECTION 05　総合問題

基礎問題

＜仕訳＞

日付	借方科目	金　額	貸方科目	金　額
(1)	現　　　金	2,500,000	資　本　金	2,500,000
(2)	当座預金	1,000,000	現　　　金	1,000,000
(3)	仕　　　入	500,000	現　　　金	500,000
(4)	仕　　　入	500,000	買　掛　金	500,000
(5)	貸　付　金	700,000	受取利息	10,000
			当座預金	690,000
(6)	備　　　品	200,000	未　払　金	200,000
(7)	未　払　金	200,000	現　　　金	200,000
(8)	給　　　料	300,000	預　り　金	30,000
			現　　　金	270,000
(9)	売　掛　金	1,500,000	売　　　上	1,500,000
(10)	仮　払　金	10,000	現　　　金	10,000
(11)	現　　　金	3,000	仮　受　金	3,000
(12)	旅費交通費	9,000	仮　払　金	10,000
	現　　　金	1,000		
	仮　受　金	3,000	売　掛　金	3,000

＜勘定記入＞

(借方)	現　　金	(貸方)
(1)資本金 2,500,000	(2)当座預金 1,000,000
(11)仮受金 3,000	(3)仕　入 500,000
(12)仮払金 1,000	(7)未払金 200,000
	(8)給料 270,000
	(10)仮払金 10,000

(借方)	当座預金	(貸方)
(2)現　金 1,000,000	(5)貸付金 690,000

(借方)	売　掛　金	(貸方)
(9)売　上 1,500,000	(12)仮受金 3,000

(借方)	仮　払　金	(貸方)
(10)現　金 10,000	(12)諸　口 10,000

(借方)	備　　品	(貸方)
(6)未払金 200,000	

(借方)	貸　付　金	(貸方)
(5)諸　口 700,000	

(借方)	買　掛　金	(貸方)
	(4)仕　入 500,000

(借方)	仮　受　金	(貸方)
(12)売掛金 3,000	(11)現　金 3,000

204

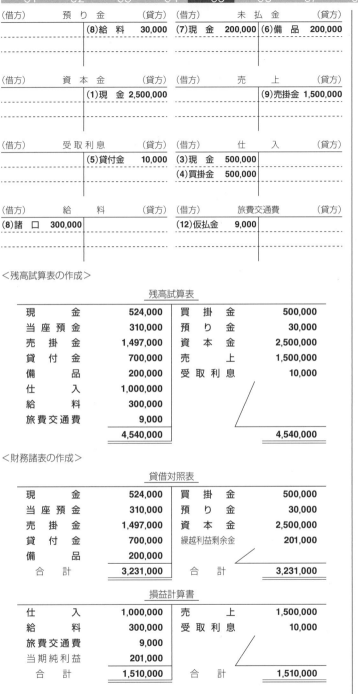

解説

【残高試算表について】

本来,残高試算表の雛形は下記の形式であるが,上記のような雛形で作成することもある。この場合,借方残高の項目(資産及び費用)は借方に,貸方残高の項目(負債,純資産,収益)は貸方に記載する。

残高試算表

借 方	勘定科目	貸 方
524,000	現 金	
	︙	
	︙	
4,540,000		4,540,000

練習問題 総合問題

<仕訳>

日付	借方科目	金　額	貸方科目	金　額
(1)	現　　　金	3,000,000	資　本　金	3,000,000
(2)	当 座 預 金	1,000,000	現　　　金	1,000,000
(3)	仕　　　入	400,000	現　　　金	400,000
(4)	仕　　　入	800,000	買　掛　金	800,000
(5)	貸　付　金	500,000	受 取 利 息	20,000
			当 座 預 金	480,000
(6)	備　　　品	300,000	未　払　金	300,000
(7)	未　払　金	300,000	現　　　金	300,000
(8)	給　　　料	200,000	預　り　金	24,000
			現　　　金	176,000
(9)	売　掛　金	1,800,000	売　　　上	1,800,000
(10)	仮　払　金	20,000	現　　　金	20,000
(11)	現　　　金	100,000	仮　受　金	100,000
(12)	旅 費 交 通 費	17,000	仮　払　金	20,000
	現　　　金	3,000		
	仮　受　金	100,000	貸　付　金	100,000

<勘定記入>

(借方)	現　　金		(貸方)
(1)資本金	3,000,000	(2)当座預金	1,000,000
(11)仮受金	100,000	(3)仕　入	400,000
(12)仮払金	3,000	(7)未払金	300,000
		(8)給　料	176,000
		(10)仮払金	20,000

(借方)	当座預金		(貸方)
(2)現　金	1,000,000	(5)貸付金	480,000

(借方)	仮払金		(貸方)
(10)現　金	20,000	(12)諸　口	20,000

(借方)	売掛金		(貸方)
(9)売　上	1,800,000		

CHAPTER 06 商品売買

SECTION 01 付随費用

基礎問題

日付	借方科目	金額	貸方科目	金額
(1)	仕　　入	5,100	買　掛　金	5,000
			現　　金	100
(2)	売　掛　金	8,000	売　　上	8,000
	発　送　費	300	現　　金	300
(3)	仕　　入	4,000	買　掛　金	3,800
			現　　金	200
(4)	売　掛　金	6,150	売　　上	6,000
			現　　金	150

練習問題　付随費用の処理

日付	借方科目	金額	貸方科目	金額
(1)	仕　　入	3,300	買　掛　金	3,000
			現　　金	300
(2)	売　掛　金	6,000	売　　上	6,000
	発　送　費	100	現　　金	100
(3)	仕　　入	9,000	買　掛　金	8,850
			現　　金	150
(4)	売　掛　金	5,500	売　　上	5,000
			現　　金	500

解説

(1) 仕入れに伴って生じる付随費用は，当方負担の場合は仕入原価に加算し，先方負担の場合は買掛金の減少として処理する。

(2) 売上に伴って生じる付随費用は，当方負担の場合は販売費である発送費として計上し，先方負担の場合は売掛金の増加として処理する。

SECTION 02 前払金・前受金

基礎問題

日付	借方科目	金額	貸方科目	金額
(1)	前　払　金	1,000	当　座　預　金	1,000
(2)	仕　　入	5,000	前　払　金	1,000
			買　掛　金	4,000
(3)	現　　金	1,500	前　受　金	1,500
(4)	前　受　金	1,500	売　　上	8,000
	売　掛　金	6,500		

練習問題　手付金の処理

日付	借方科目	金額	貸方科目	金額
(1)	前　払　金	3,000	当　座　預　金	3,000
(2)	仕　　入	10,000	前　払　金	3,000
			買　掛　金	7,000
(3)	現　　金	4,000	前　受　金	4,000
(4)	前　受　金	4,000	売　　上	9,000
	売　掛　金	5,000		

解説

① 商品などの引き渡しを受ける前に，手付金を支払った場合には，「前払金」勘定（資産）で処理する。

② 商品などの引き渡しを行う前に，手付金を受け取った場合には，「前受金」勘定（負債）で処理する。

SECTION 03 返品

基礎問題

日付	借方科目	金額	貸方科目	金額
(1)	仕　　入	10,000	買　掛　金	10,000
(2)	買　掛　金	2,000	仕　　入	2,000
(3)	売　掛　金	15,000	売　　上	15,000
(4)	売　　上	1,000	売　掛　金	1,000

①総仕入高　10,000 円　　純仕入高　8,000 円

②総売上高　15,000 円　　純売上高　14,000 円

解説

【損益計算書】

損益計算書

仕　　入	8,000	売　　上	14,000

練習問題　返品の処理

日付	借方科目	金額	貸方科目	金額
(1)	仕　　入	30,000	買　掛　金	30,000
(2)	買　掛　金	5,000	仕　　入	5,000
(3)	売　掛　金	40,000	売　　上	40,000
(4)	売　　上	2,500	売　掛　金	2,500

①総仕入高　30,000 円　　純仕入高　25,000 円

②総売上高　40,000 円　　純売上高　37,500 円

解答・解説編　CHAPTER 06　商品売買 | 207

解説

(1) 返品は売上または仕入の取り消しとして処理する。

(2) 売上及び仕入の損益計算書計上額は純売上高及び純仕入高である。

SECTION 04 約束手形

基礎問題

日付	借方科目	金　額	貸方科目	金　額
(1)	仕　　　入	3,000	支 払 手 形	3,000
(2)	支 払 手 形	3,000	当 座 預 金	3,000
(3)	受 取 手 形	5,000	売　　　上	5,000
(4)	当 座 預 金	5,000	受 取 手 形	5,000

練習問題　約束手形の処理

日付	借方科目	金　額	貸方科目	金　額
(1)	仕　　　入	2,500	支 払 手 形	2,500
(2)	支 払 手 形	2,500	当 座 預 金	2,500
(3)	受 取 手 形	3,000	売　　　上	3,000
(4)	当 座 預 金	3,000	受 取 手 形	3,000

解説

手形に関する債権・債務は「受取手形」勘定及び「支払手形」勘定を用いる。

SECTION 05 受取商品券

基礎問題

日付	借方科目	金　額	貸方科目	金　額
(1)	現　　　金	5,000	売　　　上	15,000
	受 取 商 品 券	10,000		
(2)	普 通 預 金	10,000	受 取 商 品 券	10,000

練習問題　商品券の処理

日付	借方科目	金　額	貸方科目	金　額
(1)	受 取 商 品 券	5,000	売　　　上	5,000
(2)	消 耗 品 費	5,000	受 取 商 品 券	5,000

解説

商品券を受け取った場合は、「受取商品券」勘定に計上し、商品券を使用した時点で「受取商品券」勘定の貸方に記帳する。

SECTION 06 クレジット売掛金

基礎問題

日付	借方科目	金　額	貸方科目	金　額
(1)	クレジット売掛金	4,850	売　　　上	5,000
	支 払 手 数 料	150		
(2)	普 通 預 金	4,850	クレジット売掛金	4,850

練習問題　クレジット払いの処理

日付	借方科目	金　額	貸方科目	金　額
(1)	クレジット売掛金	3,920	売　　　上	4,000
	支 払 手 数 料	80		
(2)	普 通 預 金	3,920	クレジット売掛金	3,920

解説

クレジットカード決済により商品を売り上げた場合、信販会社に対する債権は手数料を差し引いた金額になる点に留意すること。なお、手数料は「支払手数料」勘定として費用計上する。

SECTION 07 電子記録債権・電子記録債務

基礎問題

日付	借方科目	金　額	貸方科目	金　額
(1)	売 　掛　 金	50,000	売　　　上	50,000
(2)	電 子 記 録 債 権	50,000	売 　掛　 金	50,000
(3)	当 座 預 金	50,000	電 子 記 録 債 権	50,000

練習問題　電子記録債権・電子記録債務の処理

[問1] A社

日付	借方科目	金　額	貸方科目	金　額
(1)	電 子 記 録 債 権	5,000	売　　　上	5,000
(2)	当 座 預 金	5,000	電 子 記 録 債 権	5,000

[問2] B社

日付	借方科目	金　額	貸方科目	金　額
(1)	仕　　　入	5,000	電 子 記 録 債 務	5,000
(2)	電 子 記 録 債 務	5,000	当 座 預 金	5,000

解説

電子記録債権債務としての記録・管理は、債務者が「発生記録の請求」を行い、その通知が債権者になされることによって実現する。

SECTION 08 売掛金元帳と買掛金元帳

基礎問題

売掛金元帳

埼玉商事

日付		摘要	借方	貸方	借又は貸	残高
6	1	前月繰越	250,000		借	250,000
	5	入金		150,000	〃	100,000
	12	売上	190,000		〃	290,000
	15	返品		10,000	〃	280,000
	23	約束手形受け取り		30,000	〃	250,000
	28	売上	100,000		〃	350,000
	30	次月繰越		350,000		
			540,000	540,000		
7	1	前月繰越	350,000		借	350,000

解説

(1) 売掛金勘定の商事ごとの内訳明細を記録する補助簿を売掛金元帳(得意先元帳)という。よって,神奈川商事の取引のうち,埼玉商事との取引について記入する。

(2) 売掛金元帳の「摘要」欄には,取引の内容を売上・返品・値引き・入金など簡略に記入する。また,「借または貸」欄には,残高の貸借を記入するが,売掛金は資産勘定であるので「借」と記入する。

(3) 売掛金元帳の締切方法については,日付欄に月末の日付を,摘要欄に次月繰越を記入するとともに,貸方に月末の残高を記入する。

(4) 二重線で締め切った後,日付欄に翌月初の日付,摘要欄に前月繰越,借方欄と残高欄に繰り越された金額を記入する。

練習問題　売掛金勘定と売掛金元帳・買掛金勘定と買掛金元帳の関係

日付	借方科目	金額	貸方科目	金額
9. 1	仕　入	600,000	買掛金	600,000
3	売掛金	384,000	売上	384,000
8	買掛金	31,200	仕　入	31,200
10	仕　入	720,000	当座預金	240,000
			買掛金	480,000
11	買掛金	52,800	仕　入	52,800
15	売掛金	204,000	売上	204,000
18	買掛金	568,800	当座預金	568,800
20	仕　入	228,000	買掛金	228,000
21	売掛金	180,000	売上	180,000
24	売上	18,000	売掛金	18,000
25	仕　入	204,000	買掛金	204,000
27	買掛金	427,200	当座預金	427,200
29	当座預金	384,000	売掛金	384,000
30	現金	204,000	売掛金	204,000

総勘定元帳

売掛金

9. 3 売上	384,000	9.24 売上	18,000
9.15 売上	204,000	9.29 当座預金	384,000
9.21 売上	180,000	9.30 現金	204,000

買掛金

9. 8 仕入	31,200	9. 1 仕入	600,000
9.11 仕入	52,800	9.10 仕入	480,000
9.18 当座預金	568,800	9.20 仕入	228,000
9.27 当座預金	427,200	9.25 仕入	204,000

売掛金元帳

幕張商事

×年	摘要	借方	貸方	借/貸	残高
9. 3	売上	384,000		借	384,000
21	売上	180,000		〃	564,000
24	返品		18,000	〃	546,000
29	入金		384,000	〃	162,000

小岩商事

×年	摘要	借方	貸方	借/貸	残高
9.15	売上	204,000		借	204,000
30	入金		204,000	―	0

買掛金元帳

千葉商事

×年	摘要	借方	貸方	借/貸	残高
9. 1	仕入		600,000	貸	600,000
8	返品	31,200		〃	568,800
18	支払	568,800		―	0
25	仕入		204,000	貸	204,000

船橋商事

×年	摘要	借方	貸方	借/貸	残高
9.10	仕入		480,000	貸	480,000
11	返品	52,800		〃	427,200
20	仕入		228,000	〃	655,200
27	支払	427,200		〃	228,000

解説

本問は,通常の仕訳⇒勘定への記入に併せて「売掛金」・「買掛金」の各商事

の残高を把握するため，売掛金（得意先）・買掛金（仕入先）元帳への記入を行う。なお，売掛金・買掛金元帳の各商事の残高は，「売掛金」・「買掛金」勘定の残高と必ず一致する。

練習問題　売掛金元帳

売 掛 金 元 帳
埼 玉 商 事

日付		摘　　要	借　方	貸　方	借又は貸	残　高
6	1	前 月 繰 越	350,000		借	350,000
	5	入　　金		110,000	借	240,000
	12	売　　上	120,000		借	360,000
	15	返　　品		3,000	借	357,000
	28	売　　上	120,000		借	477,000
	30	次 月 繰 越		477,000		
			590,000	590,000		
7	1	前 月 繰 越	477,000		借	477,000

解説

① 「売掛金」勘定の商事ごとの内訳明細を記録する補助簿を売掛金元帳（得意先元帳）という。よって，神奈川商事の取引のうち，埼玉商事との売掛金の増減取引について記入する。

② 売掛金元帳の「摘要」欄には，取引の内容を売上・返品・入金など簡略に記入する。また，「借又は貸」欄には，残高の貸借を記入するが，「売掛金」勘定は資産であるので「借」と記入する。

③ 売掛金元帳の締め切り方法については，日付欄に月末の日付を，摘要欄に次月繰越を記入するとともに，貸方に月末の残高を記入する。

④ 二重線で締め切った後，日付欄に翌月初めの日付，摘要欄に前月繰越，借方欄と残高欄に繰り越された金額を記入する。

練習問題　買掛金元帳

買 掛 金 元 帳
山 口 商 事

日付		摘　　要	借　方	貸　方	借又は貸	残　高
6	1	前 月 繰 越		300,000	貸	300,000
	6	仕　　入		110,000	貸	410,000
	12	仕　　入		140,000	貸	550,000
	13	返　　品	30,000		貸	520,000
	28	支　　払	300,000		貸	220,000
	30	次 月 繰 越	220,000			
			550,000	550,000		
7	1	前 月 繰 越		220,000	貸	220,000

解説

① 「買掛金」勘定の商事ごとの内訳明細を記録する補助簿を買掛金元帳（仕入先元帳）という。よって，広島商事の取引のうち，山口商事との買掛金の

増減取引について記入する。

② 買掛金元帳の「摘要」欄には，取引の内容を仕入・返品・支払など簡略に記入する。また，「借又は貸」欄には，残高の貸借を記入するが，「買掛金」勘定は負債であるので「貸」と記入する。

③ 買掛金元帳の締め切り方法については，日付欄に月末の日付を，摘要欄に次月繰越を記入するとともに，借方に月末の残高を記入する。

④ 二重線で締め切った後，日付欄に翌月初めの日付，摘要欄に前月繰越，貸方欄と残高欄に繰り越された金額を記入する。

SECTION 09　人名勘定

基礎問題

日付	借 方 科 目	金　額	貸 方 科 目	金　額
(1)	仕　　　入	2,300	神 奈 川 商 事	2,200
			当 座 預 金	100
(2)	静 岡 商 事	1,500	売　　　上	1,500
	発 送 費	120	現　　　金	120
(3)	現　　　金	1,000	売　　　上	1,600
	愛 知 商 事	600		
(4)	神 奈 川 商 事	2,200	当 座 預 金	2,200

練習問題　人名勘定

日付	借 方 科 目	金　額	貸 方 科 目	金　額
4. 3	湯 島 商 事	350,000	売　　　上	350,000
	発 送 費	7,000	現　　　金	7,000
4. 7	仕　　　入	237,000	赤 坂 商 事	220,000
			当 座 預 金	17,000
4. 8	赤 坂 商 事	4,000	仕　　　入	4,000
4.16	現　　　金	110,000	売　　　上	360,000
	町 屋 商 事	250,000		
4.24	赤 坂 商 事	170,000	当 座 預 金	170,000
4.29	当 座 預 金	280,000	湯 島 商 事	280,000

湯 島 商 事

4.3 売　　上	350,000	4.29 当座預金	280,000

赤 坂 商 事

4.8 仕　　入	4,000	4.7 仕　　入	220,000
4.24 当座預金	170,000		

町 屋 商 事

4.16 売　　上	250,000		

210

解説

　本問は，「売掛金」・「買掛金」勘定の使用に替えて，得意先・仕入先の商事名を付した勘定（人名勘定）を用いる処理方法を採用している。

　一般的に会社ではどの商事に対し，売掛金または買掛金がいくらあるかを常に把握する必要がある。よって，会社では人名勘定を使用するか，勘定の補助として各商事の元帳を作成する必要がある。

　解答にあたっては，各商事が得意先であるか仕入先であるかを問題文よりしっかりと理解すること。

SECTION 10 受取手形記入帳・支払手形記入帳

基礎問題 1

(1)　（　　受取手形記入帳　　）

(2)

日付		借 方 科 目	金 額	貸 方 科 目	金 額
9	17	受 取 手 形	80,000	売　　　　上	80,000
10	21	当 座 預 金	80,000	受 取 手 形	80,000

解説

(1) 受取手形記入帳に記載されている取引は，すべて受取手形勘定を含んだ仕訳となる。

(2) 受取手形記入帳の摘要欄に，受取手形の発生の相手勘定・理由が記載される。

(3) 受取手形記入帳のてん末欄に，受取手形の消滅の日付・理由が記載される。

基礎問題 2

(1)　（　　支払手形記入帳　　）

(2)

日付		借 方 科 目	金 額	貸 方 科 目	金 額
7	7	仕　　　　入	40,000	支 払 手 形	40,000
7	18	買 　掛 　金	60,000	支 払 手 形	60,000
7	23	支 払 手 形	40,000	当 座 預 金	40,000
7	25	仕　　　　入	50,000	支 払 手 形	50,000

解説

(1) 支払手形記入帳に記載されている取引は，すべて支払手形勘定を含んだ仕訳となる。

(2) 支払手形記入帳の摘要欄に，支払手形の発生の相手勘定・理由が記載される。

(3) 支払手形記入帳のてん末欄に，支払手形の減少の日付・理由が記載される。

(4) 支払手形の決済は，通常，当座預金の減少となる。

練習問題　受取手形記入帳

(1)　（　　受取手形記入帳　　）

(2)

日付		借 方 科 目	金 額	貸 方 科 目	金 額
9	2	受 取 手 形	50,000	売　　　　上	50,000
9	23	受 取 手 形	30,000	売 　掛 　金	30,000
9	25	当 座 預 金	50,000	受 取 手 形	50,000

解説

(1) 受取手形記入帳に記載されている取引は，すべて受取手形勘定を含んだ仕訳となる。

(2) 受取手形記入帳の摘要欄に，受取手形の発生の相手勘定・理由が記載される。

(3) 受取手形記入帳のてん末欄に，受取手形の消滅の日時・理由が記載される。

練習問題　支払手形記入帳

(1)　（　　支払手形記入帳　　）

(2)

日付		借 方 科 目	金 額	貸 方 科 目	金 額
9	10	仕　　　　入	50,000	支 払 手 形	50,000
9	25	支 払 手 形	50,000	当 座 預 金	50,000
9	28	仕　　　　入	30,000	支 払 手 形	30,000

解説

(1) 支払手形記入帳に記載されている取引は，すべて支払手形勘定を含んだ仕訳となる。

(2) 支払手形記入帳の摘要欄に，支払手形の発生の相手勘定・理由が記載される。

(3) 支払手形記入帳のてん末欄に，支払手形の減少の日時・理由が記載される。

(4) 支払手形の決済は，通常，当座預金の減少となる。

SECTION 11 商品有高帳

基礎問題 1

商 品 有 高 帳

日付	摘 要	受 入			払 出			残 高		
		数量	単価	金額	数量	単価	金額	数量	単価	金額
4/ 1	前月繰越	20	100	2,000				20	100	2,000
4/ 8	仕　入	180	110	19,800				20	100	2,000
								180	110	19,800
4/15	売　上				20	100	2,000			
					140	110	15,400	40	110	4,400
4/22	仕　入	280	101	28,280				40	110	4,400
								280	101	28,280
4/26	売　上				40	110	4,400			
					260	101	26,260	20	101	2,020
4/30	次月繰越				20	101	2,020			
		480		50,080	480		50,080			

売上高 **95,000** 円　　売上原価 **48,060** 円　　売上総利益 **46,940** 円

解答・解説編　CHAPTER 06　商品売買┃211

解説

売上高：160 個×@ 200 円＋300 個×@ 210 円＝95,000 円

売上原価：2,000 円＋15,400 円＋4,400 円＋26,260 円＝48,060 円

売上総利益：95,000 円－48,060 円＝46,940 円

※ 売上原価の計算は差額で計算することができる。

2,000 円(月初在庫)＋48,080 円(仕入合計)－2,020 円(月末在庫)＝48,060 円

上記の計算式を勘定で表すと以下のようになる。

売上原価の算定

月初在庫 2,000 円	売上原価
	4/15　17,400 円
	4/26　30,660 円
	48,060 円
当月商品仕入高	
4/ 8　19,800 円	月末在庫
4/22　28,280 円	2,020 円
48,080 円	

基礎問題2

商品有高帳

日付	摘要	受入 数量	受入 単価	受入 金額	払出 数量	払出 単価	払出 金額	残高 数量	残高 単価	残高 金額
4/ 1	前月繰越	20	100	2,000				20	100	2,000
4/ 8	仕　入	180	110	19,800				200	109	21,800
4/15	売　上				160	109	17,440	40	109	4,360
4/22	仕　入	280	101	28,280				320	102	32,640
4/26	売　上				300	102	30,600	20	102	2,040
4/30	次月繰越				20	102	2,040			
		480		50,080	480		50,080			

売上高 **95,000** 円　　売上原価 **48,040** 円　　売上総利益 **46,960** 円

解説

売上高：160 個×@ 200 円＋300 個×@ 210 円＝95,000 円

売上原価：17,440 円＋30,600 円＝48,040 円

売上総利益：95,000 円－48,040 円＝46,960 円

※ 売上原価の計算は差額で計算することができる。

2,000 円(月初在庫)＋48,080 円(仕入合計)－2,040 円(月末在庫)＝48,040 円

上記の計算式を勘定で表すと以下のようになる。

売上原価の算定

月初在庫 2,000 円	売上原価
	4/15　17,440 円
	4/26　30,600 円
	48,040 円
当月商品仕入高	
4/ 8　19,800 円	月末在庫
4/22　28,280 円	2,040 円
48,080 円	

基礎問題3

商品有高帳

先入先出法　　　　　DVD 記録メディア

日付	摘要	受入 数量	受入 単価	受入 金額	払出 数量	払出 単価	払出 金額	残高 数量	残高 単価	残高 金額
8/ 1	前月繰越	10	700	7,000				10	700	7,000
8/ 6	仕　入	80	800	64,000				10	700	7,000
								80	800	64,000
8/ 8	売　上				10	700	7,000			
					20	800	16,000	60	800	48,000
8/10	仕　入	50	900	45,000				60	800	48,000
								50	900	45,000
8/21	仕入戻し				10	900	9,000	60	800	48,000
								40	900	36,000
8/24	売　上				60	800	48,000			
					30	900	27,000	10	900	9,000

売上原価の計算		売上総利益の計算	
月初商品棚卸高	**7,000**	売　上　高	**162,000**
当月商品仕入高	**100,000**	売　上　原　価	**98,000**
合　　計	**107,000**	売　上　総　利　益	**64,000**
月末商品棚卸高	**9,000**		
売　上　原　価	**98,000**		

解説

(1) 仕入返品 10 枚は「払出」欄に記入する。なお，商品の返品単価については，8 月 10 日に仕入れた単価（@ 900）を使用する。

(2) 売上原価の計算及び売上総利益の計算

売上原価勘定

月初商品棚卸高		売上原価			売上高		
7,000 円		8/ 8	23,000 円		8/ 8	36,000 円	
当月商品仕入高		8/24	75,000 円		8/24	126,000 円	
8/ 6	64,000 円		98,000 円			162,000 円	
8/10	45,000 円	月末商品棚卸高					
8/21	−9,000 円		9,000 円	売上総利益			
	100,000 円			64,000 円			

練習問題　商品有高帳①（先入先出法）

商品有高帳

日付	摘要	受　入			払　出			残　高		
		数量	単価	金額	数量	単価	金額	数量	単価	金額
4/ 1	前月繰越	50	100	5,000				50	100	5,000
4/ 7	仕　入	150	120	18,000				50	100	5,000
								150	120	18,000
4/16	売　上				50	100	5,000			
					50	120	6,000	100	120	12,000
4/20	仕　入	200	118	23,600				100	120	12,000
								200	118	23,600
4/27	売　上				100	120	12,000			
					150	118	17,700	50	118	5,900
4/30	次月繰越				50	118	5,900			
		400		46,600	400		46,600			

売上高　**57,000** 円　　売上原価　**40,700** 円　　売上総利益　**16,300** 円

解説

売上高：100 個×@ 170 円＋250 個×160 円＝57,000 円

売上原価：5,000 円＋6,000 円＋12,000 円＋17,700 円＝40,700 円

売上総利益：57,000 円−40,700 円＝16,300 円

① 商品有高帳は，払出高も原価で記帳する。先入先出法の場合には，売上時に先に仕入れた単価から順に「払出」欄に記入するため，一つの取引について異なる単価の商品が出荷されることがある。

② 先入先出法の場合には，仕入れ時に，「受入」欄に記入するとともに，先に仕入れた単価から順に「残高」欄に記入する。

③ 商品有高帳の作成方法

　4 月 16 日の払出欄…前月繰越の 50 個（@ 100）と 4 月 7 日の仕入分 50 個（@ 120）

　4 月 27 日の払出欄…4 月 7 日の仕入分 100 個（@ 120）と 4 月 20 日の仕入分 150 個（@ 118）

練習問題　商品有高帳②（移動平均法）

商品有高帳

日付	摘要	受　入			払　出			残　高		
		数量	単価	金額	数量	単価	金額	数量	単価	金額
4/ 1	前月繰越	50	100	5,000				50	100	5,000
4/ 7	仕　入	150	120	18,000				200	115	23,000
4/16	売　上				100	115	11,500	100	115	11,500
4/20	仕　入	200	118	23,600				300	117	35,100
4/27	売　上				250	117	29,250	50	117	5,850
4/30	次月繰越				50	117	5,850			
		400		46,600	400		46,600			

売上高　**57,000** 円　　売上原価　**40,750** 円　　売上総利益　**16,250** 円

解説

売上高：100 個×@ 170 円＋250 個×@ 160 円＝57,000 円

売上原価：11,500 円＋29,250 円＝40,750 円

売上総利益：57,000 円−40,750 円＝16,250 円

① 商品有高帳は，払出高も原価で記帳する。移動平均法の場合には，平均単価を用いて「払出」欄に記入する。なお，移動平均法の場合は，平均単価を用いるため，一つの取引について一行しか用いない。

② 移動平均法の場合には，仕入れ時に，「受入」欄に記入するとともに，「残高」欄の「数量」と「金額」を記入する。その後，「残高」欄の金額と数量を用いて，平均単価を計算する。

③ 商品有高帳の作成方法

　4 月 7 日の残高欄の平均単価と 4 月 16 日の払出欄の単価

　（5,000 円＋18,000 円）÷（50 個＋150 個）＝115 円／個

　4 月 20 日の残高欄の平均単価と 4 月 27 日の払出欄の単価

　（11,500 円＋23,600 円）÷（100 個＋200 個）＝117 円／個

練習問題　商品有高帳③（仕入帳および売上帳との関係）

商品有高帳

移動平均法　　　　　　　　　　パ　ソ　コ　ン

日付	摘要	受　入			払　出			残　高		
		数量	単価	金額	数量	単価	金額	数量	単価	金額
6/ 1	前月繰越	18	45,000	810,000				18	45,000	810,000
6/ 6	仕　入	12	40,000	480,000				30	43,000	1,290,000
6/15	売　上				17	43,000	731,000	13	43,000	559,000
6/20	仕　入	22	50,000	1,100,000				35	47,400	1,659,000
6/28	売　上				20	47,400	948,000	15	47,400	711,000

解答・解説編　CHAPTER 06　商品売買 213

| CHAPTER 01 | CHAPTER 02 | CHAPTER 03 | CHAPTER 04 | CHAPTER 05 | CHAPTER 06 | CHAPTER 07 | CHAPTER 08 | CHAPTER 09 | CHAPTER 10 | CHAPTER 11 | CHAPTER 12 | CHAPTER 13 | CHAPTER 14 | CHAPTER 15 |

売上原価の計算

月初商品棚卸高	810,000
当月商品仕入高	1,580,000
合　　　計	2,390,000
月末商品棚卸高	711,000
売　上　原　価	1,679,000

売上総利益の計算

売　上　高	2,550,000
売　上　原　価	1,679,000
売　上　総　利　益	871,000

解説

① 売上原価の計算及び売上総利益の計算と商品有高帳, 売上帳及び仕入帳の関係

売上原価の計算及び売上総利益の計算	商品有高帳	売上帳	仕入帳
月初商品棚卸高	前月繰越の残高欄	—	—
当月商品仕入高	前月繰越を除く受入欄の合計	—	○
月末商品棚卸高	当月の最終取引の残高欄	—	—
売上原価	払出欄の合計	—	—
売上高	—	○	—

② 商品有高帳の作成方法

(ⅰ) 受入欄…仕入帳より

(ⅱ) 6月6日の残高欄の平均単価と6月15日の払出欄の単価

(810,000円＋480,000円)÷(18個＋12個)＝43,000円／個

(ⅲ) 6月20日の残高欄の平均単価と6月28日の払出欄の単価

(559,000円＋1,100,000円)÷(13個＋22個)＝47,400円／個

③ 売上原価の計算及び売上総利益の計算

売上原価勘定

月初商品棚卸高　810,000 円	売上原価 6/15　　731,000 円 6/28　　948,000 円 　　　　1,679,000 円	売上高 6/15　1,190,000 円 6/28　1,360,000 円 　　　2,550,000 円
当月商品仕入高 6/6　　480,000 円 6/20　1,100,000 円 　　　1,580,000 円	月末商品棚卸高 711,000 円	売上総利益 871,000 円

練習問題　商品有高帳④ （仕入帳および売上帳との関係）

商品有高帳

先入先出法　　ＤＶＤ記録メディア

日付	摘要	受入 数量	受入 単価	受入 金額	払出 数量	払出 単価	払出 金額	残高 数量	残高 単価	残高 金額
4/ 1	前月繰越	200	75	15,000				200	75	15,000
4/12	仕　入	300	70	21,000				200 300	75 70	15,000 21,000
4/18	売　上				200 50	75 70	15,000 3,500	250	70	17,500
4/21	仕　入	270	80	21,600				250 270	70 80	17,500 21,600
4/22	仕入戻し				10	80	800	250 260	70 80	17,500 20,800
4/26	売　上				250 60	70 80	17,500 4,800	200	80	16,000

売上原価の計算

月初商品棚卸高	15,000
当月商品仕入高	41,800
合　　　計	56,800
月末商品棚卸高	16,000
売　上　原　価	40,800

売上総利益の計算

売　上　高	60,050
売　上　原　価	40,800
売　上　総　利　益	19,250

解説

① 仕入返品10枚は「払出」欄に記入する。なお, 商品の返品単価については, 4月21日に仕入れた単価(＠80)を使用する。

② 売上原価の計算及び売上総利益の計算と商品有高帳, 売上帳及び仕入帳の関係

売上原価の計算及び売上総利益の計算	商品有高帳	売上帳	仕入帳
月初商品棚卸高	前月繰越の残高欄	—	—
当月商品仕入高	前月繰越を除く受入欄の合計－仕入戻し額	—	○
月末商品棚卸高	当月の最終取引の残高欄	—	—
売上原価	払出欄の合計－仕入戻し額	—	—
売上高	—	○	—

③ 商品有高帳の作成方法

(ⅰ) 受入欄及び4月22日の仕入返品…仕入帳より

(ⅱ) 4月18日の払出欄…前月繰越の200個(＠75)と4月12日の仕入分50個(＠70)

(ⅲ) 4月26日の払出欄…4月12日の仕入分250個(＠70)と4月21日の仕入分60個(＠80)

④ 売上原価の計算及び売上総利益の計算

売上原価勘定

月初商品棚卸高 15,000 円	売上原価 4/18　18,500 円 4/26　22,300 円 40,800 円		売上高 4/18　27,500 円 4/26　32,550 円 60,050 円
当月商品仕入高 4/12　21,000 円 4/21　21,600 円 4/22　－800 円 41,800 円	月末商品棚卸高 16,000 円	売上総利益 19,250 円	

SECTION 12 分記法

基礎問題

日付	借 方 科 目	金　　額	貸 方 科 目	金　　額
(1)	商　　　　品	10,000	買　　掛　　金	10,000
(2)	売　　掛　　金	8,000	商　　　　品	6,000
			商 品 売 買 益	2,000

解説

商品

仕入れた 商品の原価 10,000	販売した 商品の原価 6,000
	在庫の原価 4,000

商品売買益

	商品の売買益 2,000

CHAPTER 07 現金預金

SECTION 01 現金

基礎問題

日付	借方科目	金額	貸方科目	金額
(1)	現金過不足	9,000	現　　　金	9,000
(2)	支払利息	12,000	受取利息	3,000
			現金過不足	9,000

解説

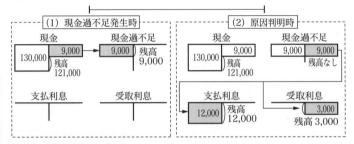

練習問題　現金過不足の処理

日付	借方科目	金額	貸方科目	金額
(1)	現金過不足	2,000	現　　　金	2,000
(2)	支払利息	3,500	受取利息	1,500
			現金過不足	2,000

解説

「現金」勘定を実際有高にするために，「現金」勘定の残高を修正し，その相手科目を「現金過不足」勘定として処理する。また，原因が判明した場合，「現金過不足」勘定から適切な勘定科目に振り替える。

練習問題　現金出納帳

現　金　出　納　帳

日付		摘　　要	収　入	支　出	残　高
10	19	前　週　繰　越	520,000		520,000
	19	売掛金の回収	200,000		720,000
	20	商品の仕入れ		120,000	600,000
	20	家賃の支払い		50,000	550,000
	22	当座預金への預け入れ		130,000	420,000
	23	現　金　の　不　足		1,000	419,000
	23	次　週　繰　越		419,000	
			720,000	720,000	
10	26	前　週　繰　越	419,000		419,000

解説

① 10月21日の当社発行商品券による商品の売上は，以下の仕訳となる。

(借方) 商　品　券	90,000	(貸方) 売　　　上	90,000

つまり，この仕訳は，「商品券」勘定（負債）の減少と「売上」勘定（収益）の増加を意味する。よって，現金に関する取引ではないので，現金出納帳には記帳されない。

② 現金出納帳の「摘要」欄には，取引の内容を売掛金の回収，仕入れ代金の支払い，当座預金への預け入れなど簡略に記入する。

③ 現金出納帳の締め切り方法については，日付欄に週末の日付を，摘要欄に次週繰越を記入するとともに，支出欄に次週繰越の金額を記入する。また，二重線で締め切った後，日付欄に翌週初めの日付，摘要欄に前週繰越，収入欄と残高欄に繰り越された金額を記入する。

SECTION 02 普通預金・当座預金

基礎問題

日付	借方科目	金額	貸方科目	金額
(1)	当座預金	1,000,000	現　　　金	1,000,000
(2)	当座預金	500,000	売　掛　金	500,000
(3)	仕　　　入	700,000	当座預金	700,000
(4)	水道光熱費	50,000	当座預金	50,000
(5)	当座預金	200,000	売　掛　金	200,000

練習問題　預金の処理

日付	借方科目	金額	貸方科目	金額
(1)	当座預金	1,500,000	現　　　金	1,500,000
(2)	当座預金	300,000	売　掛　金	300,000
(3)	仕　　　入	600,000	当座預金	600,000
(4)	水道光熱費	80,000	当座預金	80,000
(5)	普通預金	200,000	売　掛　金	200,000
(6)	当座預金	80,000	売　掛　金	80,000

解説

(5)のみ普通預金である点に留意すること。

練習問題　自己振出小切手

日付	借方科目	金額	貸方科目	金額
(1)	当座預金	300,000	受取手形	300,000
(2)	現　　　金	400,000	売　　　上	500,000
	当座預金	100,000		

解説

他人振り出しの小切手を受け取った場合は「現金」勘定の増加，自己振り出

しの小切手を受け取った場合は「当座預金」勘定の増加（減少の取消）で処理する。

練習問題　当座預金出納帳

日付	借方科目	金額	貸方科目	金額
6. 4	広告宣伝費	60,000	当座預金	60,000
6.10	当座預金	130,000	売上	170,000
	売掛金	40,000		
6.12	仕入	120,000	当座預金	120,000
6.20	当座預金	150,000	売掛金	150,000

当　座　預　金

6. 1	前月繰越	80,000	6. 4	広告宣伝費	60,000
6.10	売上	130,000	6.12	仕入	120,000
6.20	売掛金	150,000			

当　座　預　金　出　納　帳

×年		摘要	収入	支出	借又は貸	残高
6	1	前月繰越	80,000		借	80,000
	4	広告宣伝費の支払い		60,000	〃	20,000
	10	甲商事へ商品を販売	130,000		〃	150,000
	12	乙商事より商品を購入		120,000	〃	30,000
	20	丙商事から売掛代金の回収	150,000		〃	180,000
	30	次月繰越		180,000		
			360,000	360,000		
7	1	前月繰越	180,000		借	180,000

SECTION 03　小口現金

基礎問題

日付	借方科目	金額	貸方科目	金額
(1)	小口現金	3,000	当座預金	3,000
(2)	通信費	500	小口現金	2,300
	消耗品費	800		
	交通費	1,000		
(3)	小口現金	2,300	当座預金	2,300

練習問題　小口現金の処理

日付	借方科目	金額	貸方科目	金額
(1)	小口現金	5,000	当座預金	5,000
(2)	通信費	1,300	小口現金	2,950
	消耗品費	900		
	交通費	750		
(3)	小口現金	2,950	当座預金	2,950

解説

小口現金の支払額と同額を当座預金から補給し、「小口現金」勘定を一定額に戻すのが，定額資金前渡制度である。

練習問題　小口現金出納帳

小　口　現　金　出　納　帳

受入	日付		摘要	支払	内訳			
					通信費	交通費	消耗品費	雑費
3,500	11	26	前週繰越					
26,500		26	本日補給					
		26	文房具代	1,260			1,260	
		27	携帯電話料金代	6,300	6,300			
		27	新幹線乗車券代	5,000		5,000		
		28	接客食事代	8,400				8,400
		28	タクシー代	1,060		1,060		
		29	郵便切手・はがき代	1,000	1,000			
		30	コピー用紙代	4,500			4,500	
			合計	27,520	7,300	6,060	5,760	8,400
		30	次週繰越	2,480				
30,000				30,000				
2,480	12	3	前週繰越					
27,520		3	本日補給					

解説

① 小口現金出納帳の記入は，日付欄に日付を記入するとともに，摘要欄に支払いの内容，支払欄には金額を記入し，さらに，内訳欄にも金額を記入する。

　　11／26　文房具代　⇒　消耗品費
　　11／27　携帯電話料金代　⇒　通信費
　　11／27　新幹線乗車券代　⇒　交通費
　　11／28　接客食事代　⇒　雑費
　　11／28　タクシー代　⇒　交通費
　　11／29　郵便切手・はがき代　⇒　通信費
　　11／30　コピー用紙代　⇒　消耗品費

② 定額資金前渡制度を採用している場合における小口現金出納帳の締め切り方法については，まず，支払欄及び内訳の各科目欄の合計額を合計欄に記入し，縦・横の合計金額の一致を確認する。次に，次週繰越の支払欄に受入合計から支払合計を差し引いた金額を記入するとともに，小口現金出納帳を締め切る。さらに，前週繰越の受入欄に前週の次週繰越の金額を記入するとともに，本日補給の受入欄に前週の支払額の合計を記入する。

解答・解説編　CHAPTER 07　現金預金 217

CHAPTER
08　その他の期中取引

SECTION 01　有形固定資産

基礎問題

日付	借方科目	金　額	貸方科目	金　額
(1)	建　　物	5,300,000	当 座 預 金	5,300,000
(2)	土　　地	21,000,000	現　　金	10,500,000
			未 　払 　金	10,500,000

練習問題　有形固定資産の購入時の処理

日付	借方科目	金　額	貸方科目	金　額
(1)	建　　物	2,100,000	当 座 預 金	2,100,000
(2)	土　　地	6,500,000	現　　金	3,250,000
			未 　払 　金	3,250,000

解説

　資産が使用可能となるまでに支払った金額は付随費用であり，有形固定資産の取得原価に含めることになる。

練習問題　固定資産台帳

備　　　品

日　　付	摘要	借方	日　　付	摘要	貸方
×6年4月1日	前期繰越	8,000	×7年3月31日	次期繰越	15,500
×6年10月1日	普通預金	7,500			
		15,500			15,500

減価償却累計額

日　　付	摘要	借方	日　　付	摘要	貸方
×7年3月31日	次期繰越	4,750	×6年4月1日	前期繰越	3,000
			×7年3月31日	減価償却費	1,750
		4,750			4,750

解説

　備品Aは当期首から保有しているため期首残高が存在する一方で，備品Bは当期に取得しているため期首残高が存在しない点に留意すること。

SECTION 02　不動産の賃借

基礎問題

日付	借方科目	金　額	貸方科目	金　額
(1)	差 入 保 証 金	600,000	普 通 預 金	900,000
	支 払 手 数 料	200,000		
	支 払 家 賃	100,000		

練習問題　不動産の賃借取引

日付	借方科目	金　額	貸方科目	金　額
(1)	支 払 家 賃	450,000	普 通 預 金	1,470,000
	差 入 保 証 金	900,000		
	支 払 手 数 料	120,000		

解説

　敷金は返還されるため，支払額は資産の増加として処理する。対して，仲介手数料は返還されないため，費用の発生として処理する。

SECTION 03　手形貸付金・手形借入金

基礎問題

日付	借方科目	金　額	貸方科目	金　額
(1)	手 形 貸 付 金	500,000	当 座 預 金	480,000
			受 取 利 息	20,000
(2)	当 座 預 金	776,000	手 形 借 入 金	800,000
	支 払 利 息	24,000		

解説

(2)　800,000 円×6 %÷12ヶ月×6ヶ月＝24,000 円

練習問題　手形貸付金・手形借入金の処理

日付	借方科目	金　額	貸方科目	金　額
(1)	手 形 貸 付 金	700,000	当 座 預 金	660,000
			受 取 利 息	40,000
(2)	当 座 預 金	985,000	手 形 借 入 金	1,000,000
	支 払 利 息	15,000		

解説

　支払利息の計算方法は，以下の通りである。

1,000,000 円×6 %÷12ヶ月×3ヶ月＝15,000 円

SECTION 04　租税公課

基礎問題

日付	借方科目	金　額	貸方科目	金　額
(1)	租 税 公 課	3,000	当 座 預 金	3,000

練習問題　租税公課の処理

日付	借方科目	金　額	貸方科目	金　額
(1)	租 税 公 課	15,000	当 座 預 金	15,000

解説

　法人税等（法人税，住民税及び事業税）と消費税以外の税金は費用となる税金として「租税公課」勘定に計上する。

CHAPTER 09　期中取引におけるその他の諸論点

SECTION 01　訂正仕訳の取扱い

基礎問題

日付	借方科目	金　額	貸方科目	金　額
(1)	売　掛　金	120,000	支　払　手　形	120,000
(2)	売　掛　金	10,000	売　　　上	10,000

解説

(1) について

① 会社が行った誤った仕訳の逆仕訳

(借方) 売　掛　金	120,000	(貸方) 仕　　　入	200,000
(〃) 買　掛　金	80,000		

② 正しい仕訳

(借方) 仕　　　入	200,000	(貸方) 支　払　手　形	120,000
		(〃) 買　掛　金	80,000

③ 訂正仕訳

(借方) 売　掛　金	120,000	(貸方) 支　払　手　形	120,000

(2) について

① 会社が行った誤った仕訳の逆仕訳

(借方) 売　掛　金	5,000	(貸方) 売　　　上	5,000

② 正しい仕訳

(借方) 売　掛　金	5,000	(貸方) 売　　　上	5,000

③ 訂正仕訳

(借方) 売　掛　金	10,000	(貸方) 売　　　上	10,000

練習問題　訂正仕訳の取扱い①

	仕　　　　訳			
	借方科目	金　額	貸方科目	金　額
(1)	買　掛　金	300,000	支　払　手　形	300,000
(2)	売　掛　金	10,000	売　　　上	10,000

解説

本問は，訂正仕訳をするのではなく，正しい仕訳を解答する問題である。

(1) 買掛金の支払いを仕入れの計上としているので，問題の仕訳は誤りである。正しい仕訳は以下の通りである。

(借方) 買　掛　金	300,000	(貸方) 支　払　手　形	300,000

(2) 掛け売上の仕訳の貸借が逆になっているので，問題の仕訳は誤りである。

正しい仕訳は以下の通りである。

(借方) 売　掛　金	10,000	(貸方) 売　　　上	10,000

練習問題　訂正仕訳の取扱い②

	仕　　　　訳			
	借方科目	金　額	貸方科目	金　額
(1)	売　掛　金	110,000	前　受　金	110,000
(2)	受　取　利　息	20,000	現　金　過　不　足	20,000

解説

① 本問は，誤った仕訳を正しい仕訳にする訂正仕訳を解答する問題である。

② 実際に行った仕訳の逆仕訳を実施することにより実際に実施した仕訳を取消し，それに正しい仕訳を加えることにより訂正仕訳を導出する。

(1) について

（ⅰ）実際に実施した誤った仕訳

(借方) 当　座　預　金	200,000	(貸方) 売　掛　金	200,000

（ⅱ）誤った仕訳の逆仕訳

(借方) 売　掛　金	200,000	(貸方) 当　座　預　金	200,000

（ⅲ）正しい仕訳

(借方) 当　座　預　金	200,000	(貸方) 売　掛　金	90,000
		(〃) 前　受　金	110,000

（ⅳ）訂正仕訳（（ⅱ）と（ⅲ）を合算した仕訳）

(借方) 売　掛　金	110,000	(貸方) 前　受　金	110,000

〈訂正仕訳のポイント〉

借方において減少させすぎた売掛金を戻し，貸方で計上すべき前受金を計上する。

(2) について

（ⅰ）実際に実施した誤った仕訳

(借方) 支　払　保　険　料	25,000	(貸方) 受　取　利　息	10,000
		(〃) 現　金　過　不　足	15,000

（ⅱ）誤った仕訳の逆仕訳

(借方) 受　取　利　息	10,000	(貸方) 支　払　保　険　料	25,000
(〃) 現　金　過　不　足	15,000		

（ⅲ）正しい仕訳

(借方) 支　払　保　険　料	25,000	(貸方) 現　金　過　不　足	35,000
(〃) 受　取　利　息	10,000		

（ⅳ）訂正仕訳（（ⅱ）と（ⅲ）を合算した仕訳）

(借方) 受　取　利　息	20,000	(貸方) 現　金　過　不　足	20,000

解答・解説編　CHAPTER 09　期中取引におけるその他の諸論点 ┃ 219

〈訂正仕訳のポイント〉

　費用項目である支払保険料の計上洩れと収益項目である受取利息の二重計上の取り消しをする仕訳の合計である。

SECTION 02　補助簿と取引の関係

基礎問題1

	（ア）	（イ）	（ウ）
1.　現金出納帳	1	1	①
2.　当座預金出納帳	②	2	2
3.　仕入帳	③	3	3
4.　売上帳	4	④	4
5.　商品有高帳	⑤	⑤	5
6.　売掛金元帳	6	⑥	⑥
7.　買掛金元帳	7	7	7
8.　受取手形記入帳	8	⑧	8
9.　支払手形記入帳	⑨	9	9

解説

（ア）～（ウ）の取引の仕訳を示すと以下の通りである。

	記入される補助簿	（借　　方）	（貸　　方）	記入される補助簿
（ア）	（仕　入　帳）◄─仕　　　入　120,000	支払手形　80,000─►（支払手形記入帳）		
	（商品有高帳）	当座預金　40,000─►（当座預金出納帳）		
（イ）	（受取手形記入帳）◄─受取手形　90,000	売　　　上　150,000◄─►（売　上　帳）		
	（売掛金元帳）◄─売掛金　60,000	◄─►（商品有高帳）		
（ウ）	（現金出納帳）◄─現　　　金　50,000	売掛金　50,000─►（売掛金元帳）		

※　仕入取引，売上取引については，仕入帳及び売上帳のみならず，商品有高帳にも記入される。

基礎問題2

日　付	現金出納帳	当座預金出納帳	商品有高帳	売掛金元帳	買掛金元帳	受取手形記入帳	支払手形記入帳
3　8			○		○		○
12			○	○		○	
18	○		○	○			
20			○		○		

解説

　仕入帳及び売上帳に基づいて，各日付別に仕訳を示すと以下の通りである。

	記入される補助簿	（借　　方）		（貸　　方）	記入される補助簿
3/8	（商品有高帳）◄─仕　　　入　300,000		支払手形　200,000─►（支払手形記入帳）		
			買掛金　100,000─►（買掛金元帳）		
3/12	（受取手形記入帳）◄─受取手形　200,000	売　　　上　320,000─►（商品有高帳）			
	（売掛金元帳）◄─売掛金　120,000				
3/18	（現金出納帳）◄─現　　　金　250,000	売　　　上　360,000─►（商品有高帳）			
	（売掛金元帳）◄─売掛金　110,000				
3/20	（買掛金元帳）◄─買掛金　30,000	仕　　　入　30,000─►（商品有高帳）			

3／20　仕入返品は，商品有高帳に記入される。

練習問題　補助簿と取引の関係①

	（ア）	（イ）	（ウ）
1.　現金出納帳	1	①	①
2.　仕入帳	②	2	2
3.　売上帳	3	③	3
4.　商品有高帳	④	④	4
5.　売掛金元帳	5	5	⑤
6.　買掛金元帳	⑥	6	6
7.　受取手形記入帳	7	⑦	7
8.　支払手形記入帳	⑧	8	8

解説

①　上記のような問題は，（ア）～（ウ）の取引の仕訳をして考える。

	記入される補助簿	（借　　方）	（貸　　方）	記入される補助簿
（ア）	（仕　入　帳）	仕　　　入　80,000	支払手形　50,000	（支払手形記入帳）
	（商品有高帳）		買掛金　30,000	（買掛金元帳）
（イ）	（受取手形記入帳）	受取手形　90,000	売　　　上　120,000	（売　上　帳）
	（現金出納帳）	現　　　金　30,000		（商品有高帳）
（ウ）	（現金出納帳）	現　　　金　30,000	売掛金　30,000	（売掛金元帳）

②　仕入取引，売上取引については，仕入帳及び売上帳のみならず，商品有高帳にも記入される。

練習問題　補助簿と取引の関係②

日　付	現金出納帳	商品有高帳	売掛金元帳	買掛金元帳	受取手形記入帳	支払手形記入帳
12　8		○				○
12		○	○		○	
15	○	○				
18	○	○	○			
28		○	○			

解説

①　上記のような問題は，仕入帳及び売上帳に基づいて，各日付別に仕訳を考える。

	記入される補助簿	（借　　方）		（貸　　方）		記入される補助簿
12/ 8	（商品有高帳）	仕　　入	400,000	支払手形	250,000	（支払手形記入帳）
				買 掛 金	150,000	（買掛金元帳）
12/12	（受取手形記入帳）	受取手形	350,000	売　　上	440,000	（商品有高帳）
	（売掛金元帳）	売 掛 金	90,000			
12/15	（商品有高帳）	仕　　入	600,000	現　　金	600,000	（現金出納帳）
12/18	（現金出納帳）	現　　金	400,000	売　　上	600,000	（商品有高帳）
	（売掛金元帳）	売 掛 金	200,000			
12/28	（商品有高帳）	売　　上	50,000	売 掛 金	50,000	（売掛金元帳）

② 売上の返品については，実際に商品が入庫されるので，商品有高帳に記入される。

CHAPTER 10 決算手続Ⅰ

SECTION 01 有形固定資産の減価償却

基礎問題 1

[問1]

借方科目	金　額	貸方科目	金　額
減価償却費	180,000	建　物	180,000

（借方）	建　物	（貸方）	（借方）	減価償却費	（貸方）
4/1 現　金 1,000,000	3/31 減価償却費 180,000		3/31 建物　180,000		

[問2]

借方科目	金　額	貸方科目	金　額
減価償却費	180,000	減価償却累計額	180,000

（借方）	建　物	（貸方）	（借方）	減価償却累計額	（貸方）
4/1 現　金 1,000,000					3/31 減価償却費 180,000

（借方）	減価償却費	（貸方）
3/31 減価償却累計額 180,000		

解説

1. 減価償却費の算定

1,000,000 円（取得原価）×90 %÷5 年（耐用年数）＝180,000 円

2. 財務諸表の表示

【直接法】

	貸借対照表		損益計算書
建　物	820,000	減価償却費	180,000

【間接法】

	貸借対照表			損益計算書
建　物	1,000,000		減価償却費	180,000
減価償却累計額	△180,000	820,000		

基礎問題 2

借方科目	金　額	貸方科目	金　額
減価償却費	270,000	減価償却累計額	270,000

（借方）	備　品	（貸方）	（借方）	減価償却累計額	（貸方）
4/1 前期繰越 2,700,000				4/1 前期繰越 810,000	
				3/31 減価償却費 270,000	

（借方）	減価償却費	（貸方）
3/31 減価償却累計額 270,000		

解説

1. 減価償却費の算定

2,700,000 円（取得原価）÷10 年（耐用年数）＝270,000 円

2. 期首経過年数

810,000 円（期首減価償却累計額）÷270,000 円（毎年の減価償却費）＝3 年

3. 期末減価償却累計額

810,000 円（期首減価償却累計額）＋270,000 円（当期減価償却費）＝1,080,000 円

4. 財務諸表の表示

	貸借対照表			損益計算書
備　　品	2,700,000		減価償却費	270,000
減価償却累計額	△1,080,000	1,620,000		

基礎問題 3

日付	借方科目	金　額	貸方科目	金　額
（1）	減価償却累計額	1,200,000	建　物	2,000,000
	現　　金	500,000		
	固定資産売却損	300,000		
（2）	減価償却累計額	900,000	建　物	5,000,000
	未 収 入 金	3,500,000		
	固定資産売却損	600,000		

解説

×1 年 4 月 1 日～×3 年 3 月 31 日までの減価償却費：5,000,000 円×90 %÷10 年×2 年＝900,000 円

練習問題　有形固定資産の減価償却費①

借方科目	金　額	貸方科目	金　額
減価償却費	80,000	減価償却累計額	80,000

（借方）	建　物	（貸方）	（借方）	減価償却累計額	（貸方）
4/1 現　金 2,000,000					3/31 減価償却費 80,000

（借方）	減価償却費	（貸方）
3/31 減価償却累計額 80,000		

解説

1. 減価償却による建物の減少は，「減価償却累計額」勘定を用いる点に留意すること。

2.「減価償却費」の算定方法は，以下の通りである。

$2,000,000$ 円÷25 年＝80,000 円

3．財務諸表の表示

貸借対照表		損益計算書	
建　　物	2,000,000	減価償却費	80,000
減価償却累計額	△ 80,000　1,920,000		

練習問題　有形固定資産の減価償却費②

借方科目	金　　額	貸方科目	金　　額
減 価 償 却 費	240,000	減価償却累計額	240,000

(借方)	建　　物	(貸方)	(借方)	減価償却累計額	(貸方)
4/1 前期繰越	8,000,000			4/ 1 前期繰越	1,440,000
				3/31 減価償却費	240,000

(借方)	減価償却費	(貸方)
3/31 減価償却累計額 240,000		

解説

1．「減価償却費」の算定方法は，以下の通りである。

$8,000,000$ 円×90 ％÷30 年＝240,000 円

2．財務諸表の表示

貸借対照表		損益計算書	
建　　物	8,000,000	減価償却費　240,000	
減価償却累計額	△ 1,680,000　6,320,000		

練習問題　有形固定資産の売却時の処理

日付	借 方 科 目	金　　額	貸 方 科 目	金　　額
(1)	減価償却累計額	680,000	建　　物	1,000,000
	現　　金	150,000		
	固定資産売却損	170,000		
(2)	減価償却累計額	270,000	建　　物	1,000,000
	未 収 入 金	600,000		
	固定資産売却損	130,000		

解説

(2) の「減価償却累計額」の算定方法は，以下の通りである。

$1,000,000$ 円×90 ％÷10 年×3 年＝270,000 円

SECTION 02　売上原価の算定

基礎問題 1

借 方 科 目	金　　額	貸 方 科 目	金　　額
仕　　入	5,000	繰 越 商 品	5,000
繰 越 商 品	10,000	仕　　入	10,000

(借方)	繰越商品	(貸方)	(借方)	仕　入	(貸方)
4/ 1 前期繰越	5,000	3/31 仕　入 5,000	整理前T/B	120,000	3/31 繰越商品 10,000
3/31 仕　入	10,000				3/31 繰越商品 5,000

解説

1．売上原価の算定

$120,000$ 円(当期仕入高)＋5,000 円(期首商品棚卸高)－10,000 円(期末商品棚卸高)＝115,000 円

2．財務諸表の表示

貸借対照表		損益計算書	
商　　品	10,000	売上原価　115,000	売 上 高　160,000

基礎問題 2

借 方 科 目	金　　額	貸 方 科 目	金　　額
売 上 原 価	5,000	繰 越 商 品	5,000
売 上 原 価	120,000	仕　　入	120,000
繰 越 商 品	10,000	売 上 原 価	10,000

(借方)	繰越商品	(貸方)	(借方)	仕　入	(貸方)
4/ 1 前期繰越	5,000	3/31 売上原価 5,000	整理前T/B	120,000	3/31 売上原価 120,000
3/31 売上原価	10,000				

(借方)	売上原価	(貸方)
3/31 仕　　入 120,000		3/31 繰越商品 10,000
3/31 繰越商品	5,000	

解説

1．売上原価の算定

$120,000$ 円(当期仕入高)＋5,000 円(期首商品棚卸高)－10,000 円(期末商品棚卸高)＝115,000 円

2．財務諸表の表示

貸借対照表		損益計算書	
商　　品	10,000	売上原価　115,000	売 上 高　160,000

練習問題　売上原価の算定①

借 方 科 目	金　　額	貸 方 科 目	金　　額
仕　　入	30,000	繰 越 商 品	30,000
繰 越 商 品	45,000	仕　　入	45,000

(借方)	繰越商品	(貸方)	(借方)	仕　入	(貸方)
4/ 1 前期繰越	30,000	3/31 仕　入 30,000	整理前T/B	240,000	3/31 繰越商品 45,000
3/31 仕　入	45,000				3/31 繰越商品 30,000

解答・解説編　CHAPTER 10　決算手続Ⅰ　223

CHAPTER 01 / 02 / 03 / 04 / 05 / 06 / 07 / 08 / 09 / **10** / 11 / 12 / 13 / 14 / 15

解説

1. 売上原価を算定する場合は，期首商品棚卸高 30,000 円が（決算整理前残高）試算表の「繰越商品」勘定に計上されているため，その金額を「仕入」勘定に振り替える必要がある。また，期末商品棚卸高 45,000 円を「繰越商品」勘定の借方に計上し，「仕入」勘定の貸方に計上することにより，「仕入」勘定において売上原価が算定される。

2. 売上原価算定

30,000 円(期首商品棚卸高)＋240,000 円(当期商品仕入高)－45,000 円(期末商品棚卸高)＝225,000 円

3. 財務諸表の表示

貸借対照表	
商　　品　45,000	

損益計算書			
売上原価　225,000	売 上 高	360,000

練習問題　売上原価の算定②

[問 1]

借 方 科 目	金 額	貸 方 科 目	金 額
仕　　　　入	52,800	繰 越 商 品	52,800
繰 越 商 品	43,900	仕　　　　入	43,900

[問 2]

繰 越 商 品			
1. 1 前 期 繰 越	52,800	**12.31** 仕　　　　入	52,800
12.31 仕　　　　入	43,900		

仕　　　　入			
X.XX	673,100	**12.31** 繰 越 商 品	43,900
12.31 繰 越 商 品	52,800		

[問 3]

決算整理後残高試算表
×年 12 月 31 日

借　　方	勘 定 科 目	貸　　方
43,900	繰 越 商 品	
	売　　　　上	852,500
682,000	仕　　　　入	

解説

1. 売上原価の算定

52,800 円(期首商品棚卸高)＋673,100 円(当期商品仕入高)－43,900 円(期末商品棚卸高)＝682,000 円

練習問題　売上原価の算定③

[問 1]

借 方 科 目	金 額	貸 方 科 目	金 額
売 上 原 価	62,800	繰 越 商 品	62,800
売 上 原 価	697,900	仕　　　　入	697,900
繰 越 商 品	70,500	売 上 原 価	70,500

[問 2]

繰 越 商 品			
1. 1 前 期 繰 越	62,800	**12.31** 売 上 原 価	62,800
12.31 売 上 原 価	70,500		

売 上 原 価			
12.31 繰 越 商 品	62,800	**12.31** 繰 越 商 品	70,500
12.31 仕　　　　入	697,900		

[問 3]

決算整理後残高試算表
×年 12 月 31 日

借　　方	勘 定 科 目	貸　　方
70,500	繰 越 商 品	
	売　　　　上	986,000
690,200	売 上 原 価	

解説

1. 売上原価の算定

62,800 円(期首商品棚卸高)＋697,900 円(当期商品仕入高)－70,500 円(期末商品棚卸高)＝690,200 円

2. 売上原価勘定において，売上原価を算定する場合には，当期商品仕入高を仕入勘定から売上原価勘定に振り替える点に留意すること。

SECTION 03 貸倒引当金の設定

基礎問題 1

借 方 科 目	金 額	貸 方 科 目	金 額
貸 倒 損 失	500	売 掛 金	500

基礎問題 2

借 方 科 目	金 額	貸 方 科 目	金 額
貸倒引当金繰入	600	貸 倒 引 当 金	600

(借方)	売 掛 金	(貸方)
整理前 T／B 50,000		

(借方)	貸 倒 引 当 金	(貸方)
		整理前 T／B 400
		3/31 貸倒引当金繰入 600

224

(借方)	貸倒引当金繰入	(貸方)
3/31 貸倒引当金 600		

解説

1. 貸倒引当金繰入額

   50,000円(期末売掛金残高)×2%(貸倒引当金設定率)－400円(貸倒引当金残高)＝600円

2. 財務諸表の表示

	貸借対照表		損益計算書
売掛金	50,000	貸倒引当金繰入	600
貸倒引当金	△1,000 49,000		

基礎問題3

日付	借方科目	金額	貸方科目	金額
(1)	貸倒引当金	1,000	売掛金	1,000
(2)	貸倒引当金	2,000	売掛金	3,000
	貸倒損失	1,000		
(3)	貸倒損失	500	売掛金	500
(4)	現金	800	償却債権取立益	800

基礎問題4

<決算整理仕訳> (単位:円)

日付	借方科目	金額	貸方科目	金額
12/31	仕入	350,000	繰越商品	350,000
	繰越商品	400,000	仕入	400,000
12/31	貸倒引当金繰入	24,000	貸倒引当金	24,000
12/31	建物減価償却費	150,000	建物減価償却累計額	150,000
	備品減価償却費	90,000	備品減価償却累計額	90,000

解説

1. 貸倒引当金繰入の算定

   {700,000円(受取手形)＋2,000,000円(売掛金)}×2%＝54,000円…当期に設定すべき貸倒引当金

   ∴ 54,000円(要設定額)－30,000円(整理前T/Bの貸倒引当金)＝24,000円

2. 減価償却

   (1) 建物

   {5,000,000円(取得原価)－5,000,000円×10%(残存価額)}÷30年(耐用年数)＝150,000円

   (2) 備品

   {1,000,000円(取得原価)－1,000,000円×10%(残存価額)}÷10年(耐用年数)＝90,000円

<総勘定元帳>

(借方)	繰越商品	(貸方)
1/1 前期繰越 350,000	12/31 仕入 350,000
12/31 仕入 400,000	

(借方)	貸倒引当金	(貸方)
	1/1 前期繰越 30,000
	12/31 貸倒引当金繰入 24,000

(借方)	建物減価償却累計額	(貸方)
	1/1 前期繰越 300,000
	12/31 建物減価償却費 150,000

(借方)	備品減価償却累計額	(貸方)
	1/1 前期繰越 90,000
	12/31 備品減価償却費 90,000

(借方)	仕入	(貸方)
整理前T/B 2,500,000	12/31 繰越商品 400,000
12/31 繰越商品 350,000	

(借方)	貸倒引当金繰入	(貸方)
12/31 貸倒引当金 24,000	

(借方)	建物減価償却費	(貸方)
12/31 建物減価償却累計額 150,000	

(借方)	備品減価償却費	(貸方)
12/31 備品減価償却累計額 90,000	

貸借対照表
×年12月31日 (単位:円)

現金		4,000,000	買掛金	2,300,000
受取手形	700,000		資本金	6,000,000
貸倒引当金	△14,000	686,000	繰越利益剰余金	4,116,000
売掛金	2,000,000			
貸倒引当金	△40,000	1,960,000		
商品		400,000		
建物	5,000,000			
減価償却累計額	△450,000	4,550,000		
備品	1,000,000			
減価償却累計額	△180,000	820,000		
合計		12,416,000	合計	12,416,000

解説

受取手形の貸倒引当金:700,000円×2%＝14,000円

売掛金の貸倒引当金:2,000,000円×2%＝40,000円

繰越利益剰余金:3,330,000円(前T/B)＋786,000円(当期純利益)＝4,116,000円

損益計算書
×年1月1日～×年12月31日 (単位:円)

売上原価	2,450,000	売上	3,500,000
貸倒引当金繰入	24,000		
建物減価償却費	150,000		
備品減価償却費	90,000		
当期純利益	786,000		
合計	3,500,000	合計	3,500,000

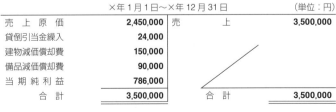

練習問題　貸倒れの処理①

借方科目	金　額	貸方科目	金　額
貸 倒 損 失	1,000	売 掛 金	1,000

解説

　得意先が倒産した場合,「売掛金」勘定を直接減額し,「貸倒損失」勘定(費用)を計上する。

練習問題　貸倒引当金の算定

借方科目	金　額	貸方科目	金　額
貸倒引当金繰入	800	貸 倒 引 当 金	800

(借方)　　　売掛金　　　(貸方)
整理前T/B 100,000

(借方)　　貸倒引当金　　(貸方)
整理前T/B 1,200
3/31 貸倒引当金繰入 800

(借方)　貸倒引当金繰入　(貸方)
3/31 貸倒引当金 800

解説

1.「貸倒引当金見積額」と「貸倒引当金繰入」の算定方法は,以下の通りである。

貸倒引当金見積額:100,000円×2%=2,000円

貸倒引当金繰入:2,000円-1,200円=800円

2. 財務諸表の表示

　　　　　　　貸借対照表　　　　　　　　損益計算書
売掛金　　　100,000　　　　　　貸倒引当金繰入 800
貸倒引当金　△2,000　98,000

練習問題　貸倒れの処理②

日付	借方科目	金　額	貸方科目	金　額
(1)	貸 倒 引 当 金	6,000	売 掛 金	6,000
(2)	貸 倒 引 当 金	1,000	売 掛 金	1,800
	貸 倒 損 失	800		
(3)	貸 倒 損 失	800	売 掛 金	800
(4)	現 金	1,200	償却債権取立益	1,200

解説

　前期販売分の売掛金の回収不能額が前期に設定した貸倒引当金で充足できる場合は,全額「貸倒引当金」を取り崩し,貸倒引当金で充足できない場合は,充足できない分を当期の費用として「貸倒損失」勘定に計上する。

　一方,当期販売分の売掛金の回収不能額は,全額「貸倒損失」勘定に計上する。また,前期に貸倒処理した売掛金の回収額は「償却債権取立益」勘定で処理する。

練習問題　総合問題(有形固定資産の減価償却費・売上原価の算定・貸倒引当金の算定)

<決算整理仕訳>

(単位:円)

日付	借方科目	金　額	貸方科目	金　額
12/31	仕 入	600,000	繰越商品	600,000
	繰越商品	750,000	仕 入	750,000
12/31	貸倒引当金繰入	22,000	貸倒引当金	22,000
12/31	建物減価償却費	150,000	建物減価償却累計額	150,000
	備品減価償却費	180,000	備品減価償却累計額	180,000

<総勘定元帳>

(借方)　　繰越商品　　(貸方)
1/1 前期繰越 600,000 | 12/31 仕入 600,000
12/31 仕入 750,000

(借方)　　貸倒引当金　　(貸方)
1/1 前期繰越 48,000
12/31 貸倒引当金繰入 22,000

(借方)　建物減価償却累計額　(貸方)
1/1 前期繰越 600,000
12/31 建物減価償却費 150,000

(借方)　備品減価償却累計額　(貸方)
1/1 前期繰越 180,000
12/31 備品減価償却費 180,000

(借方)　　仕　入　　(貸方)
整理前T/B 3,200,000 | 12/31 繰越商品 750,000
12/31 繰越商品 600,000

(借方)　貸倒引当金繰入　(貸方)
12/31 貸倒引当金 22,000

(借方)　建物減価償却費　(貸方)
12/31 建物減価償却累計額 150,000

(借方)　備品減価償却費　(貸方)
12/31 備品減価償却累計額 180,000

貸借対照表
×年12月31日

(単位:円)

現　　　金	1,000,000	買 掛 金	1,500,000
当 座 預 金	3,000,000	支 払 手 形	500,000
受 取 手 形 1,500,000		借 入 金	300,000
貸倒引当金 △30,000	1,470,000	資 本 金	5,500,000
売 掛 金 2,000,000		繰越利益剰余金	6,270,000
貸倒引当金 △40,000	1,960,000		
商　　　品	750,000		
建　　　物 5,000,000			
減価償却累計額 △750,000	4,250,000		
備　　　品 2,000,000			
減価償却累計額 △360,000	1,640,000		
合　計	14,070,000	合　計	14,070,000

226

	損益計算書				
	×年1月1日~×年12月31日			(単位:円)	
売 上 原 価	3,050,000	売	上	4,200,000	
貸倒引当金繰入	22,000				
建物減価償却費	150,000				
備品減価償却費	180,000				
当 期 純 利 益	798,000				
合 計	4,200,000	合 計		4,200,000	

解説

1. 貸倒引当金繰入の算定

   貸倒れ見積額:{1,500,000円(受取手形)+2,000,000円(売掛金)}×2%=70,000円

   貸倒引出金繰入:70,000円(要設定額)−48,000円(整理前T/Bの貸倒引当金)=22,000円

2. 減価償却費

   建物:{5,000,000円(取得原価)−5,000,000円×10%(残存価額)}÷30年(耐用年数)=150,000円

   備品:{2,000,000円(取得原価)−2,000,000円×10%(残存価額)}÷10年(耐用年数)=180,000円

3. 財務諸表の表示

   決算整理後の各勘定残高を写すことにより算定する。勘定残高から写せないものは以下のように算定する。

   (1) 貸借対照表

   受取手形の貸倒引当金:1,500,000円×2%=30,000円

   売掛金の貸倒引当金:2,000,000円×2%=40,000円

   繰越利益剰余金:5,472,000円(整理前T/B)+798,000円(当期純利益)=6,270,000円

   (2) 損益計算書

   当期純利益:4,200,000円(収益合計)−3,402,000円(費用合計)=798,000円

SECTION 04 費用・収益の前払い・前受けと未収・未払いの計上

基礎問題1

借方科目	金額	貸方科目	金額
前払保険料	3,000	支払保険料	3,000

(借方) 支払保険料 (貸方) (借方) 前払保険料 (貸方)
7/1 現　金 12,000 | 3/31 前払保険料 3,000   3/31 支払保険料 3,000

解説

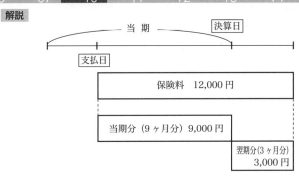

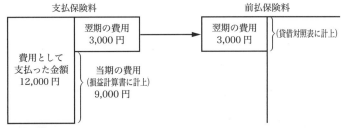

基礎問題2

借方科目	金額	貸方科目	金額
受取家賃	18,000	前受家賃	18,000

(借方) 受取家賃 (貸方) (借方) 前受家賃 (貸方)
3/31 前受家賃 18,000 | 1/1 現　金 24,000   3/31 受取家賃 18,000

解説

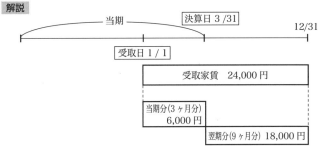

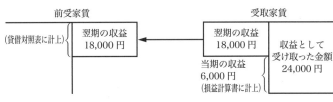

基礎問題 3

借方科目	金 額	貸方科目	金 額
支 払 家 賃	20,000	未 払 家 賃	20,000

(借方) 支払家賃 (貸方)　(借方) 未払家賃 (貸方)
3/31 未払家賃 20,000　　　　　　　　　　3/31 支払家賃 20,000

解説

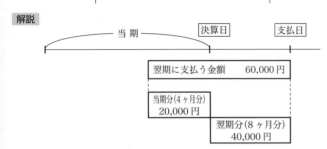

基礎問題 4

借方科目	金 額	貸方科目	金 額
支 払 利 息	30,000	未 払 利 息	30,000

※ 1,000,000 円×6％÷12ヶ月×6ヶ月＝30,000 円

(借方) 支払利息 (貸方)　(借方) 未払利息 (貸方)
12/31 未払利息 30,000　　　　　　　　　12/31 支払利息 30,000

解説

基礎問題 5

借方科目	金 額	貸方科目	金 額
未 収 地 代	350,000	受 取 地 代	350,000

※ 600,000 円×7ヶ月/12ヶ月＝350,000 円

(借方) 未収地代 (貸方)　(借方) 受取地代 (貸方)
3/31 受取地代 350,000　　　　　　　　　3/31 未収地代 350,000

解説

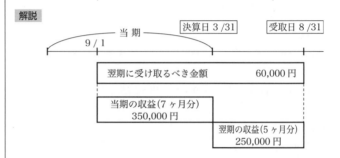

練習問題　費用の前払い

借方科目	金 額	貸方科目	金 額
前 払 保 険 料	16,000	支 払 保 険 料	16,000

(借方) 支払保険料 (貸方)　(借方) 前払保険料 (貸方)
8/1 現　金 48,000 | 3/31 前払保険料 16,000　　3/31 支払保険料 16,000

解説

1. 前払費用とは，現金の支払いは既に行っているが，サービスの提供を受けていないものをいう。ここで，来期にそのサービスの提供を受ける権利を有しているため，資産に計上する。
2. 前払保険料の算定
   48,000 円×4ヶ月／12ヶ月＝16,000 円

3. 財務諸表の表示

貸借対照表	損益計算書
前払保険料　16,000	支払保険料　32,000

練習問題　収益の前受け

借方科目	金　額	貸方科目	金　額
受　取　家　賃	**15,000**	前　受　家　賃	**15,000**

（借方）　　受取家賃　　（貸方）	（借方）　　前受家賃　　（貸方）
3/31 前受家賃 15,000 ┊ 2/1 現　金　18,000	┊ **3/31 受取家賃　15,000**

解説

1. 前受収益とは，現金の受け取りは既に行っているが，サービスの提供を行っていないものをいう。ここで，来期にそのサービスを提供する義務を有しているため，負債に計上する。

2. 前受家賃

　　18,000 円×10ヶ月／12ヶ月＝15,000 円

3. 財務諸表の表示

貸借対照表	損益計算書
前受家賃　　15,000	受取家賃　　　3,000

練習問題　費用の未払い①

借方科目	金　額	貸方科目	金　額
支　払　家　賃	**15,000**	未　払　家　賃	**15,000**

（借方）　　支払家賃　　（貸方）	（借方）　　未払家賃　　（貸方）
12/31 未払家賃 15,000 ┊	┊ **12/31 支払家賃 15,000**

解説

1. 未払費用とは，現金はいまだ支払っていないが，既にサービスの提供を受けているものをいう。ここで，当期の費用について来期に支払う義務を有しているため，負債に計上する。

2. 未払家賃

　　3,000 円×5ヶ月＝15,000 円

3. 財務諸表の表示

貸借対照表	損益計算書
未払家賃　　15,000	支払家賃　　15,000

練習問題　費用の未払い②

借方科目	金　額	貸方科目	金　額
支　払　利　息	**112,500**	未　払　利　息	**112,500**

（借方）　　支払利息　　（貸方）	（借方）　　未払利息　　（貸方）
12/31 未払利息 112,500 ┊	┊ **12/31 支払利息 112,500**

解説

1. 未払費用とは，現金はいまだ支払っていないが，既にサービスの提供を受けているものをいう。ここで，当期の費用について来期に支払う義務を有しているため，負債に計上する。

2. 未払利息

　　3,000,000 円×5 ％÷12ヶ月×9ヶ月＝112,500 円

3. 財務諸表の表示

貸借対照表	損益計算書
未払利息　　112,500	支払利息　　112,500

練習問題　収益の未収

借方科目	金　額	貸方科目	金　額
未　収　地　代	**78,000**	受　取　地　代	**78,000**

（借方）　　未収地代　　（貸方）	（借方）　　受取地代　　（貸方）
3/31 受取地代　78,000 ┊	┊ **3/31 未収地代　78,000**

解説

1. 未収収益とは，現金はいまだ受け取っていないが，既にサービスの提供を行ったものをいう。ここで，当期の収益に対する受け取りを行う権利を有しているため，資産に計上する。

2. 未収地代

　　234,000 円×4ヶ月／12ヶ月＝78,000 円

3. 財務諸表の表示

貸借対照表	損益計算書
未収地代　78,000	受取地代　　　78,000

解答・解説編　CHAPTER 10　決算手続 I　229

決算手続 II

SECTION 01 勘定の締め切り

基礎問題

	借方科目	金額	貸方科目	金額
(1)	売　　　上	760,000	損　　　益	830,000
	受 取 家 賃	70,000		
(2)	損　　　益	230,000	繰越利益剰余金	230,000

(借方)　　売　　　　上　　(貸方)
2/10 売掛金　40,000　｜ 6/15 売掛金　750,000
3/31 損　益　760,000　｜ 8/10 現　金　50,000
　　　　　　　　　　　｜ 3/31 損　益　70,000

(借方)　　　損　　　　益　　(貸方)
3/31 諸費用　600,000　｜ 3/31 売　上　760,000
3/31 繰越利益剰余金 230,000｜3/31 受取家賃 70,000

(借方)　　繰越利益剰余金　　(貸方)
　　　　　　　　　　　｜ 4/1 前期繰越　300,000
　　　　　　　　　　　｜ 3/31 損　益　230,000

| 損益計算書の当期純利益 | 230,000 | 貸借対照表の繰越利益剰余金 | 530,000 |

解説

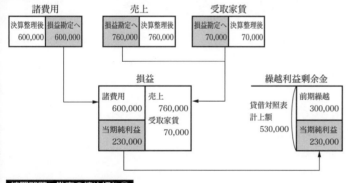

練習問題　勘定の締め切り①

　　　　　　　　　　　仕　　入
　総 仕 入 高　3,000,000　｜ 仕 入 戻 し 高　120,000
12/31 繰 越 商 品　180,000　｜12/31 繰 越 商 品　240,000
　　　　　　　　　　　　　　｜12/31 損　　　益　2,820,000
　　　　　　　　　　3,180,000　｜　　　　　　　　3,180,000

　　　　　　　　　　　売　　上
　売 上 戻 り 高　80,000　｜ 総 売 上 高　4,500,000
12/31 損　　益　4,420,000　｜
　　　　　　　　4,500,000　｜　　　　　　　4,500,000

　　　　　　　　　　繰越商品
1/1 前期繰越　180,000　｜12/31 仕　　入　180,000
12/31 仕　　入　240,000　｜12/31 次期繰越　240,000
　　　　　　　420,000　｜　　　　　　　420,000
1/1 前期繰越　240,000　｜

　　　　　　　　　　　損　　益
12/31 仕　　入　2,820,000　｜12/31 売　　上　4,420,000

解説

① 「仕入」勘定で売上原価を算定する仕訳（⇒期首商品と期末商品を仕入に加減する）

期首商品棚卸高

| (借方) | 仕　　入 | 180,000 | (貸方) | 繰 越 商 品 | 180,000 |

期末商品棚卸高

| (借方) | 繰 越 商 品 | 240,000 | (貸方) | 仕　　入 | 240,000 |

② 売上原価と売上を「損益」勘定に集計する仕訳

［売上原価を「損益」勘定に集計する仕訳］

| (借方) | 損　　益 | 2,820,000 | (貸方) | 仕　　入 | 2,820,000 |

売上原価＝期首 180,000 円＋純仕入高(総仕入高 3,000,000 円－仕入戻し 120,000 円)－期末 240,000 円＝2,820,000 円

［売上（純売上高）を「損益」勘定に集計する仕訳］

| (借方) | 売　　上 | 4,420,000 | (貸方) | 損　　益 | 4,420,000 |

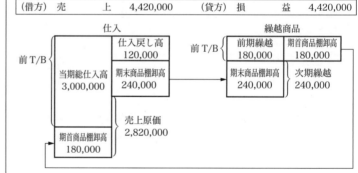

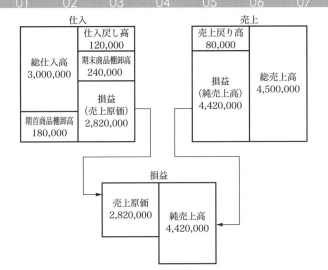

練習問題　勘定の締め切り②

記号	勘定科目	記号	金額
(ア)	前受利息	(a)	1,200
(イ)	未収利息	(b)	8,400
(ウ)	受取利息	(c)	2,400
(エ)	受取利息	(d)	12,000
(オ)	受取利息		

解説

　このような勘定から取引を推定するような問題については、日付に注意し、日付から仕訳を推定する。まず、勘定に1月1日があるのは、前受利息と受取利息なので、1月1日の仕訳は、前期の前受収益の計上の再振替仕訳と推定することができる。

| (借方) | 前受利息 | 1,200 | (貸方) | 受取利息 | 1,200 |

　次に、勘定に12月31日があるのは、未収利息と受取利息なので、12月31日の仕訳は、未収利息の計上と推定することができる。

| (借方) | 未収利息 | 2,400 | (貸方) | 受取利息 | 2,400 |

　さらに、「受取利息」勘定の分析（差額）により、6月28日に現金で受領した金額を求める。

| (借方) | 現金 | 8,400 | (貸方) | 受取利息 | 8,400 |

12,000円（損益勘定の受取利息）－1,200円（前受利息）－2,400円（未収利息）＝8,400円

　最後に、受取利息を「損益」勘定に振り替える。

| (借方) | 受取利息 | 12,000 | (貸方) | 損益 | 12,000 |

練習問題　勘定の締め切り③

```
                    繰　越　商　品
 1/ 1 前 期 繰 越   350,000 | 12/31 仕       入   350,000
12/31 仕       入   380,000 | 12/31 次 期 繰 越   380,000
                    730,000 |                     730,000
 1/ 1 前 期 繰 越   380,000 |

                      売         上
            売上返品高  100,000 |         総売上高  6,500,000
12/31 損       益 6,400,000 |
                  6,500,000 |                   6,500,000

                      仕         入
            総仕入高  5,000,000 |         仕入返品高  150,000
12/31 繰 越 商 品   350,000 | 12/31 繰 越 商 品   380,000
                            | 12/31 損       益 4,820,000
                  5,350,000 |                   5,350,000

                      損         益
12/31 仕       入 4,820,000 | 12/31 売       上 6,400,000
```

解説

1．「仕入」勘定で売上原価を算定する仕訳（⇒期首商品と期末商品を仕入に加減する）

① 期首商品棚卸高

| (借方) | 仕　入 | 350,000 | (貸方) | 繰越商品 | 350,000 |

② 期末商品棚卸高

| (借方) | 繰越商品 | 380,000 | (貸方) | 仕　入 | 380,000 |

［期末商品棚卸高の算出方法］
（ⅰ）期末商品棚卸数量を計算する。
　250個＋550個－400個＝400個
（ⅱ）期末商品の単価を算定する。
　先入先出法は先に仕入れた商品から順次払い出しが行われたと仮定し、払出単価を決定する方法なので、期末商品の単価は最終仕入単価の@950である。
（ⅲ）期末商品棚卸高を計算する。
　400個×@950円＝380,000円

2．売上原価と売上を「損益」勘定に集計する仕訳

① 売上原価を「損益」勘定に集計する仕訳

| (借方) | 損　益 | 4,820,000 | (貸方) | 仕　入 | 4,820,000 |

売上原価＝期首350,000円＋純仕入高（総仕入高5,000,000円－仕入返品150,000円）－期末380,000円＝4,820,000円

② 売上（純売上高）を「損益」勘定に集計する仕訳

（借方）売 上	6,400,000	（貸方）損 益	6,400,000

練習問題　勘定の締め切り④

	仕　　　訳			
	借 方 科 目	金 額	貸 方 科 目	金 額
（1）	売　　　　上	720,000	損　　　益	775,000
	受 取 家 賃	55,000		
（2）	繰越利益剰余金	125,000	損　　　益	125,000

解説

① 収益の諸勘定の残高を「損益」勘定の貸方に振り替えるための仕訳を行う。

② 「損益」勘定の差額により純利益または純損失を求め，「繰越利益剰余金」勘定に振り替える仕訳を行う。

なお，「損益」勘定の差額が借方残（費用＞収益）のときは純損失を示すので，「損益」勘定から「繰越利益剰余金」勘定へ振り替える仕訳では，繰越利益剰余金の減少となる。一方，貸方残（費用＜収益）のときは純利益を示すので，「損益」勘定から「繰越利益剰余金」勘定へ振り替える仕訳では，繰越利益剰余金の増加となる。

売　　上

売 掛 金	60,000	売 掛 金	700,000
		現 金	80,000
差額（損益勘定へ）	720,000		
	780,000		780,000

受 取 家 賃

前 受 家 賃	15,000	現 金	70,000
差額（損益勘定へ）	55,000		
	70,000		70,000

損　　益

費 用	900,000	売 上	720,000
		受 取 家 賃	55,000
		純損失（繰越利益剰余金勘定へ）	125,000
	900,000		900,000

SECTION 02 財務諸表の作成

基礎問題

損 益 計 算 書

×5年1月1日から×5年12月31日

費　　用	金　額	収　　益	金　額
売 上 原 価	2,741,400	売 上 高	3,907,800
給　　　料	532,800	受 取 利 息	8,100
広 告 料	149,400		
支 払 保 険 料	30,240		
貸倒引当金繰入	14,760		
減 価 償 却 費	55,800		
支 払 利 息	7,200		
当 期 純 利 益	384,300		
	3,915,900		3,915,900

貸 借 対 照 表

×5年3月31日現在

資　　産	金　額		負債及び純資産	金　額
現　　　金		162,000	支 払 手 形	115,200
当 座 預 金		216,000	買 掛 金	149,400
売 掛 金	444,600		借 入 金	360,000
貸倒引当金	△ 21,600	423,000	未 払 費 用	900
商　　　品		518,400	資 本 金	1,296,000
前 払 費 用		4,320	繰越利益剰余金	384,300
未 収 収 益		6,480		
建　　　物	936,000			
建物減価償却累計額	△ 140,400	795,600		
土　　　地		180,000		
		2,305,800		2,305,800

解説

貸借対照表を作成する上で，以下の点を留意する必要がある。

貸借対照表への記載

（ア）貸倒引当金…………売掛金から控除する形式　⇒　資産の部

（イ）建物減価償却累計額…建物から控除する形式　⇒　資産の部

（ウ）前払保険料…………前払費用　　　　　　　　⇒　資産の部

（エ）未収利息……………未収収益　　　　　　　　⇒　資産の部

（オ）未払利息……………未払費用　　　　　　　　⇒　負債の部

練習問題　貸借対照表と損益計算書の作成①

損 益 計 算 書
×5年1月1日から×5年12月31日

費　　用	金　　額	収　　益	金　　額
売 上 原 価	1,523,000	売 上 高	2,171,000
給　　料	296,000	受 取 利 息	4,500
広 告 料	83,000		
支 払 保 険 料	16,800		
貸倒引当金繰入	8,200		
減 価 償 却 費	31,000		
支 払 利 息	4,000		
当 期 純 利 益	213,500		
	2,175,500		2,175,500

貸 借 対 照 表
×5年12月31日現在

資　　産	金　　額		負債及び純資産	金　　額
現　　金		90,000	支 払 手 形	64,000
当 座 預 金		120,000	買 掛 金	83,000
売 掛 金	247,000		借 入 金	200,000
貸倒引当金	△12,000	235,000	未 払 費 用	500
商　　品		288,000	資 本 金	720,000
前 払 費 用		2,400	繰越利益剰余金	213,500
未 収 収 益		3,600		
建　　物	520,000			
建物減価償却累計額	△78,000	442,000		
土　　地		100,000		
		1,281,000		1,281,000

解説

1. 貸借対照表を作成する上で，以下の点を留意する必要がある。

　　　　　　　　　　　　　　　　　　　　　　　貸借対照表への記載

①貸倒引当金…………売掛金から控除する形式　⇒　資産の部
②建物減価償却累計額…建物から控除する形式　⇒　資産の部
③前払保険料…………前払費用で表示する　　　⇒　資産の部
④未収利息……………未収収益で表示する　　　⇒　資産の部
⑤未払利息……………未払費用で表示する　　　⇒　負債の部

2. 貸借対照表及び損益計算書の構成要素は，以下の通りである。よって，残高試算表の各項目を資産，負債，資本（純資産），収益及び費用に振り分ける必要がある。

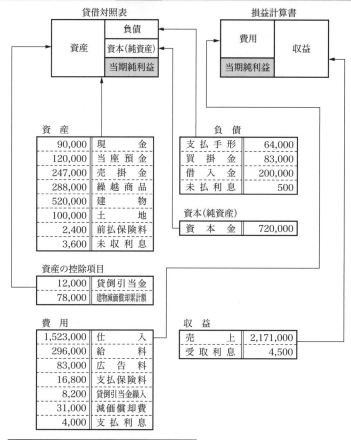

練習問題　貸借対照表と損益計算書の作成②

損 益 計 算 書
×5年4月1日から×6年3月31日

費　　用	金　　額	収　　益	金　　額
売 上 原 価	2,498,500	売 上 高	4,530,000
販 売 費	475,500	受 取 手 数 料	23,000
給　　料	375,000	受 取 配 当 金	7,700
支 払 保 険 料	34,500	雑　　益	800
減 価 償 却 費	150,000		
貸倒引当金繰入	9,400		
支 払 利 息	9,000		
固定資産売却損	3,000		
当 期 純 利 益	1,006,600		
	4,561,500		4,561,500

貸借対照表
×6年12月31日現在

資 産	金 額	負債及び純資産	金 額
現 金	123,000	支 払 手 形	177,000
受 取 手 形 126,000		買 掛 金	149,400
貸 倒 引 当 金 △6,300	119,700	借 入 金	300,000
売 掛 金 114,000		前 受 収 益	4,500
貸 倒 引 当 金 △5,700	108,300	未 払 費 用	600
未 収 金	147,000	資 本 金	3,340,000
商 品	127,500	繰越利益剰余金	1,006,600
前 払 費 用	7,600		
建 物 3,000,000			
建物減価償却累計額 △486,000	2,514,000		
備 品 500,000			
備品減価償却累計額 △169,000	331,000		
土 地	1,500,000		
	4,978,100		4,978,100

解説

1. 本問は，決算整理後残高試算表に空欄があるので，まず，決算整理後残高試算表を完成させてから，損益計算書と貸借対照表を作成する。

① 仕入（売上原価）

参考資料（1）より，期首の商品棚卸高と当期商品仕入高の金額が判明し，決算整理後残高試算表より期末の商品棚卸高の金額が判明する。よって，決算整理後残高試算表の仕入勘定の金額は，2,498,500円となる。

期首の商品棚卸高 126,000	売上原価 2,498,500 (貸借差額)	⇒「損益」勘定へ
当期商品仕入高 2,500,000		
	期末の商品棚卸高 127,500	

② 貸倒引当金及び貸倒引当金繰入

参考資料（2）より，受取手形及び売掛金の残高に5％を乗じた金額が「貸倒引当金」勘定となる。また，差額補充法を採用しているので，決算整理後の残高と決算整理前の残高の差額が「貸倒引当金繰入」勘定となる。

受取手形：126,000円×5％＝　6,300円
売 掛 金：114,000円×5％＝　5,700円
　　　　　　　　　　　　　12,000円　⇒「貸倒引当金」勘定へ

12,000円－2,600円＝9,400円　⇒「貸倒引当金繰入」勘定へ

③ 減価償却費及び売上

「減価償却費」勘定および「売上」勘定の金額は借方・貸方合計が，9,200,000円なので，減価償却費，売上以外の借方・貸方合計を控除して求める。

減価償却費：9,200,000円－9,050,000円＝　150,000円
　　　　　　　　　　　　　　　　　⇒「減価償却費」勘定へ
売　　上：9,200,000円－4,670,000円＝4,530,000円　⇒「売上」勘定へ

2. 貸借対照表及び損益計算書の構成要素は，以下の通りである。よって，残高試算表の各項目を資産，負債，資本（純資産），収益及び費用に振り分ける必要がある。

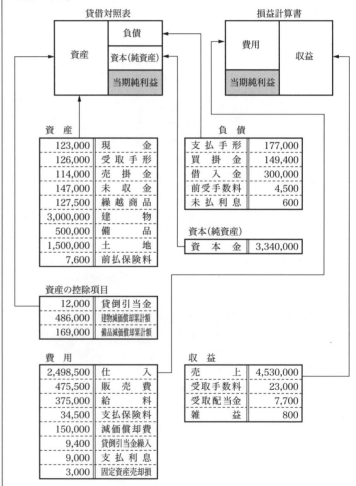

練習問題　貸借対照表と損益計算書の作成③

損 益 計 算 書
×5年3月1日から×6年2月28日

費　用	金　額	収　益	金　額
売 上 原 価	952,000	売 上 高	1,500,000
給　　料	280,000	受 取 手 数 料	120,000
貸倒引当金繰入	7,200		
減 価 償 却 費	18,000		
租 税 公 課	21,200		
支 払 保 険 料	1,400		
支 払 利 息	3,400		
当 期 純 利 益	336,800		
	1,620,000		1,620,000

貸 借 対 照 表
×6年2月28日現在

資　産	金　額		負債及び純資産	金　額
現　　金		145,000	買 掛 金	315,000
当 座 預 金		258,000	借 入 金	300,000
売 掛 金	500,000		未 払 費 用	400
貸倒引当金	△26,200	473,800	資 本 金	2,000,000
商　　品		480,000	繰越利益剰余金	336,800
貯 蔵 品		2,800		
前 払 費 用		600		
建　　物	600,000			
建物減価償却累計額	△208,000	392,000		
土　　地		1,200,000		
		2,952,200		2,952,200

解説

本問は、決算整理前残高試算表に空欄があるので、まず、決算整理前残高試算表を完成させてから、次に決算仕訳の空欄を埋め、最後に損益計算書と貸借対照表を作成する。

1. 決算整理前残高試算表の空欄推定

繰越商品：〔資料Ⅱ〕決算仕訳の（1）より 420,000 円

給料：〔資料Ⅱ〕決算仕訳の（7）より 280,000 円

2. 決算仕訳の空欄推定

① 「仕入」勘定で売上原価の算定

（借方）	仕　　入	420,000	（貸方）	繰 越 商 品	420,000
（借方）	繰 越 商 品	480,000	（貸方）	仕　　入	480,000

② 貸倒引当金の設定（差額補充法による）

（借方）（貸倒引当金繰入）	7,200	（貸方）（貸倒引当金）	7,200

③ 建物の減価償却費の計上

（借方）（減価償却費）	18,000	（貸方）（建物減価償却累計額）	18,000

④ 収入印紙の未消費分の計上

未消費分の計上であるので、2,800円を「貯蔵品」勘定として資産に計上し、次期に繰り越す。

（借方）（貯 蔵 品）	2,800	（貸方）（租 税 公 課）	2,800

⑤ 前払保険料の計上

支払保険料のうち、600円を「前払費用」勘定として資産に計上し、次期に繰り越す。

（借方）（前払保険料）	600	（貸方）（支払保険料）	600

⑥ 未払利息の計上

未払分の400円を「支払利息」勘定として費用に、「未払費用」勘定として負債に計上し、次期に繰り越す。

（借方）（支 払 利 息）	400	（貸方）（未 払 利 息）	400

⑦ 収益および費用の諸勘定残高を「損益」勘定に振り替え

（借方）	売　　上	1,500,000	（貸方）	損　　益	(1,620,000)
（〃）	（受取手数料）	(120,000)			
（借方）	損　　益	(1,283,200)	（貸方）	仕　　入	(952,000)
			（〃）	給　　料	280,000
			（〃）	貸倒引当金繰入	(7,200)
			（〃）	減 価 償 却 費	(18,000)
			（〃）	租 税 公 課	(21,200)
			（〃）	支 払 保 険 料	(1,400)
			（〃）	支 払 利 息	(3,400)

⑧ 「損益」勘定から「繰越利益剰余金」勘定に振り替え

1,620,000円（損益勘定の貸方合計）－1,283,200円（損益勘定の借方合計）＝336,800円

(借方) 損　　益 (336,800)　　(貸方) 繰越利益剰余金 (336,800)

3. 貸借対照表及び損益計算書の作成

　貸借対照表及び損益計算書の構成要素は，以下の通りである。よって，残高試算表の各項目を資産，負債，資本（純資産），収益及び費用に振り分ける必要がある。

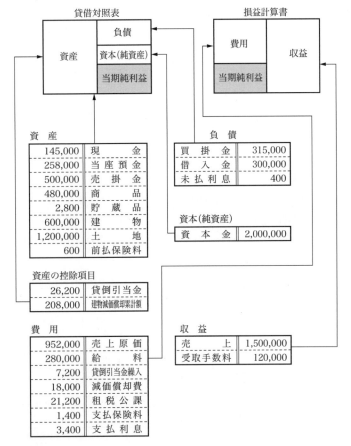

SECTION 03　月次決算

基礎問題

	借方科目	金　額	貸方科目	金　額
(1)	減 価 償 却 費	20,000	減価償却累計額	20,000
(2)	減 価 償 却 費	35,000	減価償却累計額	35,000

解説

(1) 240,000 円÷12＝20,000

(2) 255,000 円−20,000×11ヶ月＝35,000

練習問題　月次決算

借方科目	金　額	貸方科目	金　額
減 価 償 却 費	6,250	減価償却累計額	6,250

(借方)　　　　車　　両　　　　(貸方)
4/1 前期繰越　　500,000
11/1 期中取得　432,000

(借方)　　　減価償却累計額　　　(貸方)
　　　　　　　　　　4/1 前期繰越　　　200,000
　　　　　　　　　　4月〜2月減価償却費 123,750
　　　　　　　　　　3月減価償却費　　　 6,250

(借方)　　　減価償却費　　　(貸方)
4月〜2月減価償却費　123,750
3月減価償却費　　　　 6,250

解説

　月次決算を行っているため，当期末の決算を行う前に 4 月〜2 月の減価償却費は計上済みである。そのため，当期末の決算における減価償却費は年度の減価償却費と 4 月〜2 月の減価償却費の差額となる。

1. 月次決算の減価償却費

(1) 年度の減価償却費（見積り）

　500,000 円(車両 A)÷5 年＋420,000 円(車両 B)÷6 年×6ヶ月／12ヶ月＝135,000

(2) 月次決算の減価償却費

　135,000 円÷12ヶ月＝11,250 円

　※この算定式の場合，車両 B に係る減価償却費の取り扱いは本来おかしいが，月次決算の減価償却費は概算であるため厳密な算定は行わない。よって，問題文に明記されている算定方法に基づき計算する点に留意すること。

2. 4 月〜2 月までの減価償却費

　11,250 円×11ヶ月＝123,750 円

3. 3 月の減価償却費

　年度の減価償却費：500,000 円(車両 A)÷5 年＋432,000 円(車両 B)÷6 年×5ヶ月／12ヶ月＝130,000 円

　3 月の減価償却費：130,000 円−123,750 円＝6,250 円

CHAPTER 12 決算手続Ⅲ

SECTION 01 現金過不足の整理

基礎問題 1

借 方 科 目	金 額	貸 方 科 目	金 額
営 業 費	16,000	現 金 過 不 足	20,000
雑 損	4,000		

(借方)	現金過不足	(貸方)		(借方)	営 業 費	(貸方)
11/1 現 金 20,000	**3/31** 諸 口 20,000			整理前T/B 120,000		
				3/31 現金過不足 16,000		

(借方)	雑 損	(貸方)
3/31 現金過不足 4,000		

解説

財務諸表の表示

損益計算書

営 業 費	136,000
雑 損	4,000

基礎問題 2

借 方 科 目	金 額	貸 方 科 目	金 額
現 金 過 不 足	50,000	雑 益	50,000

(借方)	現金過不足	(貸方)		(借方)	雑 益	(貸方)
12/31 雑 益 50,000	11/1 現 金 50,000				**12/31** 現金過不足 50,000	

解説

財務諸表の表示

損益計算書

	雑 益	50,000

基礎問題 3

借 方 科 目	金 額	貸 方 科 目	金 額
雑 損	3,000	現 金	3,000

(借方)	現 金	(貸方)		(借方)	雑 損	(貸方)
整理前T/B 150,000	**3/31** 雑 損 3,000			**3/31** 現 金 3,000		

解説

財務諸表の表示

貸借対照表		損益計算書	
現 金 147,000		雑 損 3,000	

練習問題 現金過不足の整理①

借 方 科 目	金 額	貸 方 科 目	金 額
営 業 費	6,000	現 金 過 不 足	10,000
雑 損	4,000		

(借方)	現金過不足	(貸方)		(借方)	営 業 費	(貸方)
1/1 現 金 10,000	**3/31** 諸 口 10,000			整理前T/B 80,000		
				3/31 現金過不足 6,000		

(借方)	雑 損	(貸方)
3/31 現金過不足 4,000		

解説

1. 原因不明の「現金過不足」残は,「雑損」勘定及び「雑益」勘定に振り替える。また,決算日における現金の過不足額も「雑損」勘定及び「雑益」勘定に振り替える。
2. 財務諸表の表示

損益計算書

営 業 費	86,000
雑 損	4,000

練習問題 現金過不足の整理②

借 方 科 目	金 額	貸 方 科 目	金 額
現 金 過 不 足	30,000	雑 益	30,000

(借方)	現金過不足	(貸方)		(借方)	雑益	(貸方)
12/31 雑 益 30,000	11/15 現 金 30,000				**12/31** 現金過不足 30,000	

解説

財務諸表の表示

損益計算書

	雑 益	30,000

練習問題 現金過不足の整理③

借 方 科 目	金 額	貸 方 科 目	金 額
雑 損	8,000	現 金	8,000

解答・解説編　CHAPTER 12　決算手続Ⅲ　237

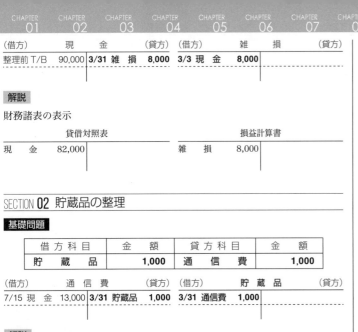

| (借方) | 現 金 | (貸方) | (借方) | 雑 損 | (貸方) |
整理前 T/B 90,000 | 3/31 雑 損 8,000 | 3/3 現 金 8,000 | |

解説
財務諸表の表示

貸借対照表
現 金　82,000

損益計算書
雑 損　8,000

SECTION 02 貯蔵品の整理
基礎問題

借方科目	金 額	貸方科目	金 額
貯 蔵 品	1,000	通 信 費	1,000

(借方)　通信費　(貸方)　　(借方)　貯蔵品　(貸方)
7/15 現 金 13,000 | 3/31 貯蔵品 1,000　3/31 通信費 1,000

解説
財務諸表の表示

損益計算書
通信費　12,000

貸借対照表
貯蔵品　1,000

練習問題　貯蔵品の整理

借方科目	金 額	貸方科目	金 額
貯 蔵 品	500	租 税 公 課	500

(借方)　租税公課　(貸方)　　(借方)　貯蔵品　(貸方)
5/20 現 金 6,000 | 3/31 貯蔵品 500　3/31 租税公課 500

解説
1. 購入時に計上した「租税公課」勘定（費用）のうち，未使用部分を「貯蔵品」勘定（資産）に計上する。
2. 財務諸表の表示

貸借対照表
貯蔵品　500

損益計算書
租税公課　5,500

SECTION 03 当座借越
基礎問題

	借方科目	金 額	貸方科目	金 額
(1)	買 掛 金	300,000	当 座 預 金	300,000
(2)	当 座 預 金	100,000	当 座 借 越	100,000

練習問題　当座借越の整理

借方科目	金 額	貸方科目	金 額
当 座 預 金	20,000	借 入 金	20,000

(借方)　当座預金　(貸方)　　(借方)　借入金　(貸方)
整理前残高 60,000 | 　　　　　　　　| 整理前残高 35,000
3/31 借入金 20,000 | 　　　　　| 3/31 当座預金 20,000

解説
1. 当座借越は決算整理仕訳において負債の勘定に計上する。本問は解答欄に借入金勘定が与えられているため，借入金勘定に振り替える。
2. 財務諸表の表示

貸借対照表
当座預金　80,000 | 借入金　55,000

SECTION 04 精算表の作成

基礎問題

精 算 表

勘定科目	試算表 借方	試算表 貸方	修正記入 借方	修正記入 貸方	損益計算書 借方	損益計算書 貸方	貸借対照表 借方	貸借対照表 貸方
現　　　　金	30,400						30,400	
当 座 預 金	14,000						14,000	
受 取 手 形	32,000						32,000	
売 　掛 　金	18,000						18,000	
繰 越 商 品	23,000		13,000	23,000			13,000	
建　　　　物	50,000						50,000	
買 　掛 　金		11,000						11,000
借 　入 　金		80,000						80,000
貸 倒 引 当 金		300		700				1,000
減価償却累計額		13,500		4,500				18,000
資 　本 　金		40,000						40,000
売　　　　上		200,000				200,000		
受 取 手 数 料		11,000	1,000			10,000		
仕　　　　入	130,000		23,000	13,000	140,000			
給　　　　料	35,000				35,000			
支 払 家 賃	20,000		5,000		25,000			
支 払 利 息	2,400			1,800	600			
雑　　　　費	1,000				1,000			
	355,800	355,800						
貸倒引当金繰入			700		700			
減 価 償 却 費			4,500		4,500			
未 　払 　家 　賃				5,000				5,000
前 　受 手 数 料				1,000				1,000
前 　払 　利 　息			1,800				1,800	
当 期 純 利 益					3,200			3,200
			49,000	49,000	210,000	210,000	159,200	159,200

解説

<決算整理仕訳>

1. 売上原価の算定

（借方）	仕　　　入	23,000 円	（貸方）	繰 越 商 品	23,000 円
（借方）	繰 越 商 品	13,000 円	（貸方）	仕　　　入	13,000 円

2. 貸倒引当金の設定

（借方）	貸倒引当金繰入	700 円	（貸方）	貸 倒 引 当 金	700 円

（受取手形 32,000 円＋売掛金 18,000 円）×2 ％－貸倒引当金 300 円＝700 円

3. 減価償却費の計上

（借方）	減 価 償 却 費	4,500 円	（貸方）	減価償却累計額	4,500 円

50,000 円×90 ％÷10 年＝4,500 円

4. 未払費用の計上

（借方）	支 払 家 賃	5,000 円	（貸方）	未 払 家 賃	5,000 円

5. 前受収益の計上

（借方）	受 取 手 数 料	1,000 円	（貸方）	前 受 手 数 料	1,000 円

6. 前払費用の計上

（借方）	前 払 利 息	1,800 円	（貸方）	支 払 利 息	1,800 円

80,000 円×3 ％×9／12ヶ月（×2 年 4 月 1 日～×2 年 12 月 31 日）＝1,800 円

<当期純利益について>

　当期純利益は損益計算書欄の収益合計と費用合計の差額で計算する。

解答・解説編　CHAPTER 12　決算手続Ⅲ　239

当期純利益：210,000円(収益合計)−206,800円(費用合計)＝3,200円

また，当該金額を貸借対照表の貸方に写す。これは，損益計算書の当期純利益の金額だけ貸借対照表の純資産が増加することを意味している。

練習問題　総合問題（精算表①）

精算表

勘定科目	試算表 借方	試算表 貸方	修正記入 借方	修正記入 貸方	損益計算書 借方	損益計算書 貸方	貸借対照表 借方	貸借対照表 貸方
現　　　　金	16,000			200			15,800	
当 座 預 金	74,000						74,000	
売 　掛 　金	38,000						38,000	
繰 越 商 品	35,000		30,000	35,000			30,000	
備　　　　品	20,000						20,000	
建　　　　物	200,000						200,000	
土　　　　地	80,000						80,000	
買 　掛 　金		78,000						78,000
借 　入 　金		150,000						150,000
貸 倒 引 当 金		900		240				1,140
備品減価償却累計額		9,000		2,250				11,250
建物減価償却累計額		35,000		9,000				44,000
資 　本 　金		150,000						150,000
売　　　　上		185,000				185,000		
受 取 地 代		16,000	1,500			14,500		
受 取 利 息		6,000		980		6,980		
仕　　　　入	120,000		35,000	30,000	125,000			
給　　　　料	30,000		3,200		33,200			
支 払 保 険 料	15,000			6,750	8,250			
支 払 家 賃	1,900				1,900			
	629,900	629,900						
雑　　　　損			200		200			
貸倒引当金繰入			240		240			
減 価 償 却 費			11,250		11,250			
支 払 利 息			1,875		1,875			
未 収 利 息			980				980	
前 受 地 代				1,500				1,500
前 払 保 険 料			6,750				6,750	
未 払 利 息				1,875				1,875
未 払 給 料				3,200				3,200
当 期 純 利 益					24,565			24,565
			90,995	90,995	206,480	206,480	465,530	465,530

解説

「修正記入」欄に記載する仕訳を示すと，以下の通りである。

① 現金過不足

現金帳簿残高 16,000 円に対し，現金実際手許有高は 15,800 円なので，不足額 200 円を「雑損」勘定で費用処理する。

（借方）	雑 損	200	（貸方）	現 金	200

② 貸倒引当金の設定

貸倒引当金の残高が売掛金の 3 ％になるように貸倒引当金を設定する。その貸倒引当金の積み増し分は，「貸倒引当金繰入」として費用処理する。

貸倒引当金の当期設定額　38,000 円×3 ％=1,140 円

貸倒引当金の残高　　　　　　　　　　△ 900 円

差引・貸倒引当金繰入　　　　　　　　 240 円

（借方）	貸倒引当金繰入	240	（貸方）	貸倒引当金	240

③ 売上原価の算定

「仕入」勘定の残高が売上原価になるように，期首残高について，仕入／繰越商品と会計処理し，期末残高について，繰越商品／仕入と会計処理する。なお，貸借対照表の繰越商品は，期末商品棚卸高の 30,000 円となる。

（借方）	仕 入	35,000	（貸方）	繰越商品	35,000

（借方）	繰越商品	30,000	（貸方）	仕 入	30,000

④ 減価償却

減価償却費は，有形固定資産の減価償却方法が定額法であるため，取得原価に（1－残存価額割合）を乗じた金額を耐用年数で除することにより求める。

（借方）	減価償却費	11,250	（貸方）	備品減価償却累計額	2,250
			（ 〃 ）	建物減価償却累計額	9,000

備品…20,000 円×0.9÷8 年=2,250 円

建物…200,000 円×0.9÷20 年=9,000 円

⑤ 未収利息の計上

受取利息の未収分のため，受取利息を計上する。また，未収利息は資産となるため，貸借対照表の借方に記入する。

（借方）	未収利息	980	（貸方）	受取利息	980

⑥ 前受地代の計上

受取地代の前受分のため，受取地代のマイナスとする。また，前受地代は負債となるため，貸借対照表の貸方に記入する。

（借方）	受取地代	1,500	（貸方）	前受地代	1,500

⑦ 前払保険料の計上

支払保険料の前払分のため，支払保険料のマイナスとする。また，前払費用は資産となるため，貸借対照表の借方に記入する。なお，10 月 1 日に支払っている保険料について，期末時点で前払いしている期間は，1 月 1 日〜9 月 30 日の 9 ヶ月間である。

（借方）	前払保険料	6,750	（貸方）	支払保険料	6,750

9,000 円÷12 ヶ月×9 ヶ月=6,750 円

⑧ 未払利息の計上

支払利息の未払分のため，支払利息の計上として処理する。また，未払費用は負債となるため，貸借対照表の貸方に記入する。なお，期末時点での未払期間は，8 月 1 日〜12 月 31 日の 5 ヶ月間である。

（借方）	支払利息	1,875	（貸方）	未払利息	1,875

150,000 円×3 ％÷12 ヶ月×5 ヶ月=1,875 円

⑨ 未払給料の計上

支払給料の未払分のため，給料の計上として処理する。また，未払費用は負債となるため，貸借対照表の貸方に記入する。

（借方）	給 料	3,200	（貸方）	未払給料	3,200

解答・解説編　CHAPTER 12　決算手続Ⅲ　241

練習問題　総合問題（精算表②）

精　算　表

勘定科目	試算表 借方	試算表 貸方	修正記入 借方	修正記入 貸方	損益計算書 借方	損益計算書 貸方	貸借対照表 借方	貸借対照表 貸方
現　　　　金	214,000						214,000	
受 取 手 形	143,000						143,000	
売 　掛　 金	57,000						57,000	
繰 越 商 品	58,000		65,000	58,000			65,000	
貯 　蔵　 品	2,200		450	2,200			450	
建　　　　物	400,000						400,000	
備　　　　品	200,000						200,000	
支 払 手 形		148,000						148,000
買 　掛　 金		105,000						105,000
借 　入　 金		200,000						200,000
貸 倒 引 当 金		2,300		3,700				6,000
建物減価償却累計額		231,500		2,900				234,400
備品減価償却累計額		107,000		3,000				110,000
資 　本　 金		250,000						250,000
売　　　　上		525,000				525,000		
受 取 手 数 料		16,100	2,300	800		14,600		
受 取 利 息		4,000				4,000		
仕　　　　入	260,000			260,000				
販 　売　 費	118,400				118,400			
給　　　　料	85,000				85,000			
支 払 保 険 料	10,500			4,500	6,000			
減 価 償 却 費	38,500		5,900		44,400			
支 払 利 息	3,400		3,600		7,000			
現 金 過 不 足		1,100	1,100					
	1,590,000	1,590,000						
売 上 原 価			260,000	65,000	253,000			
			58,000					
貸倒引当金繰入			3,700		3,700			
租 税 公 課			2,200	450	1,750			
前 受 手 数 料				2,300				2,300
前 払 保 険 料			4,500				4,500	
未 払 利 息				3,600				3,600
雑 　　　 益				300		300		
当 期 純 利 益					24,650			24,650
			406,750	406,750	543,900	543,900	1,083,950	1,083,950

242

解説

「修正記入」欄に記載する仕訳を示すと，以下の通りである。

① 売上原価の算定

（借方）	売上原価	260,000	（貸方）	仕　　　　入	260,000

（借方）	売上原価	58,000	（貸方）	繰越商品	58,000

（借方）	繰越商品	65,000	（貸方）	売上原価	65,000

② 貸倒引当金の設定

貸倒引当金の残高が受取手形及び売掛金の合計額の3％になるように貸倒引当金を設定する。その貸倒引当金の積み増し分は，「貸倒引当金繰入」として費用処理する。

貸倒引当金の当期設定額　（143,000円＋57,000円）×3％＝6,000円

貸倒引当金の残高　　　　　　　　　　　　　△2,300円

差引・貸倒引当金繰入　　　　　　　　　　　3,700円

（借方）	貸倒引当金繰入	3,700	（貸方）	貸倒引当金	3,700

③ 減価償却

月次決算で計上済みの金額との差額を計上する。

（借方）	減価償却費	5,900	（貸方）	建物減価償却累計額	2,900
			（〃）	備品減価償却累計額	3,000

建物…400,000円×0.9÷25年－11,500円＝2,900円

備品…200,000円×0.9÷6年－27,000円＝3,000円

④ 貯蔵品の計上

再振替仕訳が未処理となっているため，決算において再振替仕訳を行う。またその上で，当期末において未使用の金額は租税公課勘定から貯蔵品勘定に振り替える。

（借方）	租税公課	2,200	（貸方）	貯蔵品	2,200

（借方）	貯蔵品	450	（貸方）	租税公課	450

⑤ 前受手数料の計上

受取手数料の前受分のため，受取手数料のマイナスとする。また，前受手数料は負債となるため，貸借対照表の貸方に記入する。

（借方）	受取手数料	2,300	（貸方）	前受手数料	2,300

⑥ 前払保険料の計上

保険料は，毎年同額（12ヵ月分）を1月1日に支払っているので，試算表に計上されている支払保険料は，×5年4月1日～×5年12月31日分（9ヵ月分）と×6年1月1日～×6年12月31日分（12ヵ月分）の合計である21ヵ月分が計上されている。そのうち，期末時点で前払いしている期間は，×6年4月1日～×6年12月31日の9ヶ月間である。

（借方）	前払保険料	4,500	（貸方）	支払保険料	4,500

10,500円÷21ヶ月×9ヶ月＝4,500円

⑦ 未払利息の計上

（借方）	支払利息	3,600	（貸方）	未払利息	3,600

⑧ 現金過不足

試算表上，「現金過不足」勘定に1,100円の貸方残高があるが，そのうち800円は受取手数料の記入洩れであるので，「受取手数料」勘定に振り替えるが，残額の300円は「雑益」勘定に振り替える。

（借方）	現金過不足	1,100	（貸方）	受取手数料	800
				雑益	300

練習問題　総合問題（精算表③）

精　算　表

勘定科目	試算表 借方	試算表 貸方	修正記入 借方	修正記入 貸方	損益計算書 借方	損益計算書 貸方	貸借対照表 借方	貸借対照表 貸方
現　　　金	84,000						84,000	
現 金 過 不 足		10,600	10,600					
当 座 預 金	197,000						197,000	
受 取 手 形	164,000						164,000	
売 　掛 　金	92,000			16,000			76,000	
繰 越 商 品	18,000		12,000	18,000			12,000	
備　　　品	65,000						65,000	
建　　　物	750,000						750,000	
買 　掛 　金		33,600						33,600
借 　入 　金		120,000						120,000
仮 　受 　金		16,000	16,000					
貸 倒 引 当 金		1,200		6,000				7,200
備品減価償却累計額		35,000		11,700				46,700
建物減価償却累計額		108,000		22,500				130,500
資 　本 　金		900,000						900,000
売　　　上		477,000				477,000		
受 取 手 数 料		7,900		9,800		17,700		
仕　　　入	160,000		18,000	12,000	166,000			
給　　　料	109,000				109,000			
消 耗 品 費	13,500				13,500			
支 払 家 賃	22,000		2,500		24,500			
保 　険 　料	24,000			3,800	20,200			
支 払 地 代	10,800				10,800			
	1,709,300	1,709,300						
貸倒引当金繰入			6,000		6,000			
減 価 償 却 費			34,200		34,200			
支 払 利 息			1,600		1,600			
雑　　　益				800		800		
未 払 利 息				1,600				1,600
前 払 保険料			3,800				3,800	
未 払 家 賃				2,500				2,500
当 期 純 利 益					109,700			109,700
			104,700	104,700	495,500	495,500	1,351,800	1,351,800

244

解説

「修正記入」欄に記載する仕訳を示すと，以下の通りである。

① 現金過不足

（借方）	現金過不足	10,600	（貸方）	受取手数料	9,800
				雑　益	800

② 売上原価の算定

（借方）	仕　入	18,000	（貸方）	繰越商品	18,000

（借方）	繰越商品	12,000	（貸方）	仕　入	12,000

③ 仮受金の振替

試算表上，「仮受金」勘定に計上されている金額について，内容が売掛金の回収であると判明したため，「仮受金」勘定から「売掛金」勘定に振り替える。

（借方）	仮受金	16,000	（貸方）	売掛金	16,000

④ 減価償却

（借方）	減価償却費	34,200	（貸方）	備品減価償却累計額	11,700
				建物減価償却累計額	22,500

備品…65,000 円×0.9÷5 年＝11,700 円

建物…750,000 円×0.9÷30 年＝22,500 円

⑤ 貸倒引当金の設定

貸倒引当金の残高が受取手形及び売掛金残高の合計額の 3 ％になるように貸倒引当金を設定する。その貸倒引当金の積み増し分は，「貸倒引当金繰入」として費用処理する。なお，売掛金残高に貸倒引当金を設定するため，③仮受金の振り替えで既に売掛金が回収されている金額については貸倒引当金を設定しないことに留意すること。

貸倒引当金の当期設定額

$$（164,000 円＋92,000 円－16,000 円）×3 ％＝7,200 円$$

貸倒引当金の残高	△ 1,200 円
差引・貸倒引当金繰入	6,000 円

（借方）	貸倒引当金繰入	6,000	（貸方）	貸倒引当金	6,000

⑥ 未払利息の計上

期末時点での未払期間は，×5 年 11 月 1 日～×6 年 2 月 28 日の 4 ヶ月間である。

（借方）	支払利息	1,600	（貸方）	未払利息	1,600

120,000 円×4 ％÷12ヶ月×4ヶ月＝1,600 円

⑦ 前払保険料の計上

（借方）	前払保険料	3,800	（貸方）	支払保険料	3,800

⑧ 未払家賃の計上

（借方）	支払家賃	2,500	（貸方）	未払家賃	2,500

練習問題 総合問題（精算表④）

精 算 表

勘定科目	試算表 借方	試算表 貸方	修正記入 借方	修正記入 貸方	損益計算書 借方	損益計算書 貸方	貸借対照表 借方	貸借対照表 貸方
現　　　　金	80,000			1,300			78,700	
当 座 預 金	207,000		38,400				247,400	
			2,000					
受 取 手 形	155,000						155,000	
売 　掛　 金	145,000						145,000	
仮 　払　 金	20,000			20,000				
繰 越 商 品	150,000		135,000	150,000			135,000	
備　　　　品	40,000						40,000	
建　　　　物	160,000						160,000	
土　　　　地	185,600						185,600	
支 払 手 形		125,000						125,000
買 　掛　 金		146,000						146,000
貸 倒 引 当 金		1,800		4,200				6,000
建物減価償却累計額		32,000		6,000				38,000
借 　入　 金		200,000		2,000				202,000
資 　本　 金		400,000						400,000
売　　　　上		965,000				965,000		
受 取 家 賃		36,000	24,000			12,000		
受 取 利 息		1,300				1,300		
仕　　　　入	590,000		150,000	135,000	605,000			
給　　　　料	79,000				79,000			
旅 費 交 通 費	48,000		21,300		69,300			
通 　信　 費	42,500			4,850	37,650			
支 払 利 息	5,000		1,000		6,000			
	1,907,100	1,907,100						
前 　受　 金				38,400				38,400
貸倒引当金繰入			4,200		4,200			
減 価 償 却 費			9,000		9,000			
備品減価償却累計額				3,000				3,000
前 受 家 賃				24,000				24,000
未 払 利 息				1,000				1,000
貯 　蔵　 品			4,850				4,850	
当 期 純 利 益					168,150			168,150
			389,750	389,750	978,300	978,300	1,151,550	1,151,550

解説

「修正記入」欄に記載する仕訳を示すと，以下の通りである。

① 売上原価の算定

（借方）	仕 入	150,000	（貸方）	繰 越 商 品	150,000

（借方）	繰 越 商 品	135,000	（貸方）	仕 入	135,000

② 仮払金の振替

仮払金 20,000 円の使途が判明したので，適切な勘定である「旅費交通費」勘定に振り替える。なお，不足分 1,300 円については，現金で支払っているので，その分も「旅費交通費」勘定に計上する。

（借方）	旅 費 交 通 費	21,300	（貸方）	仮 払 金	20,000
				現 金	1,300

③ 手付金の処理

商品の販売に係る手付金を受け取った場合，商品を引き渡す義務が生じるため，負債項目である「前受金」勘定に計上する。

（借方）	当 座 預 金	38,400	（貸方）	前 受 金	38,400

④ 貸倒引当金の設定

貸倒引当金の当期設定額　（155,000 円＋145,000 円）×2 ％＝6,000 円

貸倒引当金の残高　　　　　　　　　　　　△1,800 円

差引・貸倒引当金繰入　　　　　　　　　　　4,200 円

（借方）	貸 倒 引 当 金 繰 入	4,200	（貸方）	貸 倒 引 当 金	4,200

⑤ 減価償却

備品については，期中取得のため，購入した×5 年 12 月 1 日から×6 年 5 月 31 日までの 6ヶ月間の減価償却費を月割計上する。

（借方）	減 価 償 却 費	9,000	（貸方）	建物減価償却累計額	6,000
				備品減価償却累計額	3,000

建物…160,000 円×0.9÷24 年＝6,000 円

備品…40,000 円×0.9÷6 年×6ヶ月÷12 月＝3,000 円

⑥ 前受家賃

受取家賃は，×6 年 4 月 1 日に向こう 6 ヶ月分を一括して受け取っているので，試算表に計上されている受取家賃は，×6 年 4 月 1 日～×6 年 9 月 30 日分（6ヶ月分）である。よって，未経過分である×6 年 6 月 1 日～×6 年 9 月 30 日分（4ヶ月分）については，受取家賃のマイナスとする。

（借方）	受 取 家 賃	24,000	（貸方）	前 受 家 賃	24,000

36,000 円×4ヶ月÷6ヶ月＝24,000 円

⑦ 未払利息の計上

期末時点での未払期間は，毎年 3 月末日に利息を支払っているので，×6 年 4 月 1 日～×6 年 5 月 31 日の 2ヶ月間である。

（借方）	支 払 利 息	1,000	（貸方）	未 払 利 息	1,000

200,000 円×3 ％÷12ヶ月×2ヶ月＝1,000 円

⑧ 貯蔵品の計上

（借方）	貯 蔵 品	4,850	（貸方）	通 信 費	4,850

⑨ 当座借越の借入金への振替

（借方）	当 座 預 金	2,000	（貸方）	借 入 金	2,000

練習問題　総合問題（精算表⑤）

精算表

勘定科目	試算表 借方	試算表 貸方	修正記入 借方	修正記入 貸方	損益計算書 借方	損益計算書 貸方	貸借対照表 借方	貸借対照表 貸方
現　　　金	110,000						110,000	
現 金 過 不 足		1,400	1,400					
当 座 預 金	118,250						118,250	
受 取 手 形	36,000						36,000	
売 掛 金	44,000			4,000			40,000	
繰 越 商 品	95,000		105,200	95,000			105,200	
備　　　品	20,000						20,000	
建　　　物	60,000						60,000	
土　　　地	50,000		12,000				62,000	
買 掛 金		102,800						102,800
貸 倒 引 当 金		500		1,020				1,520
備品減価償却累計額		5,800		2,250				8,050
建物減価償却累計額		11,200		2,160				13,360
借 入 金		180,000						180,000
資 本 金		200,000						200,000
売　　　上		360,000	4,000			356,000		
受 取 家 賃		23,800	3,400			20,400		
受 取 利 息		3,300				3,300		
仕　　　入	260,000		95,000	105,200	249,800			
給　　　料	49,750				49,750			
修 繕 費	35,200			12,000	23,200			
支 払 家 賃	7,900				7,900			
支 払 利 息	2,700		900		3,600			
	888,800	888,800						
雑　　　益				1,400		1,400		
貸倒引当金繰入			1,020		1,020			
減 価 償 却 費			4,410		4,410			
前 受 家 賃				3,400				3,400
未 払 利 息				900				900
当 期 純 利 益					41,420			41,420
			227,330	227,330	381,100	381,100	551,450	551,450

受 取 家 賃

12/31	前 受 家 賃	3,400	1/1	前 受 家 賃			3,400
12/31	損　　　益	20,400	3/1	当 座 預 金			10,200
			9/1	当 座 預 金			10,200
		23,800					23,800

解説

1.「修正記入」欄に記載する仕訳を示すと、以下の通りである。
① 現金過不足

| (借方) | 現金過不足 | 1,400 | (貸方) | 雑 益 | 1,400 |

② 売上返品

掛け代金から控除する形式の売上返品は、「売上」勘定の減少と「売掛金」勘定の減少として処理する。なお、金額は、売上計上時の仕訳の取り消しを行うので、原価3,200円ではなく、売価4,000円であることに留意する。

| (借方) | 売 上 | 4,000 | (貸方) | 売 掛 金 | 4,000 |

③ 売上原価の算定

貸借対照表の繰越商品は、期末商品棚卸高102,000円に②の返品の原価3,200円を加算した金額105,200円となる。

| (借方) | 仕 入 | 95,000 | (貸方) | 繰 越 商 品 | 95,000 |
| (借方) | 繰 越 商 品 | 105,200 | (貸方) | 仕 入 | 105,200 |

④ 貸倒引当金の設定

貸倒引当金の残高が受取手形及び売掛金残高の合計額の2％になるように貸倒引当金を設定する。その貸倒引当金の積み増し分は、「貸倒引当金繰入」として費用処理する。なお、売掛金残高に貸倒引当金を設定するため、②売上返品で売掛金が取り消された金額については貸倒引当金を設定しないことに留意すること。

貸倒引当金の当期設定額
　　　　　(36,000円+44,000円−4,000円)×2％＝1,520円
貸倒引当金の残高　　　　　　　　　　　　　△500円
　差引・貸倒引当金繰入　　　　　　　　　　1,020円

| (借方) | 貸倒引当金繰入 | 1,020 | (貸方) | 貸倒引当金 | 1,020 |

⑤ 減価償却

| (借方) | 減価償却費 | 4,410 | (貸方) | 備品減価償却累計額 | 2,250 |
| | | | | 建物減価償却累計額 | 2,160 |

備品…20,000円×0.9÷8年＝2,250円
建物…60,000円×0.9÷25年＝2,160円

⑥ 「修繕費」勘定から「土地」勘定への振替

修繕費のうち、12,000円を「修繕費」勘定から「土地」勘定へ振り替える。整地を行うことにより、土地の価値が高まるためである。

| (借方) | 土 地 | 12,000 | (貸方) | 修 繕 費 | 12,000 |

⑦ 前受家賃

受取家賃は、毎年3月1日と9月1日に向こう6ヶ月分の家賃を同額受け取っているので、試算表に計上されている受取家賃は、×5年1月1日〜×6年2月29日分（14ヶ月分）である。よって、未経過分である×6年1月1日〜×6年2月29日分（2ヶ月分）については、受取家賃のマイナスとする。

| (借方) | 受 取 家 賃 | 3,400 | (貸方) | 前 受 家 賃 | 3,400 |

23,800円×2ヶ月÷14ヶ月＝3,400円

⑧ 未払利息の計上

期末時点での未払期間は、×5年10月末日に利息を支払っているので、×5年11月1日〜×5年12月31日の2ヶ月間である。

| (借方) | 支 払 利 息 | 900 | (貸方) | 未 払 利 息 | 900 |

180,000円×3％÷12ヶ月×2ヶ月＝900円

2.「受取家賃」勘定への記入

練習問題　総合問題（精算表⑥）

精　算　表

勘定科目	試算表 借方	試算表 貸方	修正記入 借方	修正記入 貸方	損益計算書 借方	損益計算書 貸方	貸借対照表 借方	貸借対照表 貸方
現　　　金	7,000			400			6,600	
当 座 預 金	108,800						108,800	
売　掛　金	60,000						60,000	
繰 越 商 品	24,000		27,000	24,000			27,000	
貸　付　金	43,600						43,600	
建　　　物	100,000						100,000	
備　　　品	43,600						43,600	
買　掛　金		51,400						51,400
借　入　金		60,000						60,000
貸 倒 引 当 金		800		1,000				1,800
建物減価償却累計額		60,000		3,000				63,000
備品減価償却累計額		18,000		3,600				21,600
資　本　金		160,000						160,000
売　　　上		352,800				352,800		
受 取 利 息		600		400		1,000		
仕　　　入	219,600		24,000	27,000	216,600			
給　　　料	64,000				64,000			
支 払 地 代	26,400		2,400		28,800			
支 払 保 険 料	8,000			2,000	6,000			
支 払 利 息	1,600		800		2,400			
雑　　　損	600		400		1,000			
	703,600	703,600						
貸倒引当金繰入			1,000		1,000			
減 価 償 却 費			6,600		6,600			
未 収 利 息			400				400	
未 払 地 代				2,400				2,400
前 払 保 険 料			2,000				2,000	
未 払 利 息				800				800
当 期 純 利 益					27,400			27,400
			64,600	64,600	353,800	353,800	388,400	388,400

解説

1. 精算表を作成するための決算整理仕訳等は以下の通りである。

① 現金, 雑損

「現金」勘定の試算表の数値と貸借対照表の数値が異なるため, その差額を「雑損」または「雑益」勘定に振り替える。本問では, 貸借対照表の数値の方が少ないため, 「雑損」に計上する。また, この決算整理仕訳を反映するように, 「雑損」勘定の「試算表」欄に記入する。

（借方）	雑　　損	400	（貸方）	現　　金	400

② 貸倒引当金, 貸倒引当金繰入

「損益計算書」欄の「貸倒引当金繰入」勘定に1,000円が計上されているため, 以下の決算整理仕訳が推定される。また, この決算整理仕訳を反映するように, 「貸倒引当金」勘定の「試算表」欄に記入する。

（借方）	貸倒引当金繰入	1,000	（貸方）	貸倒引当金	1,000

③ 仕入, 繰越商品

「仕入」勘定の残高が売上原価になるように, 期首残高について, 仕入／繰越商品と会計処理し, 期末残高について, 繰越商品／仕入と会計処理する。ここで, 「修正記入」欄における「繰越商品」勘定の借方欄及び貸方欄より以下の決算整理仕訳を推定し, 「仕入」勘定及び「繰越商品」勘定の「試算表」欄と「貸借対照表」欄及び「損益計算書」欄に記入する。

（借方）	仕　　入	24,000	（貸方）	繰 越 商 品	24,000

（借方）	繰 越 商 品	27,000	（貸方）	仕　　入	27,000

④ 減価償却費, 建物減価償却累計額, 備品減価償却累計額

「損益計算書」欄の「減価償却費」勘定に6,600円が計上されているため, 「建物減価償却累計額」と「備品減価償却累計額」の合計が6,600円となることが判明する。また, 「備品減価償却累計額」の試算表残高と貸借対照表残高の差額より, 備品の減価償却費が3,600円と判明する。よって, 以下の決算整理仕訳が推定される。また, この決算整理仕訳を反映するように, 「建物減価償却累計額」勘定の「試算表」欄に記入する。

（借方）	減 価 償 却 費	6,600	（貸方）	建物減価償却累計額	3,000
				備品減価償却累計額	3,600

⑤ 未収利息と受取利息

「貸借対照表」欄の「未収利息」勘定に400円が計上されているため, 以下の決算整理仕訳が推定される。また, この決算整理仕訳を反映するように, 「受取利息」勘定の「試算表」欄に記入する。

（借方）	未 収 利 息	400	（貸方）	受 取 利 息	400

⑥ 未払地代, 支払地代

「支払地代」勘定の試算表の数値26,400円より損益計算書の数値28,800円の方が大きいため, その差額2,400円を「未払地代」を計上する以下の決算整理仕訳が推定される。

（借方）	支 払 地 代	2,400	（貸方）	未 払 地 代	2,400

⑦ 支払保険料, 前払保険料

「貸借対照表」欄の「前払保険料」勘定に2,000円が計上されているため, 以下の決算整理仕訳が推定される。また, この決算整理仕訳を反映するように, 「支払保険料」勘定の「損益計算書」欄に記入する。

（借方）	前 払 保 険 料	2,000	（貸方）	支 払 保 険 料	2,000

⑧ 支払利息, 未払利息

「貸借対照表」欄の「未払利息」勘定に800円が計上されているため, 以下の決算整理仕訳が推定される。また, この決算整理仕訳を反映するように, 「支払利息」勘定の「試算表」欄に記入する。

（借方）	支 払 利 息	800	（貸方）	未 払 利 息	800

2. 決算整理仕訳に関係のない勘定は, 試算表から損益計算書または貸借対照表へ, 損益計算書または貸借対照表から試算表へ転記する。

3. 「資本金」勘定については, 「試算表」欄の差額により求め, 「貸借対照表」欄に転記する。

703,600円－51,400円－60,000円－800円－60,000円－18,000円－352,800円－600円＝160,000円

4. 当期純利益は, 「損益計算書」欄の差額により求め, 「貸借対照表」欄の差額から計算した金額と一致していることを検証する。

収益353,800円－費用326,400円＝当期純利益27,400円

資産合計388,400円－負債・資本（純資産）合計（当期純利益を除く）361,000円＝当期純利益27,400円

解答・解説編　CHAPTER 12　決算手続III ▎251

練習問題　総合問題（精算表⑦）

精　算　表

勘定科目	試算表 借方	試算表 貸方	修正記入 借方	修正記入 貸方	損益計算書 借方	損益計算書 貸方	貸借対照表 借方	貸借対照表 貸方
現　　　　金	123,000						123,000	
現 金 過 不 足		1,200	1,200					
当 座 預 金	142,250						142,250	
受 取 手 形	34,000						34,000	
売 　 掛 　 金	40,000						40,000	
貸 倒 引 当 金		500		930				1,430
貸 　 付 　 金	50,000						50,000	
繰 越 商 品	90,000		97,200	90,000			97,200	
備 　 　 　 品	20,000						20,000	
備品減価償却累計額		5,900		1,300				7,200
建 　 　 　 物	60,000						60,000	
建物減価償却累計額		12,200		4,300				16,500
支 払 手 形		20,000						20,000
買 　 掛 　 金		32,800						32,800
借 　 入 　 金		150,000						150,000
資 　 本 　 金		200,000						200,000
売 　 　 　 上		560,000				560,000		
受 取 家 賃		23,800				23,800		
受 取 利 息		3,300		200		3,500		
仕 　 　 　 入	260,000		90,000	97,200	252,800			
給 　 　 　 料	49,750				49,750			
水 道 光 熱 費	35,200				35,200			
支 払 保 険 料	42,400			8,000	34,400			
租 税 公 課	20,100			2,500	17,600			
支 払 地 代	37,200		5,700		42,900			
支 払 利 息	5,800				5,800			
	1,009,700	1,009,700						
雑 　 　 　 益				1,200		1,200		
貸倒引当金繰入			930		930			
減 価 償 却 費			5,600		5,600			
貯 　 蔵 　 品			2,500				2,500	
前 払 保 険 料			8,000				8,000	
未 収 利 息			200				200	
未 払 地 代				5,700				5,700
当 期 純 利 益					143,520			143,520
			211,330	211,330	588,500	588,500	577,150	577,150

解説

1. 精算表を作成するための決算整理仕訳等は以下の通りである。

① 現金過不足, 雑益

「損益計算書」欄の「雑（　）」勘定の貸方に 1,200 円が計上されているため，（　）内は，「益」であることが判明するとともに，以下の決算整理仕訳が推定される。また，この決算整理仕訳を反映するように，「現金過不足」勘定の「試算表」欄に記入する。

（借方） 現 金 過 不 足	1,200	（貸方） 雑 　 益	1,200

② 貸倒引当金, 貸倒引当金繰入

「修正記入」欄の「貸倒引当金（　）」勘定の借方に 930 円が計上されているため，（　）内は，「繰入」であることが判明するとともに，以下の決算整理仕訳が推定される。また，「貸借対照表」欄の「貸倒引当金」勘定及び「損益計算書」欄の「貸倒引当金繰入」勘定に「修正仕訳」欄を加算して記入する。

（借方） 貸倒引当金繰入	930	（貸方） 貸 倒 引 当 金	930

③ 仕入, 繰越商品

「仕入」勘定の残高が売上原価になるように，期首残高について，仕入／繰越商品と会計処理し，期末残高について，繰越商品／仕入と会計処理する。ここで，「修正記入」欄における「仕入」勘定の借方欄及び「貸借対照表」欄における「繰越商品」勘定の借方欄より以下の決算整理仕訳を推定し，「仕入」勘定及び「繰越商品」勘定の「試算表」欄，「修正記入」欄と「貸借対照表」欄及び「損益計算書」欄に記入する。

（借方） 仕 　 入	90,000	（貸方） 繰 越 商 品	90,000

（借方） 繰 越 商 品	97,200	（貸方） 仕 　 入	97,200

④ 減価償却費, 建物減価償却累計額, 備品減価償却累計額

「損益計算書」欄の「減価償却費」勘定に 5,600 円が計上されているため，「建物減価償却累計額」と「備品減価償却累計額」の合計が 5,600 円となることが判明する。また，「修正記入」欄の「建物減価償却累計額」勘定より，以下の決算整理仕訳が推定される。また，この決算整理仕訳を反映するように，「備品減価償却累計額」勘定の「試算表」欄に記入する。

（借方） 減 価 償 却 費	5,600	（貸方） 建物減価償却累計額	4,300
		備品減価償却累計額	1,300

⑤ 貯蔵品, 租税公課

「貯蔵品」勘定の「修正記入」欄の借方欄に 2,500 円が計上されているため，「租税公課」勘定から「貯蔵品」勘定に振り替える。

（借方） 貯 蔵 品	2,500	（貸方） 租 税 公 課	2,500

⑥ 支払保険料, 前払保険料

「支払保険料」勘定の「試算表」欄の金額 42,400 円と「損益計算書」欄の金額 34,400 円の差額を「前払保険料」勘定に振り替える。

（借方） 前 払 保 険 料	8,000	（貸方） 支 払 保 険 料	8,000

⑦ 未収利息と受取利息

「貸借対照表」欄の「（　）利息」勘定に 200 円が計上されているため，「未収利息」または「前払利息」となるが，「修正記入」欄において，「受取利息」勘定の貸方に 200 円が計上されているため，（　）内は，「未収」であることが判明するとともに，以下の決算整理仕訳が推定される。

（借方） 未 収 利 息	200	（貸方） 受 取 利 息	200

⑧ 未払地代, 支払地代

「修正記入」欄の「支払地代」勘定の借方に 5,700 円が計上されているので，（　）内は「未払」であることが判明するとともに，以下の決算整理仕訳が推定される。

（借方） 支 払 地 代	5,700	（貸方） 未 払 地 代	5,700

2. 決算整理仕訳に関係のない勘定は，試算表から損益計算書または貸借対照表へ，損益計算書または貸借対照表から試算表へ転記する。

3. 当期純利益は，「損益計算書」欄から差額により求め，「貸借対照表」欄の差額から計算した金額と一致していることを検証する。

収益 588,500 円－費用 444,980 円＝当期純利益 143,520 円

資産合計 577,150 円－負債・資本（純資産）合計（当期純利益を除く）433,630 円＝当期純利益 143,520 円

CHAPTER 13 株式会社会計

SECTION 01 株式の発行

基礎問題

	借方科目	金額	貸方科目	金額
(1)	普通預金	120,000	資本金	120,000
(2)	当座預金	60,000	資本金	60,000

解説

※(2) 200株×@300円＝60,000円

SECTION 02 剰余金の配当

基礎問題

	借方科目	金額	貸方科目	金額
(1)	繰越利益剰余金	22,000	未払配当金	20,000
			利益準備金	2,000
(2)	未払配当金	20,000	当座預金	20,000

練習問題　株式の発行及び剰余金の配当

	借方科目	金額	貸方科目	金額
(1)	普通預金	1,000,000	資本金	1,000,000
(2)	損益	800,000	繰越利益剰余金	800,000
(3)	繰越利益剰余金	264,000	利益準備金	24,000
			未払配当金	240,000
(4)	未払配当金	240,000	普通預金	240,000
(5)	損益	900,000	繰越利益剰余金	900,000

貸借対照表

	純資産（資本）の部
資本金	1,000,000
利益準備金	24,000
繰越利益剰余金	1,436,000

解説

1. 元手と利益

　株主から出資された金額は元手として「資本金」勘定を用いる。対して，稼ぎ出した利益は「繰越利益剰余金」勘定を用いる。

2. 繰越利益剰余金

　繰越利益剰余金は期末の決算振替仕訳により当期純利益の金額だけ増加し，配当の決議（利益準備金の積立含む）により減少する。

　第2期の配当金：200株×1,200円＝240,000円

第2期末の繰越利益剰余金：800,000円－264,000円＋900,000円＝1,436,000円

SECTION 03 法人税等・消費税

基礎問題1

日付	借方科目	金額	貸方科目	金額
(1)	仮払法人税等	3,000,000	当座預金	3,000,000
(2)	法人税等	6,500,000	仮払法人税等	3,000,000
			未払法人税等	3,500,000
(3)	未払法人税等	3,500,000	当座預金	3,500,000

基礎問題2

日付	借方科目	金額	貸方科目	金額
(1)	仕入	100,000	買掛金	110,000
	仮払消費税	10,000		
(2)	現金	165,000	売上	150,000
			仮受消費税	15,000
(3)	仮受消費税	15,000	仮払消費税	10,000
			未払消費税	5,000
(4)	未払消費税	5,000	当座預金	5,000

練習問題　法人税等

日付	借方科目	金額	貸方科目	金額
(1)	未払配当金	230,000	普通預金	230,000
(2)	仮払法人税等	200,000	普通預金	200,000
(3)	法人税等	600,000	仮払法人税等	200,000
			未払法人税等	400,000

損益計算書

税引前当期純利益	2,000,000
法人税等	600,000
当期純利益	1,400,000

貸借対照表

未払法人税等	400,000

解説

1. 前期の法人税等の取り扱い

　(1)は前期に計上した未払配当金を支払うことになるため，借方が「法人税等」にならない（当期の損益計算書には計上されない）点に留意すること。

2. 当期の財務諸表計上額

　損益計算書には当期の法人税等の全額600,000円が計上されるが，貸借対照表の未払法人税等の金額は600,000円の内，中間申告分を除いた当期末におけ

る未払額となる点に留意すること。

当期の法人税等：2,000,000 円×30 ％＝600,000 円

未払配当金：600,000 円－200,000 円＝400,000 円

練習問題　消費税

日付	借方科目	金　額	貸方科目	金　額
(1)	仕　　　入	5,000	買　掛　金	5,400
	仮 払 消 費 税	400		
(2)	売　掛　金	9,720	売　　　上	9,000
			仮 受 消 費 税	720
(3)	仮 受 消 費 税	720	仮 払 消 費 税	400
			未 払 消 費 税	320

損益計算書

売　上　高	9,000
売 上 原 価	5,000
売 上 総 利 益	4,000

貸借対照表

未 払 消 費 税	320

解説

消費税の取り扱い

　期中に支払った，または受け取った消費税は，費用又は収益に含めない。そのため，損益計算書は税抜価格の金額となる点に留意すること。

CHAPTER
14 伝票会計

SECTION 01 伝票会計

基礎問題

(1)

出金 伝 票	
科目	金額
仕入	5,000

(2)

入金 伝 票	
科目	金額
売上	8,000

(3)

振 替 伝 票			
借方科目	金額	貸方科目	金額
仕入	6,000	買掛金	6,000

練習問題　伝票会計・3伝票制

(1)

出 金 伝 票	
科　　目	金　額
仕入	200,000

(2)

入 金 伝 票	
科　　目	金　額
売上	300,000

(3)

振 替 伝 票			
借方科目	金　額	貸方科目	金　額
売掛金	400,000	売　上	400,000

SECTION 02 一部現金取引

基礎問題

(1) 取引を分割する方法

出 金 伝 票	
科　　目	金　額
仕入	30,000

振 替 伝 票			
借方科目	金　額	貸方科目	金　額
仕入	70,000	買掛金	70,000

(2) 取引を擬制する方法

出 金 伝 票	
科　　目	金　額
買掛金	30,000

振 替 伝 票			
借方科目	金　額	貸方科目	金　額
仕入	100,000	買掛金	100,000

練習問題　伝票会計・一部現金取引

(1)

出 金 伝 票	
科　　目	金　額
買掛金	120,000

振 替 伝 票			
借方科目	金　額	貸方科目	金　額
仕入	200,000	買掛金	200,000

(2)

入 金 伝 票	
科　　目	金　額
仕入	10,000

振 替 伝 票			
借方科目	金　額	貸方科目	金　額
買掛金	30,000	仕入	30,000

解説

1. 解答を導出する手順は以下の通りである。
   ① 取引の仕訳を行う。
   ② 振替伝票に記入されている金額より，振替伝票の仕訳を推定する。
   ③ 入金伝票・出金伝票の仕訳を推定する。

2. 上記手順を本間に当てはめると，以下の通りである。

(1) は，振替伝票に記入されている金額より，取引の仕訳を全額である200,000円の掛け仕入と掛け代金の一部である120,000円の支払いという2つの取引とみなして起票する方法である。

① 取引の仕訳を行う。

取引の仕訳：

(借方) 仕　　　　入	200,000	(貸方) 現　　　　金	120,000
		買　掛　金	80,000

② 振替伝票に記入されている金額より，振替伝票の仕訳を推定する。

振替伝票の仕訳：

(借方) 仕　　　　入	200,000	(貸方) 買　掛　金	200,000

③ 取引の仕訳のうち，出金伝票の仕訳を推定する。具体的には，取引の仕訳（①）−振替伝票の仕訳（②）で導く。

出金伝票の仕訳：

(借方) 買　掛　金	120,000	(貸方) 現　　　　金	120,000

(2) は，振替伝票に記入されている金額より，取引の仕訳を10,000円の現金仕入戻しと30,000円の掛け仕入戻しに分割して起票する方法である。

① 取引の仕訳を行う。

取引の仕訳：

(借方) 現　　　　金	10,000	(貸方) 仕　　　　入	40,000
買　掛　金	30,000		

② 振替伝票に記入されている金額より，振替伝票の仕訳を推定する。

振替伝票の仕訳：

(借方) 買　掛　金	30,000	(貸方) 仕　　　　入	30,000

③ 取引の仕訳のうち，入金伝票の仕訳を推定する。具体的には，取引の仕訳（①）−振替伝票の仕訳（②）で導く。

出金伝票の仕訳：

(借方) 現　　　　金	10,000	(貸方) 仕　　　　入	10,000

練習問題　伝票会計・取引の推定①

(1)

振 替 伝 票			
借方科目	金　額	貸方科目	金　額
売掛金	500,000	売　上	500,000

(2)

振 替 伝 票			
借方科目	金　額	貸方科目	金　額
仕　入	180,000	買掛金	180,000

解説

1．解答を導出する手順は以下の通りである。

　（ⅰ）取引の仕訳を行う。

　（ⅱ）入金伝票・出金伝票の仕訳を行う。

　（ⅲ）振替伝票の仕訳を推定する。

2．上記手順を本問に当てはめると，以下の通りである。

（1）について

　（ⅰ）取引の仕訳を行う。

取引の仕訳：

（借方）現　　　　金	200,000	（貸方）売　　　　上	500,000
売　　掛　　金	300,000		

　（ⅱ）取引の仕訳のうち，既に仕訳がされている入金伝票の仕訳を行う。

入金伝票の仕訳：

（借方）現　　　　金	200,000	（貸方）売　掛　金	200,000

　（ⅲ）振替伝票の仕訳を推定する。具体的には，〔取引の仕訳（①）〕−〔入金伝票の仕訳（②）〕で導く。

振替伝票の仕訳：

（借方）売　掛　金	500,000	（貸方）売　　　　上	500,000

　この方法は，取引の仕訳を，全額である 500,000 円の掛け売上と掛け代金の一部である 200,000 円の回収という 2 つの取引とみなして起票する方法である。

（2）について

　（ⅰ）取引の仕訳を行う。

取引の仕訳：

（借方）仕　　　　入	300,000	（貸方）現　　　　金	120,000
		買　掛　金	180,000

　（ⅱ）取引の仕訳のうち，既に仕訳がされている出金伝票の仕訳を行う。

出金伝票の仕訳：

（借方）仕　　　　入	120,000	（貸方）現　　　　金	120,000

　（ⅲ）振替伝票の仕訳を推定する。具体的には，〔取引の仕訳（①）〕−〔出金伝票の仕訳（②）〕で導く。

振替伝票の仕訳：

（借方）仕　　　　入	180,000	（貸方）買　掛　金	180,000

　この方法は，取引の仕訳を 120,000 円の現金仕入と 180,000 円の掛け仕入に分割して起票する方法である。

練習問題　伝票会計・取引の推定②

a	b	c	d
仮　払　金	旅費交通費	旅費交通費	仮　払　金

解説

　解答を導出する手順は以下の通りである。

①　取引の仕訳を行う。

仮払金の精算時の仕訳

（借方）旅 費 交 通 費	58,000	（貸方）仮　　払　　金	70,000
現　　　　金	12,000		

②　入金伝票の仕訳と振替伝票の仕訳を推定する。

　（1）の方法は，仮払金の精算を旅費交通費分を振替伝票に起票し，残額の現金回収分を入金伝票に起票する方法である。一方，（2）の方法は，仮払金の精算を一旦全額旅費交通費に計上する振替伝票を起票し，そのうち残額の現金回収分については入金伝票に起票する方法である。

　よって，各々の方法で起票すると以下の通りとなる。

（1）の方法

振替伝票の仕訳：

（借方）旅 費 交 通 費	58,000	（貸方）仮　払　金	58,000

入金伝票の仕訳：

（借方）現　　　　金	12,000	（貸方）仮　払　金	12,000

（2）の方法

振替伝票の仕訳：

（借方）旅 費 交 通 費	70,000	（貸方）仮　払　金	70,000

入金伝票の仕訳：

（借方）現　　　　金	12,000	（貸方）旅 費 交 通 費	12,000

練習問題 伝票会計・取引の推定③

	仕 訳			
	借方科目	金 額	貸方科目	金 額
(1)	現 金	100,000	売 上	250,000
	売 掛 金	150,000		
(2)	仕 入	150,000	現 金	100,000
			買 掛 金	50,000

解説

1. 解答を導出する手順は以下の通りである。

① 入金伝票・出金伝票の仕訳を行う。

② 振替伝票の仕訳を行う。

③ 上記の2つの仕訳を合算する。

2. 上記手順を本問に当てはめると，以下の通りである。

(1) について

① 入金伝票の仕訳は，借方科目は必ず「現金」勘定となり，入金伝票の勘定
科目名が貸方科目となる。

入金伝票の仕訳：

(借方) 現 金	100,000	(貸方) 売 上	100,000

② 振替伝票の仕訳を行う。

振替伝票の仕訳：

(借方) 売 掛 金	150,000	(貸方) 売 上	150,000

③ 上記の2つの仕訳を合算する。

取引の仕訳：

(借方) 現 金	100,000	(貸方) 売 上	250,000
(借方) 売 掛 金	150,000		

(2) について

① 出金伝票の仕訳は，貸方科目は必ず「現金」勘定となり，出金伝票の勘定
科目名が借方科目となる。

出金伝票の仕訳：

(借方) 買 掛 金	100,000	(貸方) 現 金	100,000

② 振替伝票の仕訳を行う。

振替伝票の仕訳：

(借方) 仕 入	150,000	(貸方) 買 掛 金	150,000

③ 上記の2つの仕訳を合算する。

取引の仕訳：

(借方) 仕 入	150,000	(貸方) 現 金	100,000

			(貸方) 買 掛 金	50,000

SECTION 03 総勘定元帳への転記

基礎問題

(1)

仕 訳 日 計 表

×5年12月1日

No. 1

借 方	元丁	勘 定 科 目	元丁	貸 方
420,000	1	現 金	1	170,000
150,000		当 座 預 金		60,000
430,000	3	売 掛 金	3	300,000
		買 掛 金	6	230,000
		借 入 金		120,000
20,000		未 払 金		
		売 上	10	430,000
230,000		仕 入		
60,000		消 耗 品 費		
1,310,000				1,310,000

(2)

総 勘 定 元 帳

現 金

No. 1

×5年		摘 要	仕丁	借 方	貸 方	借/貸	残 高
12	1	前 月 繰 越	✓	500,000		借	500,000
	〃	仕 訳 日 計 表	1	420,000		〃	920,000
	〃	仕 訳 日 計 表	1		170,000	〃	750,000

売 掛 金

No. 3

×5年		摘 要	仕丁	借 方	貸 方	借/貸	残 高
12	1	前 月 繰 越	✓	590,000		借	590,000
	〃	仕 訳 日 計 表	1	430,000		〃	1,020,000
	〃	仕 訳 日 計 表	1		300,000	〃	720,000

買 掛 金

No. 6

×5年		摘 要	仕丁	借 方	貸 方	借/貸	残 高
12	1	前 月 繰 越	✓		300,000	貸	300,000
	〃	仕 訳 日 計 表	1		230,000	〃	530,000

売 上

No. 10

×5年		摘 要	仕丁	借 方	貸 方	借/貸	残 高
12	1	仕 訳 日 計 表	1		430,000	貸	430,000

258

解説

【入金伝票の仕訳】

(借方) 現 金	100,000	(貸方) 売 掛 金	100,000
(借方) 現 金	200,000	(貸方) 売 掛 金	200,000
(借方) 現 金	120,000	(貸方) 借 入 金	120,000

【出金伝票の仕訳】

(借方) 当 座 預 金	90,000	(貸方) 現 金	90,000
(借方) 当 座 預 金	60,000	(貸方) 現 金	60,000
(借方) 未 払 金	20,000	(貸方) 現 金	20,000

【振替伝票の仕訳】

(借方) 売 掛 金	430,000	(貸方) 売 上	430,000
(借方) 仕 入	230,000	(貸方) 買 掛 金	230,000
(借方) 消 耗 品 費	60,000	(貸方) 当 座 預 金	60,000

練習問題　伝票会計の総合問題①

(1)

仕 訳 日 計 表
×5年12月1日 　　　　　No. 1

借 方	元丁	勘 定 科 目	元丁	貸 方
241,000	1	現　　　　　金	1	166,000
13,000		当 座 預 金		14,000
23,000		受 取 手 形		
116,000	3	売 掛 金	3	91,000
25,000	6	買 掛 金	6	78,000
		借 入 金		43,000
30,000		未 払 金		
		売　　　　　上	10	246,000
176,000		仕　　　　　入		
14,000		水 道 光 熱 費		
638,000				**638,000**

(2)

総 勘 定 元 帳
現 金 　　　　　No. 1

×5年		摘　　要	仕丁	借 方	貸 方	借/貸	残 高
12	1	前 月 繰 越	✓	450,000		借	450,000
	〃	仕 訳 日 計 表	1	241,000		〃	691,000
	〃	仕 訳 日 計 表	1		166,000	〃	525,000

売 掛 金 　　　　　No. 3

×5年		摘　　要	仕丁	借 方	貸 方	借/貸	残 高
12	1	前 月 繰 越	✓	210,000		借	210,000
	〃	仕 訳 日 計 表	1	116,000		〃	326,000
	〃	仕 訳 日 計 表	1		91,000	〃	235,000

買 掛 金 　　　　　No. 6

×5年		摘　　要	仕丁	借 方	貸 方	借/貸	残 高
12	1	前 月 繰 越	✓		140,000	貸	140,000
	〃	仕 訳 日 計 表	1		78,000	〃	218,000
	〃	仕 訳 日 計 表	1	25,000		〃	193,000

売 上 　　　　　No. 10

×5年		摘　　要	仕丁	借 方	貸 方	借/貸	残 高
12	1	仕 訳 日 計 表	1		246,000	貸	246,000

得 意 先 元 帳
笹 塚 商 事 　　　　　得1

×5年		摘　　要	仕丁	借 方	貸 方	借/貸	残 高
12	1	前 月 繰 越	✓	150,000		借	150,000
	〃	入 金 伝 票	101		23,000	〃	127,000
	〃	振 替 伝 票	301		23,000	〃	104,000
	〃	振 替 伝 票	304	54,000		〃	158,000

渋 谷 商 事 　　　　　得2

×5年		摘　　要	仕丁	借 方	貸 方	借/貸	残 高
12	1	前 月 繰 越	✓	200,000		借	200,000
	〃	入 金 伝 票	102		45,000	〃	155,000
		振 替 伝 票	305	62,000		〃	217,000

解説

【入金伝票の仕訳】

(借方) 現 金	23,000	(貸方) 売掛金(笹塚商事)	23,000
(借方) 現 金	45,000	(貸方) 売掛金(渋谷商事)	45,000
(借方) 現 金	130,000	(貸方) 売 上	130,000
(借方) 現 金	43,000	(貸方) 借 入 金	43,000

【出金伝票の仕訳】

(借方) 当 座 預 金	13,000	(貸方) 現 金	13,000

解答・解説編　CHAPTER 14　伝票会計　259

(借方)	仕	入	98,000	(貸方)	現	金	98,000
(借方)	買 掛 金		25,000	(貸方)	現	金	25,000
(借方)	未 払 金		30,000	(貸方)	現	金	30,000

【振替伝票の仕訳】

(借方)	受 取 手 形	23,000	(貸方)	売掛金(笹塚商事)	23,000
(借方)	仕 入	78,000	(貸方)	買 掛 金	78,000
(借方)	水 道 光 熱 費	14,000	(貸方)	当 座 預 金	14,000
(借方)	売掛金(笹塚商事)	54,000	(貸方)	売 上	54,000
(借方)	売掛金(渋谷商事)	62,000	(貸方)	売 上	62,000

総勘定元帳への転記…仕訳日計表から合計転記
得意先元帳への転記…伝票から個別転記

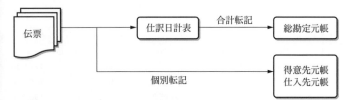

練習問題 伝票会計の総合問題②(推定問題)

仕 訳 日 計 表
×6年4月1日 21

借 方	元丁	勘定科目	元丁	貸 方
205,000		現 金		152,000
60,000	15	受 取 手 形	15	60,000
130,000		売 掛 金		185,000
9,000		未 収 金		
40,000		備 品		10,000
25,000	25	支 払 手 形	25	47,000
112,000		買 掛 金		97,000
52,000		未 払 金		
		借 入 金		50,000
		売 上		130,000
97,000		仕 入		
1,000		備品売却損		
731,000				731,000

仕 入 先 元 帳
千 葉 商 事

×6年	摘 要	仕丁	借 方	貸 方	借/貸	残 高
4	1	前 月 繰 越	✓		85,000	貸	85,000
	〃	振 替 伝 票	306		45,000	〃	130,000
	〃	出 金 伝 票	201	35,000		〃	95,000
	〃	振 替 伝 票	303	30,000		〃	65,000

茨 城 商 事

×6年	摘 要	仕丁	借 方	貸 方	借/貸	残 高
4	1	前 月 繰 越	✓		70,000	貸	70,000
	〃	振 替 伝 票	307		52,000	〃	122,000
	〃	振 替 伝 票	302	47,000		〃	75,000

解説

1. 受取手形勘定

受 取 手 形 15

×6年	摘 要	仕丁	借 方	貸 方	借/貸	残 高
4	1	前 月 繰 越	✓	145,000		借	145,000
	〃	仕訳日計表	21	①60,000			205,000
	〃	〃	21		②60,000		145,000

① 差額により,205,000円−145,000円=60,000円
② 差額により,205,000円−145,000円=60,000円

2. 支払手形勘定

支 払 手 形 25

×6年	摘 要	仕丁	借 方	貸 方	借/貸	残 高
4	1	前 月 繰 越	✓		108,000	貸	108,000
	〃	仕訳日計表	21		③47,000	〃	④155,000
	〃	〃	21	⑤25,000		〃	130,000

③ 支払手形が貸方に計上されている取引は,振替伝票No. 302のみであるので,47,000円
④ 108,000円+47,000円=155,000円
⑤ 差額により,155,000円−130,000円=25,000円 ⇒ 支払手形が借方に計上されている取引は,出金伝票No. 202のみであるので,出金伝票No. 202も25,000円

3. 得意先元帳—東京商事

得 意 先 元 帳

東 京 商 事

×6年		摘 要	仕丁	借 方	貸 方	借/貸	残 高
4	1	前 月 繰 越	✓	123,000		借	123,000
	〃	売 上 伝 票	(308)	⑥ 50,000		〃	173,000
	〃	入 金 伝 票	(101)		⑦ 65,000	〃	108,000
	〃	振 替 伝 票	(304)		⑧ 40,000	〃	⑨ 68,000

⑥ 差額により，173,000円−123,000円＝50,000円 ⇒ 振替伝票No.308
も 50,000円

⑦ 差額により，173,000円−108,000円＝65,000円 ⇒ 入金伝票No.101
も 65,000円

⑧ 振替伝票No.304により，40,000円

⑨ 108,000円−40,000円＝68,000円

4. 得意先元帳—静岡商事

静 岡 商 事

×6年		摘 要	仕丁	借 方	貸 方	借/貸	残 高
4	1	前 月 繰 越	✓	180,000		借	180,000
	〃	振 替 伝 票	(309)	80,000		〃	⑩ 260,000
	〃	入 金 伝 票	(104)		⑪ 60,000	〃	⑫ 200,000
	〃	振 替 伝 票	(301)		20,000	〃	⑬ 180,000

⑩ 180,000円+80,000円＝260,000円

⑪ 入金伝票No.104により，60,000円

⑫ 260,000円−60,000円＝200,000円

⑬ 200,000円−20,000円＝180,000円

5. 伝票の推定

・入金伝票No.101 ⇒ 65,000円（3．⑦参照）

・出金伝票No.202 ⇒ 25,000円（2．⑤参照）

・振替伝票No.301 ⇒ 得意先元帳—静岡商事より，20,000円

＜検算＞

4月1日において，受取手形が借方に計上されるのは，振替伝票No.301と
No.304のみであるので，受取手形勘定の借方金額60,000円を用いて検算す
ることができる。

60,000円−40,000円（No.304）＝20,000円

・振替伝票No.303 ⇒ 60,000円−30,000円（入金伝票No.102）＝30,000

円

4月1日において，受取手形が貸方に計上されるのは，入金伝票No.102と
振替伝票No.303のみであるので，受取手形勘定の貸方金額60,000円を用い
て算定する。

・振替伝票No.308 ⇒ 50,000円（3．⑥参照）

6. 仕訳

【入金伝票の仕訳】

101	（借方） 現 金	65,000	（貸方） 売掛金(東京商事)	65,000
102	（借方） 現 金	30,000	（貸方） 受 取 手 形	30,000
103	（借方） 現 金	50,000	（貸方） 借 入 金	50,000
104	（借方） 現 金	60,000	（貸方） 売掛金(静岡商事)	60,000

【出金伝票の仕訳】

201	（借方） 買掛金(千葉商事)	35,000	（貸方） 現 金	35,000
202	（借方） 支 払 手 形	25,000	（貸方） 現 金	25,000
203	（借方） 未 払 金	52,000	（貸方） 現 金	52,000
204	（借方） 備 品	40,000	（貸方） 現 金	40,000

【振替伝票の仕訳】

301	（借方） 受 取 手 形	20,000	（貸方） 売掛金(静岡商事)	20,000
302	（借方） 買掛金(茨城商事)	47,000	（貸方） 支 払 手 形	47,000
303	（借方） 買掛金(千葉商事)	30,000	（貸方） 受 取 手 形	30,000
304	（借方） 受 取 手 形	40,000	（貸方） 売掛金(東京商事)	40,000
305	（借方） 未 収 金 9,000 （ 〃 ） 備品売却損 1,000		（貸方） 備 品	10,000
306	（借方） 仕 入	45,000	（貸方） 買掛金(千葉商事)	45,000
307	（借方） 仕 入	52,000	（貸方） 買掛金(茨城商事)	52,000
308	（借方） 売掛金(東京商事)	50,000	（貸方） 売 上	50,000
309	（借方） 売掛金(静岡商事)	80,000	（貸方） 売 上	80,000

解答・解説編　CHAPTER 14　伝票会計 ▌261

| CHAPTER 01 | CHAPTER 02 | CHAPTER 03 | CHAPTER 04 | CHAPTER 05 | CHAPTER 06 | CHAPTER 07 | CHAPTER 08 | CHAPTER 09 | CHAPTER 10 | CHAPTER 11 | CHAPTER 12 | CHAPTER 13 | CHAPTER 14 | **CHAPTER 15** |

CHAPTER 15 試算表の作成問題

SECTION 01 試算表の作成問題

基礎問題 1

合 計 試 算 表

借 方		勘 定 科 目	貸 方	
5月末残高	月初繰越高		月初繰越高	5月末残高
9,200	3,000	現　　　金	1,200	**4,850**
10,000	4,000	売　掛　金	2,500	**6,700**
800	800	繰 越 商 品		
21,900	21,900	土　　　地		
4,700	1,700	買　掛　金	2,800	**6,800**
		借　入　金	5,000	**7,000**
		資　本　金	12,000	**12,000**
800	800	売　　　上	30,000	**36,000**
23,500	19,500	仕　　　入	500	**500**
2,500	2,000	支 払 家 賃		
450	300	支 払 利 息		
73,850	54,000		54,000	**73,850**

解説

1. 期中仕訳

①	(借方) 仕　　入	4,000	(貸方) 買　掛　金	4,000
②	(借方) 売　掛　金	6,000	(貸方) 売　　　上	6,000
③	(借方) 買　掛　金	3,000	(貸方) 現　　　金	3,000
④	(借方) 現　　　金	4,200	(貸方) 売　掛　金	4,200
⑤	(借方) 支 払 利 息	150	(貸方) 現　　　金	150
⑥	(借方) 支 払 家 賃	500	(貸方) 現　　　金	500
⑦	(借方) 現　　　金	2,000	(貸方) 借　入　金	2,000

2. 勘定記入

(借方)	現　　金		(貸方)	(借方)	売　掛　金		(貸方)
月初繰越	3,000	月初繰越	1,200	月初繰越	4,000	月初繰越	2,500
④	4,200	③	3,000	②	6,000	④	4,200
⑦	2,000	⑤	150				
		⑥	500				

(借方)	繰越商品	(貸方)	(借方)	土　　地	(貸方)
月初繰越	800		月初繰越	21,900	

(借方)	買　掛　金		(貸方)	(借方)	借　入　金		(貸方)
月初繰越	1,700	月初繰越	2,800			月初繰越	5,000
③	3,000	①	4,000			⑦	2,000

(借方)	資　本　金		(貸方)	(借方)	売　　上		(貸方)
		月初繰越	12,000	月初繰越	800	月初繰越	30,000
						②	6,000

(借方)	仕　　入		(貸方)	(借方)	支払家賃		(貸方)
月初繰越	19,500	月初繰越	500	月初繰越	2,000		
①	4,000			⑥	500		

(借方)	支払利息	(貸方)
月初繰越	300	
⑤	150	

基礎問題 2

合 計 試 算 表
×5年5月31日

借 方		勘定科目	貸 方	
借方残高	借方合計		貸方合計	貸方残高
4,350	8,000	現　　　金	3,650	
3,300	7,500	売　掛　金	4,200	
800	800	繰 越 商 品		
21,900	21,900	土　　　地		
	3,000	買　掛　金	5,100	**2,100**
		借　入　金	7,000	**7,000**
		資　本　金	12,000	**12,000**
		売　　　上	35,200	**35,200**
23,000	23,000	仕　　　入		
2,500	2,500	支 払 家 賃		
450	450	支 払 利 息		
56,300	67,150		67,150	**56,300**

解説

1. 期中仕訳

①	(借方) 仕　　　入	4,000	(貸方) 買　掛　金	4,000
②	(借方) 売　掛　金	6,000	(貸方) 売　　　上	6,000
③	(借方) 買　掛　金	3,000	(貸方) 現　　　金	3,000
④	(借方) 現　　　金	4,200	(貸方) 売　掛　金	4,200
⑤	(借方) 支 払 利 息	150	(貸方) 現　　　金	150
⑥	(借方) 支 払 家 賃	500	(貸方) 現　　　金	500
⑦	(借方) 現　　　金	2,000	(貸方) 借　入　金	2,000

2. 勘定記入

(借方)	現　金		(貸方)
月初繰越	1,800	③	3,000
④	4,200	⑤	150
⑦	2,000	⑥	500

(借方)	売　掛　金		(貸方)
月初繰越	1,500	④	4,200
②	6,000		

(借方)	繰越商品		(貸方)
月初繰越	800		

(借方)	土　地		(貸方)
月初繰越	21,900		

(借方)	買　掛　金		(貸方)
③	3,000	月初繰越	1,100
		①	4,000

(借方)	借　入　金		(貸方)
		月初繰越	5,000
		⑦	2,000

(借方)	資　本　金		(貸方)
		月初繰越	12,000

(借方)	売　上		(貸方)
		月初繰越	29,200
		②	6,000

(借方)	仕　入		(貸方)
月初繰越	19,000		
①	4,000		

(借方)	支払家賃		(貸方)
月初繰越	2,000		
⑥	500		

(借方)	支払利息		(貸方)
月初繰越	300		
⑤	150		

練習問題　試算表の作成問題①

合計試算表

借　方		勘定科目	貸　方	
6月末残高	月初繰越高		月初繰越高	6月末残高
695,000	425,000	現　　　金	230,000	**632,000**
2,042,000	1,200,000	当　座　預　金	625,000	**1,658,000**
930,000	560,000	受　取　手　形	340,000	**687,000**
1,700,000	1,020,000	売　　掛　　金	600,000	**1,233,000**
280,000	280,000	繰　越　商　品		
363,000	180,000	土　　　　地		
360,000	360,000	備　　　　品		**120,000**
240,000	120,000	支　払　手　形	280,000	**550,000**
637,000	325,000	買　　掛　　金	610,000	**1,010,000**
300,000		借　　入　　金	450,000	**450,000**
13,000		貸　倒　引　当　金	18,000	**18,000**
63,000		減価償却累計額	120,000	**120,000**
		資　　本　　金	1,200,000	**1,200,000**
90,000	40,000	売　　　　上	1,020,000	**2,010,000**
1,340,000	690,000	仕　　　　入	20,800	**42,800**
480,000	230,000	給　　　　料		
72,000	34,000	支　払　家　賃		
43,000	19,000	消　耗　品　費		
22,000	22,000	支　払　手　数　料		
38,800	8,800	支　払　利　息		
22,000		固定資産売却損		
9,730,800	5,513,800		5,513,800	**9,730,800**

解説

(1) 仕訳をイメージし，主要な勘定について，以下のような簡易的な勘定（T字勘定）を作成することにより解答を導出する。

	現　金 (1)			
	425,000			230,000
		1. b.		50,000
1. a.	90,000	1. d.		40,000
1. c.	180,000	1. e.		250,000
		1. f.		24,000
		1. g.		38,000
	695,000			632,000

	当　座　預　金 (2)			
	1,200,000			625,000
		2. b.		180,000
2. a.	40,000	2. d.		120,000
2. c.	250,000	2. f.		220,000
2. e.	420,000	2. g.		183,000
2. h.	97,000	2. j.		330,000
2. i.	35,000			
	2,042,000			1,658,000

売　　上 (3)

	40,000		1,020,000
3. d.	50,000		
		3. a.	90,000
		3. b.	680,000
		3. c.	220,000
	90,000		2,010,000

仕　　入 (4)

			20,800
	690,000		
		4. d.	22,000
4. a.	50,000		
4. b.	400,000		
4. c.	200,000		
	1,340,000		42,800

売　掛　金

			600,000
	1,020,000		
		2. e.	420,000
3. b.	680,000	3. d.	50,000
		5. a.	150,000
		5. c.	13,000
	1,700,000		1,233,000

買　掛　金

			325,000
			610,000
2. f.	220,000		
4. d.	22,000	4. b.	400,000
5. b.	70,000		
	637,000		1,010,000

受　取　手　形

			340,000
	560,000		
		2. c.	250,000
3. c.	220,000	2. h.	97,000
5. a.	150,000		
	930,000		687,000

支　払　手　形

			280,000
	120,000		
2. d.	120,000		
		4. c.	200,000
		5. b.	70,000
	240,000		550,000

(2) 6月中の取引について，全ての仕訳を示すと以下の通りである。なお，簡易的な勘定（Ｔ字勘定）を利用しない勘定においては，_____部分についてのみ解答を作成する上で考慮する。また，二個以上の補助簿に記入されている一つの取引については，二度，仕訳をしないように，片方の補助簿の記入を消して解答する。

1．現金出納帳より

a．現金売上高

（借方）	現　　　金	90,000	（貸方）	売　　　上	90,000

b．現金仕入高

（借方）	仕　　　入	50,000	（貸方）	現　　　金	50,000

c．当座預金引出高

（借方）	現　　　金	180,000	（貸方）	当 座 預 金	180,000

d．当座預金預入高

（借方）	当 座 預 金	40,000	（貸方）	現　　　金	40,000

e．給料支払高

（借方）	給　　　料	250,000	（貸方）	現　　　金	250,000

f．事務用消耗品購入高

（借方）	消 耗 品 費	24,000	（貸方）	現　　　金	24,000

g．家賃支払高

（借方）	支 払 家 賃	38,000	（貸方）	現　　　金	38,000

2．当座預金出納帳より

a．現金預入高

現金出納帳の d. と同一取引なので重複を避けるため，仕訳はしない。

b．現金引出高

現金出納帳の c. と同一取引なので重複を避けるため，仕訳はしない。

c．手形代金取立高

（借方）	当 座 預 金	250,000	（貸方）	受 取 手 形	250,000

d．手形代金支払高

（借方）	支 払 手 形	120,000	（貸方）	当 座 預 金	120,000

e．売掛金回収高

（借方）	当 座 預 金	420,000	（貸方）	売　掛　金	420,000

f．買掛金支払高

（借方）	買　掛　金	220,000	（貸方）	当 座 預 金	220,000

g．土地購入高

（借方）	土　　　地	183,000	（貸方）	当 座 預 金	183,000

h．手形代金取立高

（借方）	当 座 預 金	97,000	（貸方）	受 取 手 形	97,000

i．備品売却高

（借方）	当 座 預 金	35,000	（貸方）	備　　　品	120,000
	減価償却累計額	63,000			
	固定資産売却損	22,000			

j．借入金元利返済高

（借方）	借　入　金	300,000	（貸方）	当 座 預 金	330,000
	支 払 利 息	30,000			

＜ポイント＞

①　土地の付随費用は，土地の取得原価を構成するので，取得原価に加算する。

②　減価償却累計額と当座預金の入金額の合計と備品の取得原価の差は，「固定資産売却損」として計上する。なお，貸方差額の場合は，「固定資産売却益」となる。

③　当座預金の減少額は，借入金の元本の返済部分と利息の支払額の合計である。

3．売上帳より

a．現金売上高

　現金出納帳の a．と同一取引なので重複を避けるため，仕訳はしない。

b．掛け売上高

（借方）売　掛　金	680,000	（貸方）売　　　　上	680,000

c．約束手形受入による売上高

（借方）受　取　手　形	220,000	（貸方）売　　　　上	220,000

d．売上戻り高（掛け売上高）

（借方）売　　　　上	50,000	（貸方）売　掛　金	50,000

4．仕入帳より

a．現金仕入高

　現金出納帳の b．と同一取引なので重複を避けるため，仕訳はしない。

b．掛け仕入高

（借方）仕　　　　入	400,000	（貸方）買　掛　金	400,000

c．約束手形振出による仕入高

（借方）仕　　　　入	200,000	（貸方）支　払　手　形	200,000

d．仕入戻し高（掛け仕入高）

（借方）買　掛　金	22,000	（貸方）仕　　　　入	22,000

5．その他の取引より

a．売掛金の得意先振出の約束手形による回収高

（借方）受　取　手　形	150,000	（貸方）売　掛　金	150,000

b．買掛金支払のため得意先あての約束手形の振り出し高

（借方）買　掛　金	70,000	（貸方）支　払　手　形	70,000

c．得意先倒産による売掛金の貸倒高

（借方）貸倒引当金	13,000	（貸方）売　掛　金	13,000

＜ポイント＞

　売掛金の得意先振出の約束手形による回収高は，受取手形の増加として処理する。

　仕訳のみで解答を導出する場合，上記の仕訳および解答用紙の月初線越高を借方，貸方それぞれ合計して，6月末合計欄に記入する。

練習問題　試算表の作成問題②

合 計 残 高 試 算 表
×5年11月30日

借方残高	借方合計	勘 定 科 目	貸方合計	貸方残高
21,070	30,000	現　　　　金	8,930	
299,400	610,000	当 座 預 金	310,600	
38,000	78,000	受 取 手 形	40,000	
308,000	520,000	売 　掛　 金	212,000	
200,000	200,000	繰 越 商 品		
130,000	130,000	備　　　　品		
	60,000	支 払 手 形	102,000	42,000
	147,000	買 　掛　 金	260,000	113,000
		貸 倒 引 当 金	4,000	4,000
		備品減価償却累計額	10,000	10,000
	10,000	借 　入　 金	86,000	76,000
		資 　本　 金	650,000	650,000
	12,000	売　　　　上	468,000	456,000
345,000	352,000	仕　　　　入	7,000	
8,000	8,000	給　　　　料		
480	480	支 払 家 賃		
450	450	交 　通　 費		
600	600	支 払 利 息		
1,351,000	2,158,530		2,158,530	1,351,000

解説

（1）仕訳をイメージし，主要な勘定について，以下のような簡易的な勘定（T字勘定）を作成することにより解答を導出する。

現　　金 (5)		
期首	30,000	5. a.	8,000
		5. b.	480
		5. c.	450
		月末	21,070
	30,000		30,000

当 座 預 金 (3・4)		
期首	250,000	4. a.	100,000
3. a.	120,000	4. b.	140,000
3. b.	200,000	4. c.	60,000
3. c.	40,000	4. d.	10,600
		月末	299,400
	610,000		610,000

売　　上 (1)		
1. a.	12,000	1. a.	300,000
		1. b.	120,000
		1. c.	48,000

仕　　入 (2)		
2. a.	180,000	2. a.	7,000
2. b.	100,000		
2. c.	72,000		

売 掛 金		
期首	220,000	1. a.	12,000
1. a.	300,000	3. b.	200,000
		月末	308,000
	520,000		520,000

買 掛 金		
2. a.	7,000	期首	80,000
4. b.	140,000	2. a.	180,000
月末	113,000		
	260,000		260,000

解答・解説編　CHAPTER 15　試算表の作成問題　265

	受取手形				支払手形		
期首	30,000	3. c.	40,000	4. c.	60,000	期首	30,000
1. c.	48,000	月末	18,000	月末	42,000	2. c.	72,000
	78,000		78,000		102,000		102,000

(2) 11月中の取引について，全ての仕訳を示すと以下の通りである。なお，簡易的な勘定（T字勘定）を利用しない勘定においては，_____部分についてのみ解答を作成する上で考慮する。また，二個以上の補助簿に記入されている一つの取引については，二度，仕訳をしないように，片方の補助簿の記入を消して解答する。

1. 商品売上

a. 掛け売上高（売上戻り含む）

（借方）売　掛　金	300,000	（貸方）売　　　　上	300,000

（借方）売　　　　上	12,000	（貸方）売　掛　金	12,000

b. 得意先振り出しの小切手による売上高

（借方）当　座　預　金	120,000	（貸方）売　　　　上	120,000

c. 得意先振り出しの手形受け取りによる売上高

（借方）受　取　手　形	48,000	（貸方）売　　　　上	48,000

2. 商品仕入

a. 掛け仕入高（仕入戻し含む）

（借方）仕　　　　入	180,000	（貸方）買　掛　金	180,000

（借方）買　掛　金	7,000	（貸方）仕　　　　入	7,000

b. 小切手振り出しによる仕入高

（借方）仕　　　　入	100,000	（貸方）当　座　預　金	100,000

c. 約束手形の振り出しによる仕入高

（借方）仕　　　　入	72,000	（貸方）支　払　手　形	72,000

＜ポイント＞

　所有手形は，手許にある受取手形を意味している。

3. 当座預金預入れ

a. 受入れ小切手による預入れ高

　商品売上のb. と同一取引なので重複を避けるため，仕訳はしない。

b. 売掛代金回収高

（借方）当　座　預　金	200,000	（貸方）売　掛　金	200,000

c. 手形代金取立高

（借方）当　座　預　金	40,000	（貸方）受　取　手　形	40,000

4. 小切手振り出し

a. 仕入代金の支払高

　商品仕入のb. と同一取引なので重複を避けるため，仕訳はしない。

b. 買掛代金の支払高

（借方）買　掛　金	140,000	（貸方）当　座　預　金	140,000

c. 手形代金決済高

（借方）支　払　手　形	60,000	（貸方）当　座　預　金	60,000

d. 借入金の元利支払高

（借方）借　入　金	10,000	（貸方）当　座　預　金	10,600
支　払　利　息	600		

5. 現金支払高

a. 給料支払高

（借方）給　　　　料	8,000	（貸方）現　　　　金	8,000

b. 家賃支払高

（借方）支　払　家　賃	480	（貸方）現　　　　金	480

c. 交通費支払高

（借方）支　払　交　通　費	450	（貸方）現　　　　金	450

　仕訳のみで解答を導出する場合，上記の仕訳および×5年11月1日現在の貸借対照表の金額を合計して，借方合計欄・貸方合計欄に記入する。また，合計残高試算表の場合は，借方合計と貸方合計の差額である借方残高または貸方残高を借方残高欄または貸方残高欄にも記入する。なお，資産項目及び費用項目については必ず借方残になり，負債項目，資本（純資産）項目及び収益項目については必ず貸方残になる。

練習問題　試算表の作成問題③

合 計 残 高 試 算 表

借方残高	借方合計		勘定科目	貸方合計		貸方残高
5月31日現在	5月31日現在	5月26日現在		5月26日現在	5月31日現在	5月31日現在
7,500	7,500	7,500	小 口 現 金			
376,050	1,154,500	1,082,800	当 座 預 金	602,000	778,450	
144,000	337,000	314,000	受 取 手 形	184,000	193,000	
261,600	999,000	902,000	売 掛 金	667,000	737,400	
127,500	127,500	127,500	繰 越 商 品			
15,000	30,000	30,000	貸 付 金		15,000	
66,250	66,250	38,100	建 物			
45,000	45,000	45,000	備 品			
	208,500	175,500	支 払 手 形	253,000	272,500	64,000
	604,000	565,000	買 掛 金	686,000	785,500	181,500
			預 り 金	5,200	11,400	11,400
	30,000		借 入 金	150,000	150,000	120,000
			貸 倒 引 当 金	14,000	14,000	14,000
			減価償却累計額	8,000	8,000	8,000
			資 本 金	600,000	600,000	600,000
	23,400	22,500	売 上	752,000	849,000	825,600
620,000	642,500	543,000	仕 入	18,000	22,500	
98,700	98,700	48,700	給 料			
36,000	36,000	18,000	支 払 家 賃			
10,000	10,000	6,300	消 耗 品 費			
7,300	7,300	5,800	旅 費 交 通 費			
5,300	5,300	3,500	通 信 費			
3,000	3,000	3,000	支 払 手 数 料			
			受 取 利 息	1,800	3,000	3,000
4,300	4,300	2,800	支 払 利 息			
1,827,500	4,439,750	3,941,000		3,941,000	4,439,750	1,827,500

売掛金明細表

	5月26日	5月31日
青森商事	¥ 38,000	¥ 55,100
福島商事	¥ 102,000	¥ 89,500
岩手商事	¥ 95,000	¥ 117,000
	¥ 235,000	¥ 261,600

買掛金明細表

	5月26日	5月31日
新潟商事	¥ 44,000	¥ 51,500
秋田商事	¥ 15,000	¥ 45,500
北海道商事	¥ 62,000	¥ 84,500
	¥ 121,000	¥ 181,500

解説

(1) 5月26日現在の岩手商事の売掛金残高は，5月26日の売掛金の残高から売掛金明細表より判明する5月26日の青森商事及び福島商事の残高の合計額を控除した金額で求める。また，5月26日現在の秋田商事の買掛金残高は，買掛金の残高から買掛金明細表より判明する新潟商事及び北海道商事の残高の合計額を控除した金額で求める。

(2) 仕訳をイメージし，主要な勘定について，以下のような簡易的な勘定（T字勘定）を作成することにより解答を導出する。なお，本問では，主要な勘定のほかに，得意先別及び仕入先別に得意先元帳及び仕入先元帳を作成する方が解答する上で効率的であり，かつ，間違えづらいと考えられるので，得意先元帳及び仕入先元帳まで作成して解答を導出する。

売	上				仕	入		
	22,500		752,000			543,000		18,000
28日	900						30日	4,500
		27日	9,000		27日	30,000		
		28日	34,000		28日	20,000		
		29日	45,000		29日	27,000		
		30日	9,000		30日	22,500		
	23,400		849,000			642,500		22,500

売掛金

	902,000		667,000
		27日	46,500
27日	9,000	28日	23,000
28日	34,000	28日	900
29日	45,000		
30日	9,000		
	999,000		737,400

買掛金

	565,000		686,000
28日	15,000		
29日	7,500	27日	30,000
30日	4,500	28日	20,000
31日	12,000	29日	27,000
		30日	22,500
	604,000		785,500

青森商事（得意先元帳）

	38,000	28日	900
27日	9,000		
30日	9,000	残高	55,100

福島商事（得意先元帳）

	102,000	27日	46,500
28日	34,000	残高	89,500

岩手商事（得意先元帳）

	95,000	28日	23,000
29日	45,000	残高	117,000

新潟商事（仕入先元帳）

28日	15,000		44,000
30日	4,500		
残高	51,500	29日	27,000

秋田商事（仕入先元帳）

31日	12,000		15,000
		28日	20,000
残高	45,500	30日	22,500

北海道商事（仕入先元帳）

29日	7,500		62,000
残高	84,500	27日	30,000

受取手形

	314,000		184,000
		29日	9,000
28日	23,000		
	337,000		193,000

支払手形

	175,500		253,000
30日	33,000		
		29日	7,500
		31日	12,000
	208,500		272,500

当座預金

	1,082,800		602,000
		27日	28,150
27日	46,500	28日	15,000
28日	16,200	29日	31,500
29日	9,000	30日	18,000
		30日	33,000
		30日	43,800
		31日	7,000
	1,154,500		778,450

(3) 5月27日～31日の取引について，全ての仕訳を示すと以下の通りである。

なお，簡易的な勘定（T字勘定）を利用しない勘定においては，_____部分についてのみ解答を作成する上で考慮する。

1．27日の取引

・仕入

（借方）	仕 入	30,000	（貸方）	買掛金・北海道	30,000

・売上

（借方）	売掛金・青森	9,000	（貸方）	売 上	9,000

・得意先からの売掛金の回収

（借方）	当 座 預 金	46,500	（貸方）	売掛金・福島	46,500

・建物の購入

（借方）	建 物	28,150	（貸方）	当 座 預 金	28,150

2．28日の取引

・仕入

（借方）	仕 入	20,000	（貸方）	買掛金・秋田	20,000

・売上

（借方）	売掛金・福島	34,000	（貸方）	売 上	34,000

・売掛金の約束手形での回収

（借方）	受 取 手 形	23,000	（貸方）	売掛金・岩手	23,000

・買掛金の支払高

（借方）	買掛金・新潟	15,000	（貸方）	当 座 預 金	15,000

・売上戻り

（借方）	売 上	900	（貸方）	売掛金・青森	900

・貸付金の回収及び利息の受け取り

（借方）	当 座 預 金	16,200	（貸方）	貸 付 金	15,000
			（〃）	受 取 利 息	1,200

＜ポイント＞

① 当社あての約束手形での売掛金の回収は，受取手形の増加として会計処理を行う。

② 売上商品の返品は売上の減少として会計処理を行う。

③ 貸付金に係る利息を受け取ってもその分は貸付金の元本の減少にはならず，受取利息の計上として会計処理を行う。

3. 29 日の取引

・仕入

| (借方) | 仕 入 | 27,000 | (貸方) | 買掛金・新潟 | 27,000 |

・売上

| (借方) | 売掛金・岩手 | 45,000 | (貸方) | 売 上 | 45,000 |

・買掛金の約束手形での支払高

| (借方) | 買掛金・北海道 | 7,500 | (貸方) | 支 払 手 形 | 7,500 |

・受取手形の代金の回収

| (借方) | 当 座 預 金 | 9,000 | (貸方) | 受 取 手 形 | 9,000 |

・借入金の返済及び利息の支払高

| (借方) | 借 入 金 | 30,000 | (貸方) | 当 座 預 金 | 31,500 |
| (〃) | 支 払 利 息 | 1,500 | | | |

＜ポイント＞

　借入金に係る利息を支払ってもその分は借入金の元本の減少にはならず，支払利息の計上として会計処理を行う。

4. 30 日の取引

・仕入

| (借方) | 仕 入 | 22,500 | (貸方) | 買掛金・秋田 | 22,500 |

・売上

| (借方) | 売掛金・青森 | 9,000 | (貸方) | 売 上 | 9,000 |

・仕入返品

| (借方) | 買掛金・新潟 | 4,500 | (貸方) | 仕 入 | 4,500 |

・家賃の支払高

| (借方) | 支 払 家 賃 | 18,000 | (貸方) | 当 座 預 金 | 18,000 |

・支払手形の決済

| (借方) | 支 払 手 形 | 33,000 | (貸方) | 当 座 預 金 | 33,000 |

・給料の支払高

| (借方) | 給 料 | 50,000 | (貸方) | 預 り 金 | 6,200 |
| | | | (〃) | 当 座 預 金 | 43,800 |

＜ポイント＞

　所得税の源泉徴収分は，会社が給料の支払時に従業員から当該金額を預かり，従業員に代わって税務署に支払うものであるため，「預り金」勘定として会計処理を行う。

5. 31 日の取引

・買掛金の約束手形での支払高

| (借方) | 買掛金・秋田 | 12,000 | (貸方) | 支 払 手 形 | 12,000 |

・小口現金の精算

(借方)	通 信 費	1,800	(貸方)	当 座 預 金	7,000
(〃)	消 耗 品 費	3,700			
(〃)	旅 費 交 通 費	1,500			

＜ポイント＞

　切手・小切手代は「通信費」，コピー用紙代は「消耗品費」，バス回数券代は「旅費交通費」勘定で会計処理を行う。

　仕訳のみで解答を導出する場合，上記の仕訳および×5年5月26日現在の合計残高試算表の金額を合計して，5月31日現在の借方合計欄・貸方合計欄に記入する。また，合計残高試算表の場合は，借方合計と貸方合計の差額である借方残高または貸方残高を借方残高欄または貸方残高欄にも記入する。なお，資産項目及び費用項目については必ず借方残になり，負債項目，資本（純資産）項目及び収益項目については必ず貸方残になる。

解答・解説編　CHAPTER 15　試算表の作成問題 269

練習問題　試算表の作成問題④

合 計 残 高 試 算 表

借方残高 11月30日現在	借方合計 11月30日現在	借方合計 11月24日現在	勘定科目	貸方合計 11月24日現在	貸方合計 11月30日現在	貸方残高 11月30日現在
9,000	9,000	9,000	小 口 現 金			
431,050	1,341,500	1,083,000	当 座 預 金	615,000	910,450	
393,000	829,000	797,000	受 取 手 形	411,000	436,000	
498,000	1,463,000	1,320,000	売 掛 金	873,000	965,000	
154,000	154,000	154,000	繰 越 商 品			
7,500	42,800	42,800	立 替 金	10,300	35,300	
74,000	91,000	91,000	未 収 入 金	17,000	17,000	
140,000	350,000	350,000	貸 付 金	85,000	210,000	
405,000	405,000	250,000	備 品			
850,000	850,000	850,000	建 物			
	248,000	248,000	支 払 手 形	618,000	676,500	428,500
	697,000	636,000	買 掛 金	818,000	935,000	238,000
	11,000	11,000	未 払 金	37,000	142,000	131,000
	42,000		仮 受 金	42,000	42,000	
	12,000	12,000	預 り 金	27,500	43,500	31,500
			借 入 金	85,000	85,000	85,000
	9,000	9,000	貸 倒 引 当 金	13,700	13,700	4,700
			備品減価償却累計額	70,000	70,000	70,000
			建物減価償却累計額	205,000	205,000	205,000
			資 本 金	1,475,500	1,475,500	1,475,500
	25,000	25,000	売 上	1,110,000	1,253,000	1,228,000
			受 取 利 息	6,000	8,500	8,500
			受 取 家 賃	14,000	54,000	54,000
			償却債権取立益		48,000	48,000
690,500	704,000	587,000	仕 入	11,000	13,500	
256,000	256,000	36,000	給 料			
9,850	9,850	8,500	消 耗 品 費			
7,700	7,700	6,000	通 信 費			
73,000	73,000	11,000	支 払 保 険 料			
9,100	9,100	7,700	旅 費 交 通 費			
4,007,700	7,638,950	6,544,000		6,544,000	7,638,950	4,007,700

解説

(1) 仕訳をイメージし，主要な勘定について，以下のような簡易的な勘定（T字勘定）を作成することにより解答を導出する。

売 上			
25,000			1,110,000
		25日	37,000
		26日	31,000
		27日	42,000
		30日	33,000
25,000			1,253,000

仕 入			
			11,000
587,000		26日	2,500
25日	30,000		
26日	24,000		
29日	27,000		
30日	36,000		
704,000			13,500

270

売掛金

	1,320,000		873,000
		25日	42,000
25日	37,000	26日	18,000
26日	31,000	30日	32,000
27日	42,000		
30日	33,000		
	1,463,000		965,000

買掛金

	636,000		
26日	2,500		818,000
26日	32,500	25日	30,000
29日	26,000	26日	24,000
		29日	27,000
		30日	36,000
	697,000		935,000

受取手形

	797,000		411,000
		27日	25,000
30日	32,000		
	829,000		436,000

支払手形

	248,000		
			618,000
		26日	32,500
		29日	26,000
	248,000		676,500

当座預金

	1,083,000		615,000
		27日	62,000
25日	40,000	29日	50,000
26日	18,000	30日	179,000
27日	48,000	30日	4,450
27日	25,000		
30日	127,500		
	1,341,500		910,450

(2) 11月25日～30日の取引について，全ての仕訳を示すと以下の通りである。なお，簡易的な勘定（T字勘定）を利用しない勘定においては，＿＿＿＿部分についてのみ解答を作成する上で考慮する。

1．25日の取引

・仕入

（借方） 仕 入	30,000	（貸方） 買 掛 金	30,000

・売上

（借方） 売 掛 金	37,000	（貸方） 売 上	37,000

・仮受金の発生理由が判明したことによる仮受金からの振り替え

（借方） 仮 受 金	42,000	（貸方） 売 掛 金	42,000

・家賃の受け取り

（借方） 当 座 預 金	40,000	（貸方） 受 取 家 賃	40,000

＜ポイント＞

理由が判明しない入金は，一時的に「仮受金」勘定に計上し，理由が判明したときに「仮受金」勘定から適切な勘定に振り替える。本問の場合，売掛金の入金であることが判明したため，売掛金の減少として会計処理を行う。

2．26日の取引

・仕入

（借方） 仕 入	24,000	（貸方） 買 掛 金	24,000

・売上

（借方） 売 掛 金	31,000	（貸方） 売 上	31,000

・仕入返品

（借方） 買 掛 金	2,500	（貸方） 仕 入	2,500

・売掛金の当座預金での回収

（借方） 当 座 預 金	18,000	（貸方） 売 掛 金	18,000

・買掛金の手形による支払高

（借方） 買 掛 金	32,500	（貸方） 支 払 手 形	32,500

＜ポイント＞

仕入商品の返品は，仕入の減少として処理する。

3．27日の取引

・売上

（借方） 売 掛 金	42,000	（貸方） 売 上	42,000

・貸倒れ処理済の売掛金の回収

（借方） 当 座 預 金	48,000	（貸方） 償却債権取立益	48,000

・受取手形の代金の回収

（借方） 当 座 預 金	25,000	（貸方） 受 取 手 形	25,000

・保険料の支払い

（借方） 支 払 保 険 料	62,000	（貸方） 当 座 預 金	62,000

＜ポイント＞

すでに，貸倒れ処理済の売掛金の回収は，「償却債権取立益」勘定という収益に計上する。

4．29日の取引

・仕入

（借方） 仕 入	27,000	（貸方） 買 掛 金	27,000

・買掛金の約束手形での支払高

（借方） 買 掛 金	26,000	（貸方） 支 払 手 形	26,000

・備品の購入

（借方） 備 品	155,000	（貸方） 当 座 預 金	50,000
		未 払 金	105,000

解答・解説編　CHAPTER 15　試算表の作成問題　271

<ポイント>

備品等の固定資産の購入に伴う未払いの金額は，「未払金」勘定として負債に計上される。

5. 30日の取引

・仕入

（借方）仕 入	36,000	（貸方）買 掛 金	36,000

・売上

（借方）売 掛 金	33,000	（貸方）売 上	33,000

・売掛金の受取手形による回収

（借方）受 取 手 形	32,000	（貸方）売 掛 金	32,000

・貸付金の回収と利息の受け取り

（借方）当 座 預 金	127,500	（貸方）貸 付 金	125,000
		（〃）受 取 利 息	2,500

・給料の支払い

（借方）給 料	220,000	（貸方）当 座 預 金	179,000
		（〃）預 り 金	16,000
		（〃）立 替 金	25,000

・小口現金の精算

（借方）通 信 費	1,700	（貸方）当 座 預 金	4,450
（〃）消 耗 品 費	1,350		
（〃）旅 費 交 通 費	1,400		

<ポイント>

① 貸付金の利息は，以下のよう計算する。

$$125,000 円 \times 4 \% \times \frac{6 ヶ月}{12 ヶ月} = 2,500 円$$

② 所得税の源泉徴収分は，会社が給料の支払時に従業員から当該金額を預かり，従業員に代わって税務署に支払うものであるため，税務署に支払われるまで，「預り金」勘定として負債に計上される。また，従業員が負担すべき金額を会社が立替えている場合，給料の支払時に給料から減額されて支払われる。つまり，「立替金」勘定という資産を減額させる。

③ 切手・ハガキ代は「通信費」勘定，筆記用具代は「消耗品費」勘定，バス回数券代は「旅費交通費」勘定（費用項目）で会計処理を行う。

仕訳のみで解答を導出する場合，上記の仕訳および×5年11月24日現在の合計残高試算表の金額を合計して，11月30日現在の借方合計欄・貸方合計欄に記入する。また，合計残高試算表の場合は，借方合計と貸方合計の差額である借方残高または貸方残高を借方残高欄または貸方残高欄にも記入する。なお，

資産項目及び費用項目については必ず借方残になり，負債項目，資本（純資産）項目及び収益項目については必ず貸方残になる。

練習問題　試算表の作成問題⑤

残 高 試 算 表

×1年5月31日　　　　（単位：円）

借　　方	勘 定 科 目	貸　　方
216,000	現　　　　　金	
195,000	当 座 預 金	
795,000	受 取 手 形	
555,000	売 掛 金	
600,000	繰 越 商 品	
240,000	備　　　　　品	
	支 払 手 形	825,000
	買 掛 金	420,000
	借 入 金	600,000
	資 本 金	1,500,000
	売　　　　　上	2,280,000
1,680,000	仕　　　　　入	
396,000	給　　　　　料	
900,000	支 払 地 代	
48,000	支 払 利 息	
5,625,000		5,625,000

解説

本問は，日付を頼りに金額と貸借を検証する。また，現金勘定は，適正に処理されているため，現金勘定の金額面には誤りがないことに留意する。以下，誤った転記を挙げる。

① 1日・12日：備品勘定（借方）120,000円＋120,000円⇒（借方）「現金勘定（貸方）より判明。なお，備品勘定は資産であり，繰越額及び購入額は借方に記入される。」

② 1日・2日・14日・16日・20日：買掛金勘定（借方・貸方）⇒貸借記入誤り。「14日現金勘定（貸方）より判明。なお，買掛金勘定は負債であり，繰越額及び残高は貸方に記入される。」

③ 21日：売掛金勘定（貸方）450,000円⇒750,000円「現金勘定（借方）より判明」

④ 22日：当座預金勘定（借方）60,000円⇒600,000円「現金勘定（貸方）より判明」

⑤ 23日：給料勘定（借方）369,000円⇒396,000円「現金勘定（貸方）より判明」

⑥ 30日：支払地代勘定（貸方）900,000円⇒（借方）「当座預金勘定（貸方）より判明。なお，支払地代勘定は費用であり，支払額は借方に記入される。」

📖 著者プロフィール
東京CPA会計学院

CPA Web site　cpa-net.jp/　[CPA　会計 🔍]

日商簿記3級からスタートする簿記会計分野の最高峰の資格は「公認会計士」です。

公認会計士は，会計・経営・税務のプロフェッショナルとして，監査業務，税務業務，コンサルティング業務，企業の財務責任者等の幅広い業務を行い，社会からの期待が高まっています。

東京CPA会計学院は，公認会計士試験で42.4%※の合格率を誇ります。

2018年度は，東京CPA会計学院で公認会計士試験合格者数223名※が合格しました。

高い合格率は，受講生一人ひとりを大切にするサポート体制と，CPA独自の磨きぬかれたオリジナルなコンテンツから生み出されています。

1．試験合格者のプロ専任講師による質の高い講義
2．先行学習も可能な「オーダーメイド・カリキュラム」
3．出題傾向を徹底分析した「重要性」が付された効率的な教材
4．常駐講師だから「午前10時～午後8時」は自由に質問・学習相談
5．デジタルテキスト・問題集による，スキマ時間を無駄にしない効率的な学習

公認会計士が気になったら，ぜひ下記のURLからWebサイトをご覧になり，パンフレットの資料請求をしてください。

※ CPA公認会計士試験合格者数とは，2018年合格目標の初学対象又は再受験者対象のCPA総合講座を受講した方で，短答式及び論文式本試験に合格されたすべてのCPA受講生223名（通学生183名・通信生40名）で算定しています。

※ CPA公認会計士試験合格率とは，2018年合格目標の初学者対象又は再受験者対象のCPA総合講座を受講した方で，カリキュラムを修了された通学生432名のうち，短答式及び論文式本試験に合格された通学生183名の割合で算定しています。

※ カリキュラム修了者とは，2018年合格目標の初学者対象又は再受験者対象のCPA総合講座の80%以上を受講した受講生をいいます。

書籍正誤表の案内について

本書の内容に関して，正誤表を弊社ホームページ上に公開することがあります。こちらは，本書の詳細ページからご確認いただけます。

本書の正誤に関するお問い合わせは，boki@zeikei.co.jp へメールをお送りいただくか，下記編集部宛にお手紙又はFAXにてお願いいたします。お電話でのお問い合わせはお受けできません。

また，本書の範囲を超えるご質問（解説・受験指導など）については一切お答えできませんので，あらかじめご了承ください。

著者との契約により検印省略

2019年6月30日　初版第1刷発行	簿記ワークブック 日商3級　For LECTURES

著　　　者	東京ＣＡＰ会計学院
発 行 者	大　坪　克　行
印 刷 所	美研プリンティング株式会社
製 本 所	牧製本印刷株式会社

発 行 所	〒161-0033 東京都新宿区 下落合2丁目5番13号	株式 会社 税務経理協会
	振　替 00190-2-187408 ＦＡＸ （03）3565-3391	電話 （03）3953-3301（編集部） 　　　（03）3953-3325（営業部）
	URL　http://www.zeikei.co.jp/	
	乱丁・落丁の場合は，お取替えいたします。	

©　東京ＣＡＰ会計学院　2019　　　　　　　　　　　　Printed in Japan

本書の無断複写は著作権法上での例外を除き禁じられています。複写される場合は，そのつど事前に，（社）出版者著作権管理機構（電話 03-3513-6969，FAX 03-3513-6979，e-mail：info@jcopy.or.jp）の許諾を得てください。

JCOPY ＜（社）出版者著作権管理機構 委託出版物＞

ISBN978-4-419-06622-2　C3063